高职高专连锁经营与管理专业系列教材

U0657307

连锁企业门店营运实务

LIANSUO QIYE MENDIAN YINGYUN SHIWU

◎ 主　编　蔡中焕
◎ 副主编　季　红　杨永超　邱　云

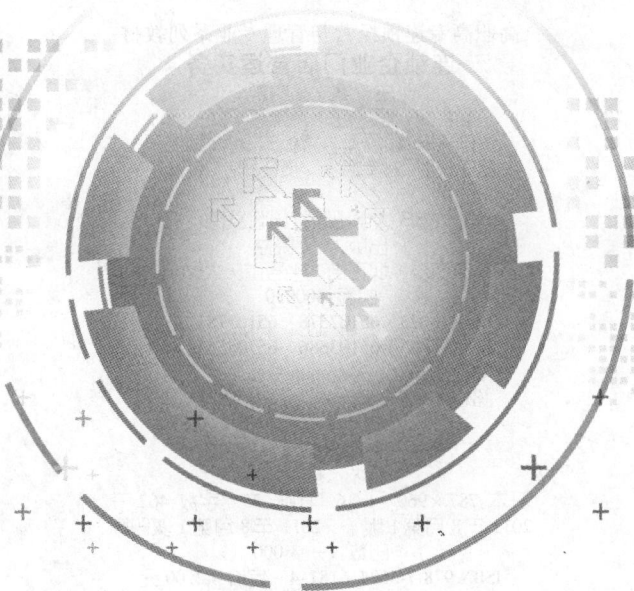

重庆大学出版社

内 容 提 要

本书系统介绍了连锁企业门店营运与管理的基本理论与实作,其内容包括连锁企业门店营运管理概述、门店店长的作业化管理、连锁门店卖场布局、卖场内商品陈列与维护、连锁门店作业管理、营业现场服务管理、促销活动的组织和实施、门店经营绩效分析等内容。

本书采取连锁企业门店的典型工作岗位的典型工作任务设计教学情景和教学单元。教学情景中的每个学习单元中均有工作任务导入、教学目标、教学建议、相关知识链接、案例分析和单元测试、项目训练等。充分体现了按岗位任务分解能力、以能力引导知识,实现了理论和实践教学一体化的工学结合教学目标。本书体系贴近现实,观念新颖,内容丰富,具有较强的针对性、实用性和可操作性。

本书可作为高等专科学校、高等职业院校连锁经营管理专业及相关专业教学用书,也可作为连锁零售企业门店店长参考读本及相关从业人员培训教材或自学用书。

图书在版编目(CIP)数据

连锁企业门店营运实务/蔡中焕主编.—重庆:
重庆大学出版社,2011.8
高职高专连锁经营与管理专业系列教材
ISBN 978-7-5624-6181-4

Ⅰ.①连…　Ⅱ.①蔡…　Ⅲ.①连锁店—企业管理—高
等职业教育—教材　Ⅳ.①F717.6

中国版本图书馆 CIP 数据核字(2011)第 108004 号

高职高专连锁经营与管理专业系列教材
连锁企业门店营运实务
主　编　蔡中焕
副主编　季　红　杨永超　邱　云
责任编辑:顾丽萍　　版式设计:顾丽萍
责任校对:刘雯娜　　责任印制:赵　晟
*
重庆大学出版社出版发行
出版人:邓晓益
社址:重庆市沙坪坝正街 174 号重庆大学(A 区)内
邮编:400030
电话:(023)65102378　65105781
传真:(023)65103686　65105565
网址:http://www.cqup.com.cn
邮箱:fxk@cqup.com.cn(营销中心)
全国新华书店经销
重庆五环印务有限公司印刷
*
开本:787×960　1/16　印张:25　字数:462 千
2011 年 8 月第 1 版　　2011 年 8 月第 1 次印刷
印数:1—3 000
ISBN 978-7-5624-6181-4　定价:42.00 元

本书如有印刷、装订等质量问题,本社负责调换
版权所有,请勿擅自翻印和用本书
制作各类出版物及配套用书,违者必究

　　连锁经营作为实现规模经济的一种有效方式,在我国得到了迅速发展。这种新兴的现代商业经营模式,几乎渗透了整个零售业、餐饮业和其他服务业。我国超级市场、便利店、专卖店、折扣店、百货商店、餐饮店、连锁药店等业态如雨后春笋般地兴起,特别是便利店和超级卖场在市场上已经占有非常重要的地位,而作为连锁经营的一种业态——连锁企业门店极具发展前景,在门店购物已经成为现代人快节奏生活方式之一。

　　连锁门店营运与管理是连锁企业管理的中心环节。连锁企业的规模效益取决于门店的经营业绩,各门店的经营状况关系到连锁企业经营战略目标的实现。然而,一些连锁企业门店由于缺乏连锁经营管理理论知识的指导,不能适应市场环境的新变化,走到倒闭和被兼并的地步;同时,部分已在争夺市场、赢得消费者青睐方面取得成功的连锁企业门店,也纷纷出现经营萎缩、效益下降等现象;加之国际性连锁企业、知名品牌纷纷进入国内市场,加剧了我国企业门店经营与竞争。因此,为应对现代化门店竞争的冲击,必须加强和提高连锁门店经营与管理水平,引进国外企业门店经营新观念,结合我国连锁门店经营管理实际,构建符合我国连锁零售企业门店营运管理实情的经营理论与方法。

　　本书符合高职高专教育特点,注重教学内容的实用性和可操作性,以培养学生技能为主线,贴近连锁门店经营现实,把国内外最新的连锁门店营运与管理知识纳入书中,使学生能迅速进入连锁企业门店经营管理工作角色。在教材内容的处理上,坚持以能力为本,按连锁企业门店的经营管理所需工作岗位的典型工作任务要求设计教学情景和教学内容,兼顾基本知识与实践教学,突出实战技能的训练和学生动手能力培养,具有较强的职业性。教学情景与教学单元之间存在内在逻辑关系,方便学生学习和理解。每个教学情景均有案例分析,使学生在学习时参考运用,达到举一反三、触类旁通的目的,提高了学生分析问题、解决问题的能力。作者在编写中还适当穿插了图表、图形、图像、相关链接,力求通过多种形式引导学生运用连锁企业门店营运与管理的基本理论与方法,分析实际工作中存在的问题,增强理论知识的运用。在体例的编排上,各学习单元中均有任务导入、教学目标、教学建议,知识点、单元测试、实训项目和案例分析等。在体例编排上,充分体现了按岗位任务分解能力、以能力引导知识,实现了理论和实践教学一体化的工学结合教学目标。

本书共分 8 个部分,系统介绍了连锁企业门店营运与管理的基本理论与实作,其内容包括连锁企业门店营运管理概述,门店店长的作业化管理,连锁门店卖场布局,卖场内商品陈列与维护技巧,连锁门店收银、进货与验货、理货与补货、库存与盘点、防损和安全作业管理,营业现场服务管理,促销活动的组织和实施,门店经营绩效分析等内容。

本书由昆明冶金高等专科学校蔡中焕老师担任主编,并承担大纲的拟订、全书总纂定稿和各章的协调工作。嘉兴职业技术学院季红老师、江苏常州纺织服装职业技术学院杨永超老师、重庆城市管理职业学院邱云老师担任副主编。昆百大人力资源行政总监马知遥和昆明冶金高等专科学校张垠老师进行主审。北京经贸职业学院靡丽琼老师,陕西服装艺术职业技术学院武宏伟老师,天津交通职业学院姜莉莉老师参编。编者具体分工为:武宏伟老师编写情景1;蔡中焕老师编写情景2;杨永超老师编写情景3;

邱云老师编写情景4;蔡中焕、杨永超、姜莉莉老师编写情景5;季红老师编写情景6,7;靡丽琼老师编写情景8。昆明冶金高等专科学校向桂美老师参与了资料收集整理、文字校对工作。

本书在编写过程中吸收了国内外许多专家学者的研究成果和先进理念,参考了大量相关的文章、著作和网络资料,在此谨向所有专家、学者、参考文献的编著者及给予编写工作大力支持的各位编者、连锁企业专家表示衷心的感谢!同时也感谢重大出版社编辑们的辛勤付出!

本书可作为高等专科学校、高等职业院校连锁经营管理专业及相关专业教学用书,也可作为连锁零售企业门店店长参考读本及相关从业人员培训教材或自学用书。高职教材的改革和创新是一个长期而艰难的历程,由于编著者水平有限,本书难免存在疏漏和不足之处,恳请专家和读者批评、指正。

编　者
2011 年 4 月

contents **目录**

情景一　连锁企业门店营运管理概述

连锁零售店追求的是更加人性化的附加值服务。随着零售业态的纵深发展，连锁门店的营运质量高低，将越来越成为直接影响单店及连锁企业整体赢利能力的关键因素。

学习单元 1　连锁门店概述

学习目标

明确连锁门店的概念和特征;熟知连锁企业门店的类型,认识各种业态连锁门店的特征;掌握连锁门店的功能及连锁企业门店营运与管理的主要内容。

学习内容

- 连锁门店的含义、分类、特征与功能;
- 连锁企业门店的类型;
- 各种业态连锁门店的特征比较;
- 连锁企业门店营运与管理的主要内容。

学习重点

连锁门店的特征、功能、营运与管理的主要内容。

教学方法和建议

- 通过案例教学法实施教学;
- 教学过程中体现以学生为主体,教师进行适当讲解,并进行引导、监督、评估;
- 教师应提前准备好各种媒体学习资料、教学场地和设备。

学习任务

以学习小组为单位,选择2~3家你所熟悉的校企合作连锁企业门店,调查其连锁门店类型,分析其特点与功能,领会其门店管理内容,形成案例并择优演示。

<h2 style="text-align:center">日本 7-ELEVEN 门店营运与管理</h2>

在日本的零售业中,便利店作为一种追求便捷的优质服务的商业形式,一直占据着举足轻重的地位。7-ELEVEN 公司可以说是鹤立鸡群,俨然成为世界便利店的楷模。7-ELEVEN 卓越的门店和商品管理是它的最大特点和优势,也是其生存发展的基石。

7-ELEVEN 公司卓越的门店和商品管理主要考虑 4 个因素:一是店址;二是时间;三是备货;四是快速(不需要加工)。在店址的选择上,7-ELEVEN 在消费者日常生活的行动范围内开设门店,诸如距离居民生活区较近的地方、上班或上学的途中、停车场附近、办公室或学校附近等。

7-ELEVEN 经营的核心和诀窍是设立严格遵守 7-ELEVEN 门店经营的基本原则,门店经营者必须不折不扣地按照总部制订的原则营运,强调实际经营中能很好地执行。这些基本原则主要有 4 点,即鲜度管理(确保销售期限)、单品管理(单品控制,防止出现滞销)、清洁明亮(有污垢立即清扫,保持整洁明亮的店铺)和良好服务(热情、微笑待客)。同时,个人因素是 7-ELEVEN 公司在门店建立过程中十分注重的因素,这也构成了 7-ELEVEN 店铺管理的一大特色。

7-ELEVEN 门店的开发由其总部负责,总部内设有开发事业部,在开发事业部中,门店开发部与门店开发推进部是分开的,前者是对既存的零售店进行开发;后者是从事不动产开发和经营。从工作的难易程度讲,前者更为困难。因为前者是在对现有商家进行改造的基础上形成的,那些商家投入了大量的资金和人力、物力,颇有背水一战之意,这就要求 7-ELEVEN 能及时给他们以指导,保证其经营获得成功。

(资料来源:张倩.连锁经营管理原理与实务[M].北京:机械工业出版社,2008.)

问题思考:
1. 现阶段我国连锁企业门店营运与管理的基本情况如何?
2. 连锁门店营运管理关键点在哪里?

1.1 连锁门店的含义和分类

1.1.1 连锁门店的含义

门店即店铺。狭义而言,门店是企业进行商品销售的场所,包括大型百货公司、超市以及其他各种类型的专业、综合商店和商场。广义而言,门店是直接面对消费者进行商品经营销售的场所。

连锁门店是指众多分散的、经营同类商品和服务的同一品牌的零售店,在总部的组织领导下,采取共同的经营方针、一致的营销活动,通过规范化经营实现规模经济效益的联合。麦当劳、肯德基、汉堡王、必胜客、吉野家等是全球知名的连锁快餐店,7-ELEVEN 是全球最大的连锁便利店。此外,家乐福、HMV、玩具反斗城等亦是全球较知名的连锁销售店。它们不仅是世界上众多连锁企业的杰出代表,而且也形成了具有优势的、独立的品牌系统。

1.1.2 连锁门店的分类

连锁企业营运大体上由总部、门店和配送中心构成,三者分别扮演不同的“角色”,承担不同的任务,履行不同的职能。总部是中枢、核心,主要负责采购配送、门店开发、质量控制、商品开发与定价、市场调研、教育培训等工作。配送中心是连接沟通总部与门店的组织,一方面受总部的领导,另一方面又因为自身在物流方面的专业化而承担各个门店所需商品的进货、库存、分拣、加工、打包、送货等工作。连锁门店是具体商品经营者,它的主要职责是按照总部的指导完成销售、服务等日常经营工作。连锁门店的规模和业态不同,管理上也略有差异,目前大体上可以划分为4类。

1)直营连锁门店

直营连锁门店即由公司总部直接投资和经营管理的连锁门店。如国美、苏宁、家乐福、沃尔玛等企业。

2)特许加盟连锁门店

特许加盟连锁门店即通过特许经营方式组成的连锁体系。在餐饮业的典型代表主要是肯德基、麦当劳、必胜客等企业。特许加盟连锁门店是连锁经营的高级形式,对加盟商有较高的要求,通过合约的形式来具体规范和界定双方的利益和责任。

3)自愿连锁门店

自愿连锁门店即许多规模较小的公司通过相互协商、签订协议的方式联合组成的连锁体系。

4) 合作连锁门店

合作连锁门店即由不同企业联合组成自由的连锁组织和体系。国内比较著名的有上海联华采购联盟。

1.2 连锁门店的特征与功能

1.2.1 连锁门店的特征

连锁门店是社会化大生产和市场经济条件下,现代化大流通最具代表性的商业经营模式,是生产力发展到一定水平时,社会化大生产对社会化大流通的要求。连锁商店的出现把资本经营的大规模要求同零售活动的分散化、个性化特点有机地结合在一起,使商品和物资在时空领域得以重新有效的配置,从而大大提高了社会生产和商业经营的效率。连锁经营通过连锁店网络系统的建立,实现了市场、信息、技术、人才、管理、信誉的共享。连锁门店的出现改变了过去百货商店单一的经营模式。其主要特征表现如下:

1) 经营场地的固定性与持续性

根据我国的土地制度,城镇规划区内土地的所有权属于国家。居住、办公、商业等六类用地实行批租,商业用地的土地使用权最长可达 40 年,40 年后可以续租继续使用。这就为连锁门店在相应的地域长期经营提供了法律保障。在一般情况下,连锁门店一经开设,就会在固定的经营场所进行长期持续的经营活动。

2) 数量众多,规模经营

连锁经营与连锁门店营运的优势就体现在通过建立数量众多的店铺形成有机统一的网络系统,从而扩大市场覆盖面,形成规模经营的优势。例如,麦当劳目前在世界 121 个国家和地区拥有超过 30 000 家店,全球营业额约 406.3 亿美元,而肯德基在世界 80 个国家和地区拥有连锁店数也为 11 000 多家,营业额超过 50 亿美元。

3) 店名、店貌、服务标准化

连锁门店创立是现代化工业大生产原理应用到传统商业中的成功典范。连锁门店的营运主要依赖经营者个人经验和技巧决定销售的小商业经营模式,它的经营要求,店名、店貌、商品、服务等方面的标准化,商品购销、信息汇集、广告宣传、员工培训、管理规范等方面的统一化,从而把复杂的商业活动分解为像企业生产流水线上那样相对简单的一个个连续的环节来提高经营效率,实现规模效益。

4)统一性

连锁店经营采取统一进货、统一配送、统一价格、统一服务、统一广告、统一管理及统一核算的经营模式。既降低流通成本,防止假冒伪劣商品进入,又可以扩大企业影响,增加竞争能力。

5)经营规模各异

连锁门店的经营规模各异,市场上既能见到如沃尔玛、麦当劳、肯德基这样的世界巨无霸型连锁企业,也能看到许多新兴的、区域型的连锁企业。

1.2.2 连锁门店的功能

连锁企业门店是连锁经营的基础,主要职责是按照总部的指示和服务规范要求,承担日常销售业务。门店在其总部的统一规划下,通过实施广泛的布局、分散的销售,实现规模效益。连锁企业门店通过统一规划的外观设计、内部设计、商品组合、规范化服务等具体手段,吸引顾客。

1)门店外观的吸引力

门店的外观要素包括店面设计、招牌设计、橱窗设计、出入口设计和停车场设计等。门店的外观会给顾客留下第一印象,这往往是决定顾客是否驻步停留,并进店参观购物的关键所在。

2)内部环境的刺激力

卖场环境直接影响到顾客的购买情绪。优雅、舒适的环境可以让顾客兴奋,使其把购物当成一大乐趣。门店通过科学的卖场布局、商品陈列、灯光照明、背景音乐、色彩搭配等创造出良好的卖场气氛,顾客在这种温馨的环境下,会产生自我发现、自我实现的购物心情。

3)店内商品的影响力

琳琅满目的商品陈列、品类齐全的商品组合,能满足顾客的需要;自由选择、购买方便的服务方式会使顾客有一种自得其乐的感觉;商品价格档次适度,会更贴近大多数人的购买能力和消费水平。顾客在一种轻松、愉悦、休闲和享受的心情下选购自己中意的商品,使购物成为一种乐趣。

4)服务的表现力

门店的服务对象是消费者,在人格上经营者和消费者是平等的,开店经营的目的是赚取商业利润,而表现方式是为顾客服务。营业人员表现出来的优质服务,会使顾客感到人格上受到尊重;营业人员的热情服务和真诚接待会使顾客感到购物中的满足感。

1.3　连锁企业门店的类型

连锁企业门店的类型由企业经营战略和目标市场定位决定,其种类繁多,根据连锁企业的经营方式、商品结构、服务功能,以及选址、商圈、规模、店堂设施和目标顾客等对连锁门店进行分类。主要有以下类型:

1.3.1　标准超市

标准超市基本实现了满足消费者一站式购买生活必需品的需要,以经营生鲜食品和生活日用品为主,实行统一标准化管理和一次性集中付款。

1.3.2　大型综合超市

经营内容综合化,能够真正满足一站式购买所需商品的需要,按营业面积分块设定商品经营区域,采取统一标准化管理和一次性集中付款运营方式。

1.3.3　仓储式商场

仓储式商场门店属批发性质的超级大卖场。其特点表现为实行会员制、量贩式经营,运用会员制度牢牢地锁定小商店、小酒店、小服务业及机关、学校等稳定的顾客群,采用法人与个体会员制相结合的服务方式,集中体现批发配销的业态性质。门店选址上以交通便利为首要的选择目标,以高速公路为各目标市场之间的物流连接线,采取仓场合一的经营形式。

1.3.4　便利店

便利店门店在经营上体现了便利的经营特点。其目标市场应在城市中的车站、学校、医院、居民小区以及公共活动区附近,目标顾客主要为年轻人,特别是大学生、中学生、居民小区以及工作岗位的年轻人和"夜猫族"。

1.3.5　百货商场

百货商场门店是以中高档消费者、追求时尚的年轻人和流动人口为目标顾客。商品以时尚生活日用品为主,采取柜台销售与自选销售相结合的方式,服务功能较齐全,商品价格一般较高,经营面积较大,商品品种丰富,选址为城市繁华区和交通要道。

1.3.6　专业店

专业店是从百货商店中分化出来的,专门经营一类商品或几类相关联商品的商店。其目标市场定位在某一类商品上做到了品种齐全,或在某一种商品上做到了款式多样、花色齐全。由于其经营商品种类的有限性和专业化,使得门店经营与管理相对简单、门店运营效率很高。门店能够提供完善专业的商品销售服务,营业员不但要了解商品的基本性能、功能和对顾客的吸引力所在,还要掌握商品的原料特性、工艺流程、使用与保养等各个方面的知识。完善的顾问式咨询和无顾虑的售后服务,是专营店门店服务的典型特征。

1.3.7　专卖店

专卖店是指专门经营或授权经营某制造商品牌或中间商品牌,以适应消费者对品牌选择需求的一种零售业态。专卖店门店经营的商品品牌具有排他性、个性化的特点。专卖店的服务比一般的零售店的要求高,专卖店的营业员和导购员一定要是该商品的行家,具有相当丰富的商品专业知识,能用令人信服的理由来引导顾客购买相应的商品。周到灵活的服务还体现在能够帮助顾客进行消费设计,根据顾客的特点,为他们设计生活、引导消费,提供多种个性化服务、多功能服务以及专项服务等。专卖店门店的另一个显著特点是实行特许经营。

1.4　各业态连锁门店的特征比较

连锁门店的经营发展已经由超级市场扩展到了几乎零售商业的所有业态,包括百货店、专业店、仓储店、建材家具、购物中心等各种业态,经营的商品包罗万象,涵盖了人们日常生活中需要的几乎所有商品。连锁企业因业态不同、经营规模不同,其门店经营的范围就不相同,突现的特征也就各异。连锁门店的类型和基本特点如表1.1所示。

表 1.1　连锁门店的类型和基本特点

门 店	基本特点			
	规　模	商品结构	商品售卖方式	服务功能
便利店	营业面积100 m² 左右,利用率高	即食食品、日用小百货为主;有即时消费性、小容量、应急性等特点;商品品种在3 000种左右	以开架自选为主,收银处统一结算	营业时间16 h 以上
超市	营业面积在 6 000 m² 以下	经营包装食品、生鲜食品和日用品;食品超市与综合超市商品结构不同	自选销售,出入口分设,收银台统一结算	营业时间12 h 以上
大型超市	营业面积在 6 000 m² 以上	大众化衣服、食品、日用品齐全,一次性购齐,注重自有品牌开发	自选销售,出入口分设,收银台统一结算	设不低于营业面积40%的停车场
仓储式会员店	营业面积在 6 000 m² 以上。	以大众化衣服、食品、日用品为主,自有品牌占相当部分,商品品种在4 000种左右,低价、批量销售	自选销售,出入口分设,收银台统一结算。	设相当于营业面积的停车场
百货店	营业面积6 000～20 000 m² 以上	综合性强,门类齐全,以服饰、鞋类、箱包、化妆品、家庭用品、家用电器为主	采取柜台销售和开架销售相结合方式	注重服务,设餐饮、娱乐等服务项目和设施
专业店	根据商品特点而定	以销售某类商品为主,体现专业性、深度性,品种丰富,选择余地大	采取柜台销售或开架销售方式	从业人员具有丰富专业知识
专卖店		以销售某一品牌系列商品为主,销售量少,质优,高毛利	采取柜台销售或开架销售方式,商店陈列、照明、包装、广告讲究	注重品牌声誉,从业人员具备丰富专业知识
购物中心	建筑面积为 50 000 m² 以内	20～40个租赁店,包括大型综合超市、专业店、专卖店、饮食服务等	各租赁店独立开展经营活动	停车位300～500个
	建筑面积为 100 000 m² 以内	40～100个租赁店,包括百货店、大型综合超市、专业店、专卖店、饮食店、杂品店以及娱乐服务设施等		停车位500个以上
	建筑面积为 100 000 m² 以上	200个租赁店以上,包括百货店、大型综合超市、专业店、专卖店、饮食店、杂品店及娱乐服务设施等	各租赁店独立开展经营活动	停车位1 000个以上

1.5 连锁企业门店营运与管理的主要内容

连锁门店营运管理就是按照标准化的作业流程和管理规范对门店日常的经营和运作进行管理。面对繁杂的商品和激烈竞争的市场,门店要对人、财、物、信息等进行动态的管理,才能维持卖场的正常运转,并保持相应的服务水平,也才能提高效率,提升经济效益。

1.5.1 连锁门店营运管理的作用

连锁企业采取连锁经营方式,通过对门店合理布局和规范化营运,组成具有标准化和专业化的连锁经营组织体系,实现连锁经营的规模效益。其作用主要体现在以下方面:

1)有利于连锁门店规划布局的统一

连锁企业通过对门店实行营运管理,可以使各门店统一标志、统一店名、统一店面、统一商品陈列和统一服务规范等,进而起到吸引顾客和树立良好的企业形象的作用。

2)有利于连锁门店营运管理标准的统一

连锁企业通过对门店实行营运管理,可以统一营运和管理标准;保持统一的营运和管理标准是连锁企业得以在市场上占据主导地位并得以持久发展的关键。

3)有利于连锁企业劳动效率的提高和营运管理目标的实现

连锁企业通过对门店实行经营管理,可以使门店营运进行专业化分工和简单化运作,实现销售量和销售额的最大化和损耗的最小化。

4)有利于连锁企业投资和经营风险的降低

连锁企业通过对门店实行营运管理,可以有效地规避单店投资风险和降低经营风险。

1.5.2 连锁门店营运管理的主要内容

连锁企业门店营运中包含丰富的内容,涉及面相对广。具体包括:

1）门店内外部环境布局设计

门店是连锁企业进行经营活动的主要场所,通过对门店内外部环境布局设计,可以突出连锁企业特色、提高经营管理效率。

2）门店商品陈列和商品销售管理

商品陈列和商品销售管理是门店营运管理的重要内容之一,通过各种陈列和展示商品的技巧和促销手段,可以起到刺激销售和实现销售目标的作用。

3）门店进存货和盘点作业管理

通过对门店进存货作业管理,可以指导和保证门店商品销售等经营业务活动的开展。而盘点是衡量门店营运业绩的重要指标,通过合理对门店盘点,能真实地反映门店损益。

4）门店工作人员作业化管理

门店工作人员作业化管理主要指对门店店长、各级主管、理货人员、销售人员、收银人员等工作人员的职业素质、工作能力、职责要求和作业规范等方面的管理。

5）门店销售服务和顾客关系管理

门店销售服务和顾客关系管理是门店营运管理的重要内容,通过门店销售服务和顾客关系管理可以树立良好门店形象,提高顾客满意度和销售业绩。

6）门店安全和损耗管理

门店作为连锁企业经营活动场所和服务顾客和社会的窗口,应加强安全管理。由于大卖场营业面积大,部门众多,商品性质各异,容易造成各种损耗,目前降低损耗已经成为众多连锁企业管理中的焦点和提高企业赢利的重要一环。

7）门店员工配置、培训和经营业绩改善管理

连锁企业作为劳动密集型行业,门店工作范围涉及订货、理货、仓管、防损、促销、收银、客服等多个方面,企业销售额和利润最大化来源于不同岗位员工所创造的价值,结构复杂,人员众多。为保证整个连锁门店的顺畅运作,所有标准化流程能落实到位,应加强对员工的培训,对门店经营进行绩效评估,及时发现问题,提高员工素质,不断提高门店经营业绩。

8）连锁门店终端卖场现场管理

连锁门店的终端卖场销售量的提升主要取决于服务与品牌,推行5S现场管理是提升服务水准的一个重要举措。5S是现代连锁零售企业现场管理的一种方法。5S即整理(seiri)、整顿(seiton)、清扫(seiso)、整洁(septets)、素养(shiatsu)。

（1）整理

整理指将卖场内的物品分类,把不用的物品及过时的营销广告清除掉,把计算器、销售表单、宣传单等经常用的东西放在容易取到的位置。及时更新价格标签、海报及产品,为顾客购物创造一个良好的环境。

（2）整顿

整顿指将卖场内有用的物品分类整理摆放好,进行标志。特别是样品、价格牌、POP、销售表单等物品要摆放整齐、美观大方,杜绝乱堆乱放,确保为顾客提供及时周到的服务。

（3）清扫

清扫指门店内的天花板、墙面、地面、柜台及商品必须及时清扫干净,破损的东西必须及时维修或更换。要求员工保持个人卫生,衣着整齐得体,保持良好的形象和精神状态为顾客服务。

（4）清洁

清洁指维持整理、整顿、清扫这三项工作,定期与不定期自我检查或相互检查,每天上下班花几分钟的时间做好5S工作。

（5）素养

连锁企业定期不定期对员工进行培训,使每个员工养成良好的生活与工作习惯,自觉遵守规章制度,积极学习各种业务知识,确保员工为顾客提供优质高效的服务。通过门店终端卖场推行5S管理可以为顾客和员工提供一个整洁、高效的环境。通过改善员工工作环境,提升员工团队精神,提升服务水准及品牌形象,从而赢得顾客信赖。

单元测试

一、名词解释

连锁门店　　便利店　　5S现场管理

二、简答题

1. 连锁门店的含义、特征、功能和主要类型有哪些?
2. 比较各种业态下连锁门店的特征与功能?
3. 连锁企业门店管理的主要内容有哪些?

三、判断题

1. 连锁门店的主要职责是按照总部的指示和服务规范要求,承担日常销售业务。 （　　）
2. 专业店是指以专门经营或被授权经营某一主要品牌商品为主的零售业态。例如,服装专卖店、化妆品专卖店等。 （　　）
3. 连锁门店的终端卖场销售量的提升主要取决于服务与品牌,推行 5S 现场管理是提升服务水准的一个重要举措。 （　　）
4. 连锁企业通过对门店实行营运管理,可以有效地规避单店投资风险和降低经营风险。 （　　）

四、选择题

1. 连锁企业门店的主要特征有(　　)。
A. 数量众多,规模经营　　　　B. 店名、店貌、服务标准化
C. 统一性　　　　　　　　　　D. 经营规模各异
2. 以下属于连锁门店的功能有(　　)。
A. 门店外观的吸引力　　　　　B. 内部环境的刺激力
C. 店内商品的影响力　　　　　D. 服务的表现力

学习单元 2　门店营运管理的目标和标准

学习目标

认识门店营运与管理的具体目标;掌握门店营运与管理标准的制订;能够对连锁门店营运与管理的标准进行展开并实施。

学习内容

门店营运与管理的具体目标,标准的制订、展开与实施。

学习重点

门店营运与管理标准的制订、展开与实施。

教学方法和建议

- 通过案例讨论实施教学;
- 教学过程中体现以学生为主体,教师进行适当讲解,并进行引导、监督、评估;
- 教师提前准备好各种媒体学习资料、教学场地和设备。

学习任务

以学习小组为单位,选择一家你所熟悉的连锁企业门店为背景,调查其门店营运与管理具体目标及标准的制定,并整理成案例。组织小组成员就门店营运与管理的标准的实施进行讨论、评价。

案例导入

深圳面点王

深圳面点王公司成立于 1996 年 11 月,以经营中国传统的面食为主,以白领阶层和家庭消费群体为市场定位目标,现已发展成为年销售额超亿元、拥有 50 多家直营连锁分店的现代大型中式快餐连锁企业,并荣获"中华餐饮名店""最具影响力深圳知名品牌"等多项荣誉称号。

面点王的成功主要取决于其突破了中式连锁快餐的发展瓶颈——标准化问题。面点王是如何解决标准化问题的呢?

一是店面形象管理。面点王所有的店面都是简单、明快、统一的装修风格。以传统的中式风格和简洁的八仙桌、木椅为主,迎合了国人喜欢团圆、围坐的心理特征。

二是商品供应链管理。首先是食品的原材料都有专门的厂家,而且所有原料都由仓库、调度室和生产人员三方共同验货,并保持一致的验货标准及流程。

三是营运系统管理。面点王对整个营运系统制订了相对完善的流程与标准,更主要的是一直贯彻执行到位。例如,对人的管理方面,新员工几乎都是从内地招进的大中专毕业生,上岗前要进行半个月的专门培训,上岗后实施老员工带新人。在面点王工作的员工要求统一着装、统一发式、统一用语。

(资料来源:李天.连锁经营:靠标准化复制倍增财富[EB/OL].[2007-12-01]中国管理传播网.)

问题思考:
连锁门店为什么要实行标准化管理?如何进行连锁门店的标准化管理?

2.1 门店营运与管理的具体目标

管理目标是维系连锁门店营运的根本,管理标准是驱动连锁店快速发展的动力。连锁企业门店营运与管理的要求就是不折不扣、完整地把连锁企业总部的目标、计划和具体要求体现到日常的作业化管理中,实现连锁经营的统一化。

2.1.1 销售最大化目标

门店是为企业带来效益的经济实体。面对瞬息万变和激烈竞争的市场,门店只有对其所掌握的人、财、物、信息等资源进行动态管理,并能积极捕捉外部提供的机会,不断地提高自身的服务水平,按部就班,由各项基本的事务着手,才能在激烈的竞争中获得生存和发展的机会,使门店能够步入正轨,圆满达到营运目标。门店是具体商品的经营和销售者,商品现场销售不仅是门店的日常工作,也是其获得收益的重要途径。因此,连锁门店营运管理的首要任务就是要抓销售。销售本身就是门店的主要业务,只有尽可能地扩大销售额,才能实现门店的利润目标。而销售的最大化并不是盲目地或单纯地运用各种促销方式来达到,而是必须通过正常的标准化营运作业来实现更高的销售。连锁企业也只有在保障一定赢利并获取稳定的利润来源的情况下,才能生存发展,永续经营,也才能很好地发挥企业其他应履行的职责。

2.1.2　损耗的最小化目标

提高门店的销售额,似乎是每个零售业者努力的目标。但是不管提高了多少销售额,如果不严格控制门店各环节的损耗费用,那么门店只可能获取很低的利润甚至没有利润乃至亏损,所有的努力都是白费。因此,损耗的最小化是提高经营绩效的一条重要途径,同样是门店营运与管理的主要目标。

2.2　门店营运与管理标准的制订

连锁经营模式在很大程度上表现为总部制订规范与标准,门店负责具体贯彻执行,实施执行管理。连锁门店的营运必须在整体规划下,明确进行专业化分工,在分工的基础上实施集中管理,以使连锁门店在激烈的竞争中能快速反应,领先对手。为了体现这一思想,必须采取相应的执行手段和措施。

2.2.1　由总部制订门店营运与管理标准

总部制订的营运与管理标准实质上就是详细、周密的作业分工、作业程序、作业方法、作业标准和作业考核。在连锁公司内部通过总部与门店的分工,实现了决策与作业的分工。由连锁公司总部统一制订门店营运与管理标准,连锁公司总部就成为决策中心,而门店则成为作业现场。门店根据总部制订的营运与管理标准,实施具体的作业化程序,最终实现连锁店的协调运作。

门店管理工作面对的,一方面是每日必须完成的一定类别和数量的工作,另一方面是一定数量的、具有不同操作技能和经验的员工。既要保证每日工作圆满完成,又要合理安排员工,充分发挥和使用人力资源。

2.2.2　制订门店管理标准的具体步骤

1)确定对象的作业分工

连锁企业管理中要确定对象,明确任务,具体分工,才能提高营运与管理的效率,获得利润。分工大体上可分为两种,一种是部门之间的职能分工,其内容包括:各项工作应有哪个部门承担,如何沟通联系,建立联络协调机制;另一种是,部门内部确定对象的作业分工,其内容主要涉及把何种工作、多少工作量、在什么时间内安排给何人承担,如何奖惩等。

2)确立标准化作业程序

门店营运管理中,合理安排具体的作业顺序,尽量简化作业流程,以提高效率,降低成本。这样不仅可以使企业获取较多的利润,而且还能大大提高企业的竞争力。

3)记录作业情况

门店营运管理中坚持记录作业情况,并对记录的作业信息进行整理分析,可以从中吸取正反两方面的经验教训,不断地改进、完善和执行营运和管理的标准,这将能大大提高企业的经营效率,全面提升企业的服务水准。

4)作业标准的制订

标准化的贯彻执行,依靠的是科学的严格管理,不然制订标准再多也形同废纸,而分工越细就越需要协调,否则各个职能部门的运行会相互牵制,各个作业岗位的衔接也难以顺利进行,作业化管理所带来的优势就难以转化为连锁店的现实竞争优势。因此,在实际营运过程中,必须不断探索改善连锁店营运的标准,使作业化管理不断合理化,越来越协调。由于标准的统一性并不排除门店的能动性,只要能使连锁门店的赢利水平提高,各门店都可提出建设性意见,使新的更好的方法成为标准。通过门店的探索,通过总部的进一步研究、开发,以坚持不懈的努力来改善连锁店的营运标准。只有如此,标准化才不使连锁公司僵化,故步自封。标准化效果的取得,靠的就是在严格管理的监督下,长期地坚持与改善标准,从而确立连锁店整体的竞争优势。

5)作业考核

通过作业考核可以起到奖优罚劣,吸取经验教训,充分调动各种积极因素来提高门店营运与管理水平。

2.2.3　制订控制门店的制度与标准

制订控制门店的制度与标准就是在既存的可能性空间中进行有方向的选择和校正过程,是实现门店营运管理有目的变化的活动过程,是一个发现问题,不断解决问题,从而提高连锁企业门店营运效率与经济效益的过程,有效地实现连锁企业的管理目标。

制订控制门店的制度与标准时会涉及许多的方面与层次,如商品布局与陈列的控制、商品缺货率控制等方面。

1)商品布局与陈列控制

商品布局与陈列控制主要指商品位置与商品陈列的控制,重点是控制商品陈列的排面数是否发生变化和商品货架陈列位置是否发生变化。

2)商品缺货率控制

商品缺货率应重点关注,发生缺货断档时,不允许用其他商品填补,否则分析发生原因并追查责任。

3)单据控制

商品配送必须有送货单据,要严格控制单据的验收程序、验收标准、验收责任人、验收后的保管和期限等。保证货单一致,保证核算的准确性,防止舞弊现象发生。

4)盘点控制

盘点控制是门店经营成果的控制手段之一,其重点是检查盘点前的准备是否充分;检查盘点作业程序是否符合标准,是否存在交叉盘点和建立了复盘制度;检查是否实行了总部对门店的临时性通知抽查制度。

5)缺损率控制

缺损率是失窃率和损耗率的统称,连锁店应据实际情况制订,一般控制在0.3%~0.5%。

6)门店的服务质量控制

门店的服务质量控制即加强服务意识教育与培训,实行明查和暗查相结合的控制方法。

7)经营业绩控制

一般采取按月销售额发放工资与奖金的方法,月销售额目标要体现科学性,可以根据各门店的实际情况来确定。连锁企业也可根据实际情况和零售业态的模式特征综合考核,确定明确的月销售额目标。

2.3　门店营运与管理标准的展开与实施

连锁经营的最大特征之一就是具备可复制性,门店营运管理标准化是可复制的前提和关键,也是实现连锁经营所有目标的基础和保证。门店营运管理标准化是指把企业所有业务流程和所有岗位人员的作业流程都规范化和手册化,建立完整的督导体系,并在门店营运过程中认真执行和督导。

没很强的执行力,再好的管理标准也只是一纸空文。严格而科学地展开与实施管理标准,是连锁门店营运的关键。可以毫不夸张地说,管理标准是企业内部的"法律",执"法"要严,企业运转才会有序和高效。管理的标准化与标准化管理是掌握活动得以开展的两个方面,具体包括编写门店营运手册和建立培训系统。

2.3.1　编写连锁门店营业手册

通过对连锁门店大量的作业研究、分析和比较,发掘出最有效的作业方法,以此作为标准,并编写具体的营业手册。这一过程,实际上是将连锁门店经营的经验、技巧上升为明确的理论和原则高度。

任何一个连锁企业所制订的营业手册都应全面地包括每一岗位、每一作业人员的具体职责,应尽可能发现每一细节并加以规定,尽可能完整地包含所有细节,这正是营业手册的功能所在。

科学规范的营运业务流程,是连锁企业标准化管理的基础和核心,是保障连锁企业进行低成本营运的基本原则。通过编写连锁企业营运手册可以保证门店营运业务流程的标准化。《营运手册》一般由连锁企业总部编制,通过作业研究和比较,找到最有效的作业方法,以此作为标准,编写具体的营运手册。总部可以把《营运手册》作为培训材料,门店也可以把《营运手册》作为日常经营活动的依据。

2.3.2　建立连锁门店完整的培训系统

连锁企业能否快速发展的关键是企业人员的数量和质量是否能满足门店营运的需要,人员培训是提高企业经营管理水准,保证其持续发展的重要工作。连锁企业建立一整套完善的培训系统,能够促进连锁企业各级员工的有效选拔、任用、教育和开发。

连锁企业应该根据自身的经营特点,运用可整合的培训资源,通过对人员的培训来提升自己的服务水平和塑造一致的企业形象,提高企业员工的整体素质,培育优秀的连锁门店经营管理人才,提高企业的知名度、信誉度和美誉度。

1）连锁门店培训的特点

由于连锁门店的业态不同于其他行业，具有独特性，因此连锁门店培训也具有自己的特性。这主要体现在以下方面：

①标准化设计。通过标准化的教学设计，使受训者学习标准化的作业流程与培训，提供一直性和专业化的服务，进而可以提高顾客对门店的信任度和忠诚度。

②店内训练。连锁门店数量众多，分布分散，因此培训适宜采用店内培训的方式。

③便利性。门店工作者对培训的期望是好学好用，现学现用。因此，培训中应尽可能做到时间、地点与教学手段的便利。

④创造利润。培训的内容应尽可能的对连锁门店创造利润有所贡献，无需高深的理论。

⑤专业性。专业化的服务才能创造服务性商品的特色差异，保有客户。

⑥实操性。提供给基层人员的培训应能够快速简易地转化到工作中。培训通过实际操作，情景模拟来学习可以较快地运用于门店卖场中。

⑦流程化。培训的流程化可以降低学习难度，有利于受训者的学习。

2）连锁门店培训的内容

连锁门店的教育培训应该根据教育培训的对象来确定其内容，应该具有很强的针对性。根据培训的层次和过程来划分，连锁门店的培训一般可分为 3 种：入职培训、在职培训、拓展培训。

（1）入职培训

入职培训主要是针对新进职场的员工，培训的内容主要包括服务规范和基本专业知识两个方面。

服务规范培训：以服务仪表、服务态度、服务纪律、服务秩序等作为培训的基本内容，让员工树立"顾客是上帝"、员工代表企业的思想。

专业知识培训：在帮助员工树立正确的工作理念的基础上，使其理解、熟悉并掌握各自工作岗位上的有关专业知识，一般可分为售前、售中、售后 3 个时段。

（2）在职培训

由于企业内外部环境和工作重点变化的影响，有时要对在岗员工进行转岗或升迁，同样需要培训。在职培训是职前培训的延续与发展。通过在职培训，可以提高员工的积极性，有利于员工工作绩效的进一步提高。

在职培训是侧重于职前培训基础上的操作实务性培训，主要按各类人员的职位、工作时段、工作内容、发展规划进行，主要涉及店长（值班长）、理货员、收银员等门店工作人员，按其职级开展和实施。

①店长的培训。主要包括以下内容：店长的工作职责、作业流程、对员工的现场指导、员工问题的论断与处理、商品管理、如何开好会议、顾客投诉处理、管理报表分析、信息资料管理等。如家乐福的店长课程就包括店长就职培训、财务、人力资源、团队管理、市场营销和美工培训等15个课程。

②理货员的培训。主要包括以下内容：理货员的工作职责、作业流程、领货、标价机、收银机或POS机的使用、商品的陈列技巧、补货要领、清洁管理等。

③收银员的培训。主要包括以下内容：收银员的工作职责、收银操作、顾客对答技巧、简易包装技巧等。

（3）拓展培训

拓展培训主要针对企业中的精英和在未来有发展潜力的员工，培训的内容主要包括行业中方方面面的知识和技能，培训的目的是使这些在已有岗位上工作出色的员工能够掌握多种技能，在未来可以胜任不同的岗位。除了让员工明白各自岗位所需的知识和技能外，许多情况下也需要员工发挥其"多能"的作用。事实上，超市门店营运尤其是便利店中某些工作是需全体人员都能够操作的。如商品的盘点、商品的损耗处理、设备的简单维修等。企业如在这方面抓好了对职工的培训和管理，就能大大减少用工人数，减少相应费用支出，从而提高门店的营运效率和赢利水平。

连锁企业的发展非常需要"一专多能，胜任多个岗位"的人才，通过这种"一岗多能"的培训，一方面为企业未来的发展储备了生力军，另一方面也对员工的提升和知识技能的增长创造了条件。

3）连锁门店培训方法的设计

表2.1是某企业培训方法设计表，仅供借鉴。

表2.1　某企业培训方法设计表

培训方式	培训方法
工作岗位训练	讲授：讲解操作方法、规则、标准等；示范：示范操作；检查：找出错误原因并修正
课堂教授	适合讲理论、学员众多集中的情况
讨论法	开放式问题，引导激发学员
案例法	以案例导入，有助于吸取经验教训
角色扮演	通过体验式学习来改变工作方式
模拟训练	参加者能体验到实际条件下如何运用所学的知识技能
示范法	通过示范引发思考，找出解决问题的最佳方法

连锁企业门店可以根据自己的行业特点、内外环境变化、职位岗位状况、受训人情况、培训内容等创制一套适合本行业、本企业自身发展的培训方法来。

2.3.3 不断探索完善的连锁门店营运标准

营运标准的贯彻执行,依靠的是科学、严格的管理,否则制订再多标准也形同虚设。分工越细就越需要协调,否则各个职能部门的运行会相互牵制,各个作业岗位的衔接也难以顺利进行,作业化管理所带来的优势就难以转化为连锁店的现实竞争优势。因此在实际营运过程中,通过门店的探索和总部的进一步研究、开发,不断探索与改善连锁店的营运标准,使作业化管理不断合理化。由于标准的统一性并不排除门店的能动性,只要能使连锁门店的赢利水平提高,各门店都可以提出建设性意见。标准化效果的取得,靠的是在严格管理的督促下,长期地坚持与改善标准,从而确立连锁门店整体的竞争优势。

另外,门店运营管理标准化还要与本土化协调。比如,麦当劳的汉堡被世界各地的人们所接受,有人认为这是麦当劳的本土化策略带来的结果,麦当劳会根据当地人的口味适当调整自己的配方,因此它的每个店都非常成功。从单店营销的角度讲,强调本土化思想是非常正确并且是非常必要的。但是,从连锁经营的角度讲,标准化更有利于连锁企业的市场开拓和管理控制,应当把标准化放在连锁经营的首位,先进行标准化的经营,然后才是经营的本土化。

单元测试

一、判断题

1.连锁经营模式在很大程度上表现为总部制订规范与标准,门店具体贯彻执行,实施执行型管理。   (   )

2.缺损率是失窃率和损耗率的统称,一般控制在 3%~5%,各连锁企业可根据实际情况制订。   (   )

3.《营运手册》提高连锁企业经营管理水准,保证其持续发展的重要工作。
                                                              (   )

4.门店运营管理标准化不需要与本土化协调。   (   )

二、填空题

1.门店营运与管理的目标包括_____和_____两个方面。

2.总部制订的营运与管理标准实质上是_____、作业程序、_____、作业标准和_____。

3.商品布局与陈列控制的重点是_____和_____是否发生变化。

4.连锁门店的培训一般可分为_____、_____、_____。

三、选择题

1.制订门店管理标准的具体步骤(　　)。

A.确定作业分工　　　　　B.确立标准化作业的程序

C.记录作业情况　　　　　D.作业标准的制订

2.连锁门店培训的特点主要体现在(　　)。

A.标准化设计与便利性　　　B.店内训练　　　　C.创造利润

D.专业性与实操性　　　　　E.流程化

四、简答题

1.门店营运与管理的具体目标有哪些?

2.制订门店管理标准的具体步骤是怎样的?

3.连锁店培训的特点、内容和方法是什么?

4.怎样实现门店营运与管理目标的展开与实施?

五、案例分析

屈臣氏——标准化管理的魔力

屈臣氏集团是全球最大的保健及美容产品零售商和全球最大的香水及化妆品零售商,在亚洲及欧洲36个市场、1 800多个城市共拥有19个零售品牌及逾7 700间零售商店。屈臣氏个人护理用品商店自1989年第一间店在中国香港诞生以来,目前在店铺装饰方面已经发展到了第五代执行标准,无论你到了任何地区的任何一家分店,除了店铺经营面积的大小与形状差异,你都很难发现其他方面的变化;店铺门面、墙壁的颜色、店铺布局、员工的服装都一模一样,所有的店铺在进行同样的促销活动。

标准一:店铺的标准化

为统一卖场形象,为了所有员工能熟练掌握并执行统一标准,屈臣氏制订了《发现式陈列手册》。"发现式陈列"的精髓是:"在合适的时间、提供合适的商品、以合适的价格、陈列合适的数量于合适的地方"。其陈列标准有:

1.屈臣氏店铺主要有3种"购物体验":美态(专柜、非开架陈列、护肤品及饰品);欢乐(护发、沐浴、口腔、男士用品、纸制品、小工具、小食品);健康(药房、卫生用品)。在布局中,以上产品需要共同陈列。

2.化妆品作为主要大类应陈列于各店铺前部。

3.药房及日用品作为"目标购物"部门,可陈列于各店铺的后部。

4.化妆品和护肤品作为提供近似购物体验的部门,临近陈列在一起,而药房作为一个整体部门,在陈列上就显得灵活了很多。

5.婴儿用品作为药品和日用品的"桥梁"部门,陈列于两者之间或者临近两者之一。最理想的是如果布局允许,陈列于药房的一侧。

6.食品部门总是陈列于收银台旁边。

7.杂样产品规划为"欢乐"部门之一,主要陈列于高客流量的位置——通常紧邻主通道或者收银台。

8.愉快购物体验放在第一位,将所有的相关产品共同陈列,最大限度地利用每一米货架(促销商品)。

9.在店铺醒目位置陈列、"推动走廊",突出最佳促销堆头。

10.收银台放在店铺的中部,收银台与药房一般是分开的。

标准二:服务的标准化

在顾客服务方面,屈臣氏提出了简单而又有效的顾客服务标准:

1."欢迎光临!有什么可以帮到您!"所有员工必须对来店的顾客打招呼。微笑!眼神接触!在跟顾客打招呼时一要微笑,二要眼神接触,只有眼神接触的招呼才是有效的,才是让顾客感觉有诚意的。

2.递购物篮!当发现顾客手中的物品超过两件时,第一时间询问顾客是否需要购物篮,当发现顾客提满一篮商品时,立即帮忙拿到收银台,这一切在日常服务中要求不停地强调,不停地执行,让顾客时时感受到被关心、被重视。

3.收银服务!收银服务是屈臣氏非常关注的一项服务,屈臣氏发现,顾客由于各种原因,在购物的时候最怕的是排队付款,所以屈臣氏要求,在收银台前,一般不能有超过5个顾客排队买单,如果出现这种情况,必须马上呼叫其他员工帮忙,在听到帮忙需求时,无论员工在忙什么,都会第一时间赶到收银台,解决收银排队问题。

4.还有一项特别的要求就是当顾客咨询药剂师时,药剂师一定要以"我是屈臣氏专业药剂师,有什么可以帮到您"表明自己的专业身份。

5.收银员推销促销商品及换购商品。当顾客在付款的时候,收银员会在适当的时候向顾客推介优惠的促销商品。

6.欢迎再次光临!在顾客离开店铺时,无论是哪位员工,都会打声招呼:"欢迎再次光临"。

标准三:管理的标准化

在屈臣氏个人护理用品门店,为了保障所有流程的标准化执行,日常管理起着非常重要的作用,屈臣氏制订了一系列的标准化制度:收银、现金、物流管理标准化和店铺操作流程标准化。

标准四:异常处理的标准化

屈臣氏认为,异常事故更需要有执行的标准,任何公司在长期发展中都不是一帆风顺的,屈臣氏也同样会遇到各种各样的困难,屈臣氏需要居安思危,制订出更加有效的管理方法。

(资料来源:袁耿胜.屈臣氏—标准化管理的魔力[EB/OL].[2007-12-04]中国化妆品网.)

案例分析与讨论:

1.屈臣氏标准化管理的魔力的成因是什么? 具体内容是什么?

2.屈臣氏标准化管理实践的意义与启示有哪些?

学习单元3　连锁企业门店投资与开业管理

学习目标

　　了解连锁门店的价值构成；理解门店的申请开业登记程序；掌握连锁门店投资决策方法、门店选址的方法。

学习内容

- 连锁门店价值的构成与店铺投资决策；
- 门店开业申请、登记；
- 门店店址选择。

学习重点

- 连锁门店价值的构成与投资决策方法；
- 门店选址的方法。

教学方法和建议

- 通过任务驱动、案例讨论等实施教学；
- 构建"××门店选址决策"，"××门店开业策划"两个学习性工作任务，每个工作任务按照"资讯—决策—计划—实施—检查—评估"六步法（以下简称"六步法"）来组织教学。
- 教学过程中方案制订与实施，体现以学生为主体，教师进行适当讲解，并进行引导、监督、评估；
- 教师提前准备各种媒体学习资料、任务单、教学场地和设备。

学习任务

　　以学习小组为单位，选择你所熟悉的1～2家连锁门店进行开业流程、投资或选址、项目调查，模拟门店开业作业，体验实际的开业工作过程。重新为其中一门店进行投资或选址、开业作业设计，并组织小组成员进行讨论、评价。

美国克罗格公司的开店选址策略

如果店址选择不当,不仅无利可图,而且巨额的投资也会付诸东流。克罗格公司在开店时不是片面地追求开店数量而是追求成功率和效益;科学地进行店址分析,以避免不必要的失误。具体的措施有以下几方面:

①地区办公室提出建店设想。克罗格公司在一定区域内设有一个地区办公室,该办公室负责本区内商店规划,并向公司总部的综合办公室提供详细的规划资料。

②综合办公室进行审核评价。综合办公室设有研究部和租约部。各地区改建或扩建店铺的规划将汇总到研究部。研究部由一名经济地理学家和两名助手组成,专门负责论证规划的可行性。租约部在租约谈判、租约程序方面提供建议。如果在租金价格、租约期限等方面不能令人满意,他们将反对新建店铺的选址规划。

③各部门协商批准规划。研究部和租约部按每人一票原则进行表决,还要经过综合办公室下设的不动产部经理和地区经理双重同意后才可立项。

④研究部主要负责店址的综合评价。画出详细的消费者分布图,并评估市场潜力的大小。克罗格公司的专家认为,如果在一个没有规划过的城市商业区,建立一个面积为 1 400 m^2 的超级市场,将获得从中心向外 1.6 ~ 2.4 km 半径范围内 55% ~ 70% 的销售额。同时,研究部必须对竞争对手作详细的研究。如果竞争对手的超级市场在某一地区实现了 75% ~ 80% 的市场占有率,那么要打进这一地区是相当困难的,因此可以考虑放弃此地区而重新进行选择。

⑤研究部依照超市店铺选择规律对规划进行评估,并对所选店址进行投资回报率的分析。他们奉行的标准是:对于人口为 5 000 ~ 10 000 人的小城镇,超级市场必须提供这个城镇食物销售量的 25% ~ 30%,相应地建立面积为 900 ~ 1 400 m^2 的超市才会有利可图;对于人口为 4 万人的地区,一般可设 6 ~ 7 家超级市场;在大多数情况下,低于 4 万人的城区仅需开一家超级市场。

(资料来源:http://WWW. book WOO. com/News Info/21631. asp,2006-11-24.)

问题思考:
我国连锁企业如何进行店址的选择? 店址选择的重要性?

3.1 连锁门店的价值构成

3.1.1 连锁门店的价值构成

门店是连锁企业的基础,一般来说,连锁企业应由10个以上的门店组成,实行规范化的管理。连锁门店具有固定性、异质性、耐久性、用途的唯一性、受环境的影响性、保值增值性等特征。从连锁门店的功能方面而言,连锁企业门店具有创造商业利润、创造租金、传递商业信息等重要功能。

连锁门店大多通过房地产形式体现出它的特有价值的,但它并不仅仅依附于某一特定的房地产价值来体现自己的价值,而是与所在地区的城市规模、经济发展水平、科教文卫体系、人口数量、购买者的购买力、消费倾向等诸多非房地产因素有着紧密联系的。

连锁门店的商业价值是门店价值中的主要价值成分,与房地产价值一起构成门店价值。因此,门店价值的构成可用公式表示为:连锁门店价值 = 连锁门店房地产价值 + 连锁门店商业价值

构成连锁门店商业价值的因素主要有区域因素、商圈因素、企业因素以及购买因素等。对于连锁门店经营管理影响较为直接的主要是商圈因素。所谓商圈,是指某一范围内各种商业因素的综合。在一定区域内,各种商业因素往往是相互作用、相互影响、相互制约、相互促进的。

3.1.2 店铺商圈

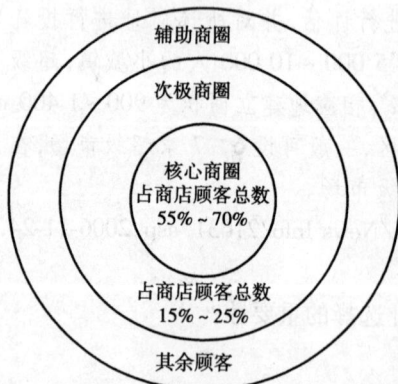

辅助商圈

次极商圈

核心商圈
占商店顾客总数
55%~70%

占商店顾客总数
15%~25%

其余顾客

图3.1 店铺商圈构成图

1)商圈及其构成

商圈即"零售市场的销售空间",习惯上是以已经设立或即将设立的门店为原点,经若干距离为半径去画一个规则的圆圈,如图3.1所示。通常大型商圈的半径为2~3 km,当然也需视人口密度及交通设施情况而定。

"麦当劳"在设址时着重调查人流量,"德克士"则注重是否能够赢利,有赢利空间就可以拓展店面。就人均密度而言,"德

克士"平均每6.2万人一家,"肯德基"平均每18.6万人一家,"麦当劳"平均每20万人一家。

商圈没有固定的形状,但为了方便计划,一般事前规划可用圆形来为商圈推算。例如有以下各情况限制,可为商圈的范围划分点:

①商圈的半径。大多以500 m为限。

②马路分界。一般超过40 m宽的道路,四线道以上或中间有栏杆、分隔岛、主要干道阻隔而划分成两个不同商圈。

③铁路、平交道阻隔。人们因铁路、平交道的阻隔,交通受阻而划分成不同商圈。

④高架桥、地下隧道阻隔。因高架桥、地下隧道阻隔,使人潮流动不便划分成不同商圈。

⑤安全岛阻隔。因安全岛阻隔,使人潮流动不便而划分成不同商圈。

⑥大水沟。因水沟阻隔,使人潮流动不便而划分成不同商圈。

⑦单行道。单行道阻隔,可能使人潮流动不便而划分成不同商圈。

⑧人潮走向。人潮走向的购物习惯及人潮流动的方向,会使区域形成一个独立商圈。

2)商圈的类型

从形态上划分,商圈有集中型商圈和分散型商圈两种形态。在选择商圈时,应充分考虑商圈的定位、所售商品价位、商圈范围大小等多种因素。

一般而言,商圈形态可分为以下几种:商业区、住宅区、文教区、办公区、工业区、混合区(住商混合、住教混合、工商混合等)。在发达地区,商圈的形成主要依靠政府的发展规划,而在商圈自然形成的过程中,连锁效应往往起着举足轻重的作用。"店多成市"是业内对连店效应的最好诠释。例如,甲、乙、丙为三家相邻门店,如果这三家门店经营同类商品,就会展开竞争。商业竞争的手段是降价、增加商品品种和规格、提高服务水平。如果甲、乙、丙三家均能在竞争中保持不败,那就说明这3家门店都有竞争力,都有自己的价格、商品或服务特色,都能争取到别处的消费者,并使3家的销售空间得到拓展,形成商圈。如果这3家门店经营不同的商品,各店的经营商品互不冲突,能满足不同需求的消费,那么甲、乙、丙三家除了实现自身销售之外,还能实现销售互补。就商业区而言,商圈类型主要有互补型、专业型、综合型3种。

3)商圈内部的平衡与和谐、商圈的扩张与征服

商圈是以相对稳定的需求量和商业企业销售空间为存在前提的。建店的一般规律是企业在商圈中取得和谐,与所在商圈的购买力相适应。而在抢占市场、征服

商圈时,企业往往会采取与商圈不和谐的举措,如突然降价、设立大型店铺、改行倾销等。这种举措往往是商家精心设计、有其深刻创意的,其最后目的不外乎打击竞争对手,为自身的生存作铺垫。

如果某一商圈内的企业经营状况较好,利润丰厚,超出社会平均利润时,就会引起其他投资者的注意,并设法仿效,在原商圈的边缘地带自发形成新的商业投资空间。该商圈由于在地理空间上扩大了范围,势必会向外界争夺市场并与同类型业态展开竞争,直到产生更加适合市场的企业,或者企业在竞争中完成自我调整以适应扩大的商圈。

3.2 连锁门店投资决策

通过连锁门店价值构成的理解,对商圈的调查分析可以大致估算门店的营业额,门店是否值得投资经营还必须考虑多种因素进行比较,进行利弊权衡,最终作出有效的投资决策。门店投资决策作出之前,必须进行大量细致周密的调查工作;要将可能的营业额与投资额进行比较,权衡得失,评估损益状况;投资过程中还必须考虑如何防范门店投资风险。

3.2.1 门店投资前的调研工作

门店投资决策作出之前,必须进行大量细致周密的调查工作,不打无准备之仗,尽力将影响门店投资和营运的多种因素加以考虑。

1)门店投资前期研究

门店投资前主要做以下调研工作:规划调研,认真考虑以下因素:城镇化进程、居住区规划、交通规划、商业规划、规划的实施。

2)商圈分析

(1)商圈设定

商圈设定分人为设定与自然环境设定两种。人为设定是指以人或车辆到达商店的距离为半径的商圈设定办法。自然设定是指商圈在一个相对封闭的范围内自然形成的商业环境。比如,甲、乙两店为同业态、同规模的商店,同处一个自然环境商圈中,如果人为设定商圈等距离销售同类、同档次的商品,则我们基本可以确认两店的选址条件相同。

（2）客流模拟

在拟投资店铺的位置明确后，需要考察的是该区域内交通干道、交通去路、公交线路走向、社区外地铁站、各住宅小区的大门等情况。然后，应重点考察社区商业中心位置的道路、公交线路对拟投资店铺的影响。

（3）如何选择有发展潜力的商圈

从商圈发展来看，商圈发展潜力与商圈内人们收入的增长、居住人口中就业人口与赡养人口的比例、居住人口的文化程度高低、新开发的住宅及销售价格、住宅开发规划、道路交通、市政建设规划等有密切的关系。为此，投资者在选择店铺时要综合考虑所在商圈内的各种因素而作出取舍。

（4）如何选择交通便捷的商圈

交通便捷的商圈，主要是客运便捷、客运能力强、动力大的交通设施附近的商圈。

（5）如何选择建店障碍少的商圈

人为障碍、法律障碍、配套设施障碍等，将直接关系到门店的具体用途限制。

3）考虑竞争因素

门店投资要考虑将来可能出现的竞争状况，考虑如何以友好为邻，避开激烈竞争。即使竞争，门店应如何在竞争中立于不败之地，获取一席之地。

3.2.2　门店投资评估

1）开店投资所要考虑的因素

开店投资主要包括以下几项内容：①设备。如冷冻冷藏设备、空调设备、收银设备、水电设备、办公设备、仓储设备、卖场陈列设备、车辆等因素。②工程。工程的内容主要包括：空调、水电系统、冷冻冷藏等设备的安装、调试、维护、维修等工程，除此之外，还包括内外招聘工程等。③包装材料。商品的内外包装、附加包装以及消耗品等。④设计费用。对连锁企业来说，设备的维修费，卖场的设计费，卖场内部的灯具、器具设计安装费都应该事先作出预算，提前沟通，这样可以提高经费使用效率。

2）开店投资损益分析

门店投资决策作出之前，要将可能的营业额或可能获得的收益与投资额进行比较，权衡得失，评估损益状况，明确影响门店投资决策最重要的因素。投资决策的方法多种多样，但要把握的原则就是"两利相权取其重，两害相权取其轻"，收益至少要大于投资，才有可能考虑门店开设的问题，否则就放弃。以下就以损益平衡点的方法来进行分析。

（1）经营费用评估

连锁门店的经营费用可以分为固定费用和变动费用两大类。固定费用是指与销售额的变动有直接关系的费用支出,如工资、折旧费、水电费、管理费、福利费等。变动费用是指随着销售额的变化而变化的费用,如运杂费、包装费、商品损耗费、设备维修费等。上述各项费用要控制在多少金额内并无统一标准,但最基本的原则是毛利率要大于费用率。需要注意的是:货损控制在 4‰ 以内,员工薪资总额不得超过总费用的 50%,人事费用与销售总额的比例要小于 7%,总费用与总利润之比要维持在 80% 左右,固定费用占总费用的比例应为 85% 以上。

（2）损益平衡点分析法

损益平衡点是指门店收益与支出相等的营业额,超过此点门店有赢利,低于该点表示门店亏损。

①损益的基本计算方法如下:

销售毛利 = 营业收入 - 销货成本

税前损益 = 销售毛利 - 变动费用 - 固定费用

实际损益 = 税前损益 - 分担总部费用

②损益平衡点的计算方法如下:

损益平衡点销售额 = 固定费用/毛利率 - 变动费用率

③经营安全率计算方法如下:

经营安全率 = (1 - 损益平衡点销售额/预期销售额) × 100%

该比率是衡量经营状况的重要指标,一般认为,经营安全率在 30% 以上的为优秀门店;20% ~ 30% 的为良好门店;10% 以下的为不良门店,不值得投资。

3.2.3 门店投资风险防范

1）门店投资风险的类别

门店投资主要会遇到政治风险、社会风险、经济风险、法律风险、自然风险、商业环境风险、经营风险等各个方面的风险。

2）建立门店投资风险控制体系

门店投资会遇到各个方面的风险,有些风险如政治风险、社会风险、经济风险是很难回避和克服的,有些风险如商业环境风险、经营风险等是企业可以通过提高管理水平、采取有效措施加以规避和克服的。因此,连锁企业应该根据实际情况建立一整套行之有效的风险监控机制和风险控制体系。

3）门店投资风险的具体控制措施

门店营运管理应针对自然环境变化、法律、行政限制及投资决策失误、建店障碍、商圈变化、门店供求关系变化等采取具体有效的控制措施。

3.3　门店店址选择

成功的选址系统是连锁企业核心竞争力之一。业内有句名言:"门店最重要的是什么,第一是选址,第二是选址,第三还是选址"。店址选择的重要性具体体现在4个方面:第一,门店投资数额较大且回收期较长,店址的选择不仅关系到门店投资的收回,而且还关系到整个投资的成败;第二,它是店铺制订经营目标和经营策略的重要依据;第三,它是影响门店经济效益的一个重要因素;第四,它能贯彻便利顾客的原则。

连锁经营门店是连锁经营企业规模扩张的基础,其经营状况直接关系到连锁企业的生存和发展。合理地选择连锁门店的地址是连锁经营管理的最重要的内容之一,必须仔细研究、认真对待。

3.3.1　连锁企业门店选址的社会经济条件

连锁经营门店选址主要考虑稳定的顾客群流量,同时兼顾流动的顾客群。连锁经营企业一般对某种特定业态的门店都规定卖场面积标准及卖场结构标准,这一方面是为了树立统一的企业形象;另一方面也是为了使商品的平面布置、立体陈列、设备安置等店铺设计项目套用标准化模式,以降低设计费用。为了稳定而有效地扩展企业规模,提高企业经济效益,连锁经营企业在选址时应考虑以下条件。

1)城市商业条件

选址首先应从大处着眼,把握好城市的商业条件。

①城市类型。先看地理、气候等自然条件,继而调查政治、经济、历史、文化等社会条件,从而判断该城市是政治中心城市还是经济中心城市,是历史文化名城还是新兴城市,是中心城市还是卫星城市。

②城市设施。学校、图书馆、医院、公园、体育馆、旅游设施、政府机关等公共设施能起到吸引消费者的作用。因此,了解城市设施的种类、数目、规模、分布状况等对连锁门店选址是很有价值的。

③交通条件。在城市条件中,对连锁门店选址影响最直接的因素是交通条件,如城市市内区域间的交通条件、区域内的交通条件等。

④城市规划。如街道开发计划、道路拓宽计划、高速及高架公路建设计划、区域开发规划等都会对未来的商业环境产生巨大影响,应该及时捕捉、准确把握发展动态。

⑤消费者因素。如人口、户数、结构、收入、消费水平及消费习惯等。

⑥城市商业状况。如商店数、职工数、营业面积、销售额等绝对数值,以及由这些绝对数值除以人口所获得的相对数和人均零售额等。

2)连锁企业门店选址考虑的因素

从全球范围来看,连锁经营企业在其发展初期,多以商业中心为主要选址区,期望以较高的客流量带动各店铺的发展。不同行业的连锁企业门店在店址选择上有共同的要求,也有不同的要求。共同的要求如便利顾客购买、有利于影响力扩大、交通便利与否、商业网点是否集中、服务是否齐全、营业时间的长短等。所有的连锁企业门店在店址选择时都应考虑那些对经营成本有影响的因素。表3.1反映了连锁企业门店选址时的条件和构成要素。

表3.1　连锁企业门店选址主要因素

选址条件			
商业环境因素	城市结构因素		城市特点,如产业结构、政府机构、历史沿革、自然环境、风土人情、文化氛围等
			城市规划,如土地征用规划、市政设施规划等
			城市公共设施状况
			交通条件,包括公路、铁路状况,车站设施及交通主管部门等
	消费结构因素		人口现状及动态,包括人口密度、人员构成、人口布局、人口的未来增减
	消费结构因素		人均收入、消费水平
			生活方式、消费习惯、休闲机构及购物倾向
	商业结构因素		城市商业结构
			商业的集中化程度及趋向,如商业街、购物中心等
			行业竞争关系,如地区间竞争、地区内竞争
店铺选址因素	位置条件		邻近条件,包括附近的商业情况、道路情况、交通情况等
			用地条件,包括地理环境、法规条件等
	相对条件		与竞争店的竞争及互补效应
	潜力条件		商圈与购买力,包括购买频率、购买时间、采购距离等

3.3.2　连锁企业门店选址的区域定位

连锁企业门店的店址选择是综合道路各种影响因素的结果,要选择在各个方面都能令人满意的店址,客观上往往不容易办到,因此选择合适的区域及地点要在对各种因素的利弊作平衡后才可确定。店铺开发的店址择定要经过以下程序:确认前提条件:根据目标顾客选择店铺所在的重心区域;寻找最佳结合点;选定具体地点。

1)连锁企业门店店址区域选择的类型

连锁企业门店店址选择主要坚持适应人口分布、流向情况,便利广大顾客购物,扩大销售的原则,绝大多数连锁企业门店都将店址选择在城市的繁华中心、人流必经的城市要道和交通枢纽、城市居民住宅区附近以及郊区交通要道、村镇和居民住宅区等购物地区,从而形成了以下4种类型的商业群。

(1)城市中央商业区

这是全市最主要的、最繁华的商业区,全市性的主要大街贯穿其间,云集着许多著名的百货商店和各种专业商店、豪华的大饭店、影剧院和办公大楼。在一些较小的城镇,中央商业区是这些城镇唯一的购物区。

(2)城市交通要道和交通枢纽的商业街

它是大城市的次要商业街。这里所说的交通要道和交通枢纽,包括城市的直通街道、地下铁道的大中转站等。这些地点是人流必经之处,在节假日、上下班时间人流如潮,店址选择在这些地点就是为了便利来往人流购物。

(3)城市居民区商业街和边沿区商业中心

城市居民区商业街的顾客主要是附近居民,在这些地点设置连锁企业门店是为方便附近居民就近购买日用百货、杂品等。边沿区商业中心往往坐落在汽车、火车重要车站附近,规模较小。

(4)郊区购物中心

在城市交通日益拥挤、停车困难、环境污染严重的情况下,随着私人汽车大量增加和高速公路的发展,一部分城市中的居民迁往郊区,形成郊区住宅区,为适应郊区居民的购物需要,不少连锁企业门店设到郊区住宅区的附近,形成了郊区购物中心。

2)区域位置选择

连锁企业门店店址区域位置选择指的是连锁企业门店应选择设在哪一个区域,即在哪一级商业区或商业群中。

连锁企业门店选址一般选择4类商业群,作为一个具体的门店应选择哪一类商业群就应充分考虑顾客对不同商品的需求特点及购买规律。顾客对商品的需求一般可分为3种类型。

（1）顾客普遍、经常需求的商品，即日常生活必需品

这类商品同质性大，选择性不强，同时价格较低，顾客购买频繁，在购买过程中，求方便心理明显，希望以尽可能短的路程，花尽可能少的时间去实现购买。所以，经营这类商品的商店应最大限度地接近顾客的居住地区，设在居民区商业街中，辐射范围在半径300 m以内，绝大部分居民步行10~20 min可实现购物为宜。

（2）顾客周期性需求的商品

对于这类商品，顾客是定期购买的。在购买时，一般要经过广泛比较后，才选择出适合自己需要的商品品种。另外，顾客购买这类商品一般是少量的，有高度的周期性，因此，经营这类商品的商店宜选择在商业网点相对集中的地区，如地区性的商业中心或交通要道、交通枢纽的商业街。

（3）耐用消费品及顾客特殊性需求的商品

耐用消费品多为顾客一次购买长期使用的商品，购买频率低。顾客在购买时一般已有既定目标，在反复比较权衡的基础上再作出选择。特殊性需求的商品购买的偶然性大、频率低、顾客分散。所以经营这些类别商品的商店，商圈范围要求更大，应设在客流更为集中的中心商业区或专业性的商业街道，以吸引尽可能多的潜在顾客。

3.3.3　各业态类型的连锁门店选址标准

连锁业态不同，布点策略上也会有所不同，如快餐店就应设在流动人口密集的地方；洗染店就需要设在固定人口密集的地方；出售大众日用品和副食品的超市应设在居民区内或交通方便的几个居民区的交汇处等。几种主要业态的零售门店选址标准分别介绍如下：

1）百货店的选址标准

①选址应设在城市中心商业繁华区或城市交通要道。

②商圈范围目标要大，一般以流动人口为主要目标顾客。

③门店规模要大，至少应在6 000 m^2 以上。

④门店内外装饰典雅、明快、豪华，设备要先进。

⑤目标顾客群为中高收入人群和追求时尚的青年人。

2）超市的选址标准

①门店周围有大的居民区、交通要道或商业区。

②以商圈周围居民为主要销售对象。

③营业面积在6 000 m^2 以下。

④有一定面积的停车场。

3）大型综合超市的选址标准

①选择城乡结合部、大型住宅区、交通要道。
②商圈范围较大，可开设免费购物班车线路。
③停车场面积宜大不宜小。
④营业面积一般在 6 000 m² 以上。
⑤目标顾客为购物频率高的城市居民。

4）便利店的选址标准

①选址宜在居民小区及交通路口、车站、医院、剧院、机关团体、学校企业所在地。
②商圈半径步行 5 min 的距离即可到达。
③门店面积 100 m² 左右。
④目标顾客为居民、年轻人、流动人口、学生等。

5）专业店的选址标准

①选址多样化，可在繁华商业区、商业街、购物中心和百货卖场内部设置。
②商圈范围大。
③营业面积根据主营商品来确定。
④目标市场多为流动顾客。

6）专卖店的选址标准

①选址可在繁华商业区、商业街、购物中心和百货卖场内部设置。
②商圈范围大。
③营业面积根据主营商品来确定。
④目标市场多为流动顾客。
⑤商店陈列、照明、包装、广告应档次较高。

7）仓储式会员店的选址标准

①主要选址在城郊结合部或交通要道，利用闲置设施，减少投资。
②商圈内人口数要有较大规模，不能低于 10 万~20 万人。
③营业面积不能少于 1 万 m²。
④设施设备、装修装饰简便。

⑤要有较大规模的停车场。

3.3.4 门店选址的方法与技巧

1)店址选择的方法——6M 模型选址系统

连锁跨国巨头们用数十年时间形成了一套十分科学、严谨的选址系统,对企业发展起到重要作用。基于对中国连锁企业的研究和咨询,专家总结出了一套科学的方法分六步构建选址系统,关键由模式、模型、要素、调整、手册、完善组成,简称选址 6M 模型。一般连锁企业可依据此六步法从无到有构建自己的选址系统,以解决连锁选址和拓展的难题,提高加盟商对总部忠诚,获得稳健及快速的发展。以下简要介绍一下选址 6M 模型的主要步骤和方法:

(1)商业模式类型及经验总结

通过市场调查,了解消费者及业态发展趋势,以确定本企业商业模式类型,对消费者行为方式的分析,有助于确定选址定位,同时可采取问卷调查、专家访谈、数据收集等方式总结沉淀企业(加盟商/经销商)以往选址成功经验,以提供准确的经验和数据支持。

(2)建立选址理论模型

根据商业模式及现有选址理论推导,总结与概括出选址模型,明确选址信息收集约束条件,如简便性、成本、科学性等。确定模型的使用范围,找出可以量化评价及成本较低的采用指标体系及采集办法,简化选址所需的数据。

(3)确定要素指标及权重

通过商业模式应用层次分析法确定关键要素及二级要素,建立选址模型,并应用专家评分法,将定性分析转化为定量分析,确定各个要素权重。分解重要维度为可操作化的评分标准,开发相应的评估表,如商圈及竞争条件表、社区情况表、租赁评估表、综合评估表等,以此建立数学模型及软件模型。

(4)指标调整

模型试用,建立选址检验计划及数据库,通过实际测试,与历史数据建立回归方程,再通过软件模型校正指标效度,采用模拟计算的方法解决不同要素权重设计方案对选址总评的影响,形成使用的权重及参数调整表。有了准确的店址评估标准、权重和一些成功案例,可以完善店址的评估工具表格,成为进行连锁经营店址评估的标准化工具。

(5)形成选址手册及审核制度

将选址评估的标准化流程、规范与表单结合,形成或升级选址手册,成为选址标准化管理的基础,强化总部控制,同时要求不断收录选址案例,提供不同区域选址人员经验复制。

(6)流程执行及选址数据库完善

持续进行执行流程与检查,根据战略目标提前收集及更新选址所需数据,完善选址数据库。在此基础上可进行选址软件设计开发,不断提高选址效率及准确性,形成知识专利。与国外连锁企业不同,6M强调选址成本与效益,强调量化是渐进过程,跨国连锁企业选址流程和规范是完全基于科学定量分析,对调查及数据采集与分析要求非常高,有时这样的选址分析甚至长达一年以上,对国内企业来说普遍难以承受,让国内的连锁企业感到可望而不可即。而我们应用6M设计的选址系统、标准及参数都经过精心设计、反复验证,有效缩短时间及成本,具有实用、实效的优点。

2)门店选址的诀窍

一个优秀的店址就当具备以下6个特征:①商业活动频度高的地区;②人口密度高的地区;③面向客流量多的街道;④交通便利的地区;⑤接近人们聚集的场所;⑥同类商店聚集的街区。

门店选址时应充分考虑到这6个特征,一般至少要拥有两个,若是全部拥有,那就非常理想了。

3.4 门店如何申请开业登记

申请开业登记就是取得有关政府主管部门的批准和认可并进行备案取得合法性的过程。连锁门店的开业登记应做好两方面的工作,其一,做好申请前的准备工作;其二,按照门店申请开业登记流程进行申请,取得营运资格。

3.4.1 门店申请开业登记的准备工作

1)心理准备

门店申请开业前就要对企业各级人员做好心理及教育工作,使其对将来所要从事的工作做好心理和思想准备,降低其从事陌生工作的焦虑、畏惧、担忧和不安情绪,从而使其能够迅速的投入到工作中去。

2)资金准备

做好资金预算表,为门店的投资开设提供有力保障。资金预算表主要包括下列内容：

①到开店为止总共需要多少资金？这些资金分别用到哪些地方？

②自己可运用的资金有多少？

③开店总费用减去自己的资金，还差多少？

④不足金额的部分，是否有借贷来源？

⑤自己的偿还贷款计划，是否有能力按规定还债？

一个详细准确的资金预算表是准备开店资金的重要文件，有了它，才能对资金来源和去向做到心中有数。

3.4.2 门店申请开业登记的程序

门店的申请需先提交开办申请报告。申请报告应写明开办者的宗旨、公司的名称、地址、组建负责人的姓名、公司的性质、生产经营范围、生产经营方式、资金总额、门店员人数、筹建日期以及其他需要写入的内容。具体流程如下：

1）开业登记

应在主管部门或者审批机关批准开办后30日内向登记主管机关提出申请；没有主管部门、审批机关的企业申请开业登记，由登记主管机关（国家和地方各级工商行政管理局）进行审查。登记主管机关在受理申请后30日内，作出核准登记或不予核准登记的决定。

2）开业登记所要具备的条件

与生产经营或者服务规模相适应的资金和从业人员；固定的经营场所和必要的设施；符合国家法律、法规和政策规定的经营范围；符合国家规定的企业名称。

3）提交文件和证件

组建负责人签名的登记申请书；主管部门或审批机关批准文件；公司章程；资金信用证明、验资证明或者资金担保；主要负责人身份证明；住所和经营场所使用证明；其他有关文件、证件，并填报《企业法人申请开业登记注册书》。

4）登记内容

企业名称、负责人姓名、经营地址、企业种类、注册资金数、经营范围、经营方式、从业人员和雇工人数等。

5）领取营业执照

工商行政管理机关在审查核实的基础上填写《企业法人营业执照》或《营业执

照》,由主管领导签署意见并记录在案,同时出具企业核准登记通知书,通知被核准的公司或个人。接通知后,法定代表人到登记主管机关领取执照,并由公司法定代表人行使签字备案手续。标志着其取得了法人资格,同时也取得了名称专用权和经营权。公司或个人的合法权益受国家法律保护,也确定了其必须承担国家法律规定的义务和责任。

单元测试

一、填空题

1. 商圈的构成包括:_____商圈、_____商圈和_____商圈。

2. 门店价值的构成用公式表示为_____。

3. 就商业区而言,商圈类型主要有_____、_____、_____3种。

4. 连锁门店的开业登记应做好_____和_____两方面的工作。

二、判断题

1. 对于连锁门店经营管理影响较为直接的主要是商圈因素。　　　　(　　)

2. 门店营运管理应针对自然环境变化、法律、行政限制及投资决策失误、建店障碍、商圈变化、门店供求关系变化等采取具体有效的控制措施。　　(　　)

3. 成功的选址系统是连锁企业核心竞争力之一。　　　　　　　　(　　)

4. 连锁经营门店选址主要考虑成本支出,同时兼顾流动的顾客群。　(　　)

三、选择题

1. 门店投资前的调研工作包括(　　　)。

A. 门店投资前期研究　　　　　　　B. 商圈情况分析

C. 考虑竞争因素　　　　　　　　　D. 投资风险研究

2. 连锁经营企业在选址时应考虑的条件是(　　　)。

A. 消费者　　　　　　　　　　　　B. 城市交通规划

C. 市政配套设施　　　　　　　　　D. 城市类型

3. 超市的选址标准(　　　)。

A. 门店周围有大的居民区、交通要道或商业区

B. 以商圈周围居民为主要销售对象

C.营业面积在 6 000 m² 以下

D.目标市场多为流动顾客

四、简答题

1.连锁门店的价值构成是什么？

2.连锁门店投资决策应考虑哪些因素？

3.连锁门店申请开业登记的流程是怎样的？

4.连锁门店选址有什么诀窍？

5.6M 模型选址系统的主要内容是什么？

情景小结

门店是连锁企业的基础，主要职责是按照总部的指导和服务规范要求，承担日常销售业务。连锁企业门店可以划分不同类型，由连锁企业总部统一制订门店营运与管理标准，实施具体的作业化程序，最终实现连锁的协调运作。

连锁门店价值构成是连锁门店投资决策确定主要因素，其中商圈及其分析是新设店铺进行合理选址的前提，有助于连锁企业门店制订符合客观实际的经营策略和市场开拓战略。不同的零售业态有不同的选址定位标准，连锁企业门店的选址定位必须将区域位置和自身的业态经营统一起来。连锁门店店址确定后即可进行开业登记。

实训项目

一、项目

1.便利店和大型超市的特点、功能的识别。

2.门店现场服务标准手册的编写。

二、情境设计

根据当地实际情况，调查当地有代表性的便利店、大型超市、与校园联系紧密的门店。

三、任务

1. 以小组为单位,选取不同的便利店、大型超市进行调查,了解各居民区消费者的需求状况、交通状况,区分和总结各种类型门店的特点、功能。到政府有关部门查找市政建设规划和法律法规资料,得出相关数据,集体讨论、计算、分析,最终形成可行性报告。

2. 以2~4人小组为单位,通过与店主或店员的聊天等方式观察2~3家超市现场服务情况,在现场观察的基础上查阅相关资料,参照编写门店现场服务标准手册。

四、实训效果评价表(表3.2)

表3.2　实训效果评价表

项　目	表现描述	得　分
调查的对象和目的		
人员分工		
调查方法		
报告内容		
报告形式		
合　计		

说明:据实训中具体销售过程表现分为:很好(25分)、好(20分)、一般(15分)、差(10分)、较差(5分)。全部单项分值合计得出本实训项目总分:优秀(90~100分)、良好(75~89分)、合格(60~74分)。低于60分为不合格,须重新训练。

案例　成功挑选店址的三大法宝

——乔伊丝饰品加盟连锁店选址案例分析

随着创业热的不断升温,越来越多的人加入了创业的大军,人们梦想着能够自已当老板,实现发财的梦想。于是各种小店应运而生,有经营服装的,也有经营各种饰品的,但是开店并非像人们想象的那样简单"今天开张,明天赚钱",在店铺的运营过程中,牵涉选址、融资、进货、营销、财务管理等诸多环节,任何一个环节考虑不周都可能导致整个投资链的断裂。因此,在投资开店前应就开店的细节问题进行深入仔细的研究。

店面的选择和货品的选择是制胜的法宝,这两点解决得好,店铺赢利就有70%以上的把握了。但如何才能选到一块"黄金宝地"呢?国际著名时尚品牌乔伊丝饰品连锁体系直营店及加盟店店面选址的成功率均高达99%以上,到底是一些什么样的因素支撑了其如此之高的店面选址成功率呢?乔伊丝饰品加盟连锁体系的选址"战略""战术"。为我们提炼出一些基本原则:

一、"客源"="财源"

乔伊丝饰品连锁认为,对于一个创业者而言,消费者的消费是关键,看一个店铺的位置是否优越,首先就要看它是否能带来充足的客流。上海的王小姐在2006年决定创业,经过紧张的筹备,她的饰品店开业了,但是一个月下来,店里的生意一直很冷清,极少有顾客光顾。仔细分析后才发现,失败的原因是当初在选择店址的时候,没有充分考虑客流这个因素。店铺的位置比较偏僻,人流量较少,虽然付出的租金较少,但最后带来的收益也少。有了这样的教训,她在重新选址时充分考虑了客流这一因素,根据周围的人流密度、交通情况以及居民的收入水平,将店铺的位置选在了一个住宅区比较集中的路边。现在她的生意好得不得了。

提到选址,王小姐很有感触地说,选址时要牢牢记住,"客源"就是"财源",将店铺的位置选在人流比较集中的商业区,虽然会有租金、竞争压力等困扰,但是店铺比较集中的位置,反而有利于人气的积累,千万不能因为这些担心而将店铺选在偏远地区,这样做的结果只能是得不偿失。

二、商圈是关键

所谓"商圈",是指以店铺的所在地为中心,向四周延伸至某一距离所形成的圆形消费区域。商圈包括3种:第一种位于城市的核心商业区域,这种地方的商业非常发达,由于知名度较高,可以吸引不同地域、不同层次的消费者;第二种是指区域性的商务办公楼或开发区,它适合的对象是站在时尚潮流的峰口浪尖上的年轻一族;第三种主要分布在大中型的社区附近,针对的人群主要是社区中的居民。

乔伊丝饰品连锁认为,一般而言货物的销售通常要受一定的地理范围的限制,也就是货物一般具有相对稳定的商圈,饰品行业尤其如此。不同的店铺因为商品的种类、地形和地域风光、经营规模、交通条件以及顾客的层次等方面的不同,其商圈的形态和规模存在着很大的差别。因此乔伊丝饰品连锁店在店铺选址时,一般会根据具体的情况,确定合适的商圈,从而正确对店址进行定位。

三、要从长远处着眼

我们总是要用发展变化的眼光看问题,并不是选择最繁华的地段就一定能够挣钱,可能今天还是繁华商业街,明天就会变成冷僻之地。成都的何女士在选择店铺时,就将店铺的位置选在了一个人流密集、商业活动频繁的"黄金"地段,正当她准备大干一场时,市政府将这一地区纳入了近期规划的范围,众多的商户纷纷撤出,原来的繁华再也不复当初的繁华了。可见,乔伊丝饰品连锁店的选址所要求的不仅关注现在的状况,更从区域长远发展的角度进行考虑,不仅了解相应的政策规划的变动,还注意未来的发展动向的法规就不得不说是一个非常有战略眼光的政策了。

四、选址要注意群聚效应

我们经常会看到,一家饰品店的旁边,经常还会有其他的饰品店,这些相关的店铺聚集在一起,不仅没有因为相互间的竞争而被拖垮,反而提高了目标消费群的关注度,从而使相互间的关系更加趋于稳定。因为一条街上如果聚集着很多卖饰品的店铺,人们一旦想要购买饰品自然而然地就会想到这条街。因此,乔伊丝饰品连锁店在选择店址时,不但不担心经营对手,必要时甚至会和竞争对手联合起来。一般人都认为,选店址时,越是繁华地段,挣钱就越多。其实也不尽然。因为在店址的选择上,要综合考虑很多的因素。有时,次优的位置反而比最优的位置创造更多的利润空间。

云南的方小姐就没有将店铺选择在繁华地段,她在一所大学的旁边开了一家中档的乔伊丝饰品专卖店,周围也没有其他的饰品店。但是这个小店却每个月给她带来超过万元的净利润额。因为,她的乔伊丝饰品的价位相对来说性价比非常高,比较适宜在经济上还没有取得独立的大学生,因此,经常有大学生来光顾她的小店,并挑选心仪的物品。

由于店面选址的重要性,乔伊丝饰品连锁加盟体系通常会直接对其加盟店提供选址方面的帮助,或是派出专业人员赴实地帮助选址,或是对加盟店申请者的店面进行审核评估,以防止店面的错误选择。

总之,对创业者来说,店铺的选址是一项关乎生意兴衰的重要因素。在选址的过程中,不仅要从人口密度、地理环境、地形特点等常规的方面进行考虑,还要从区域经济、收入水平、居住区规划等发展趋势加以考虑。另外,店铺所在道路的特点、店铺的构型都是应纳入考虑的因素。选择合适的店址,应综合以上的各种因素加以考虑,如果是开设加盟店的话,还应善于取得加盟总部的支持,借助加盟总部的专家的经验对店址进行评估论证,切忌盲目开店。

案例分析与讨论：

　　1. 乔伊丝饰品加盟连锁店成功挑选店址的三大法宝是什么？

　　2. 分析乔伊丝饰品加盟连锁店选址的成功经验。

　　3. 乔伊丝饰品加盟连锁店选址时都考虑了哪些因素？

情景二　连锁门店店长的作业化管理

学习单元 4　店长的地位与职责

学习目标

了解店长、助理店长应具备的资质要求;理解店长、助理店长的地位与职责重要性。

学习内容

店长、助理店长的地位、职责、资质与要求。

学习重点

店长、助理店长的职责与资质要求。

教学方法和建议

- 通过任务驱动法、案例教学法实施教学;
- 本学习单元可组织成"店长、助理店长的地位与职责""店长、助理店长的资质与要求"两个学习任务,每个工作任务按照六步法来组织教学;
- 围绕学习任务,通过列举现实门店管理案例组织教学,帮助学生理解合格店长在门店管理中所处的地位、主要职责范围、应具有什么样的资质要求;
- 教师提前准备好适用的案例、各种媒体学习资料、任务单、教学课件、教学场地和设备;
- 教学过程中体现以学生为主体,教师进行适当讲解,并进行引导、监督、评估。

学习任务

以学习小组为单位,选择 3~5 家你所熟悉的连锁企业门店,调查店长的工作情况,分析比较各门店店长的能力与业绩。

店长如何解决难题

元旦过后,客户张先生向店里订了一批年货,打算好好地犒赏他的员工。由于他是店里的常客,关系相当好,当场就把钱付清了,并约定10天后来取货。

那段时间正好是门店的销售旺季,店里的商品供不应求,就这样,张先生所订的商品发生了缺货,到了约定取货的这一天,还是有几种商品数量达不到要求。当天上午,张先生很早就来到店里,要将他所订购的商品运回公司。店里值班长很不好意思地告诉他,他所订的商品中有几样缺货,问他是否可以改用其他商品代替。张先生顿时勃然大怒,责问道:"我如此信任你们,为什么不事先通知我?"由于值班长没有处理这类事情的经验,不能立刻让张先生获得满意的答案,于是双方一直僵持不下,值班长只好打电话向店长求救。

店长立即赶到店里,表明自己的身份,并且希望能以同类商品代替,让张先生顺利将商品带回去。虽然那些商品价格都比张先生原来所订的要高,但店长还是以张先生原来所订的那种商品的价格给他。由于店长的态度诚恳,再加上处理很果断、迅速,马上就把东西配齐了。张先生终于不再坚持。

(资料来源:周勇.连锁经营原理[M].北京:高等教育出版社,2000.)

问题思考:

1. 该案例中店长起了什么作用?

2. 作为一名店长,应具备什么样的能力?

4.1 店长的地位

连锁企业门店店长是门店的最高负责人,担负着完成公司各项经营指标及门店运营管理的职责,负责领导、协调、组织及落实门店的各项经营活动。店长作业化管理的质量决定着整个门店的营运效率。无论是面对上级的考核还是下级的期待,店长都必须对门店营运管理质量和自己负责。

4.1.1 店长的含义

店长是指连锁企业总部下属单店或直营门店的最高负责人。店长对连锁企业门店的管理是依据连锁企业总部制订的营业手册来进行的,既要与总部保持良好的配合,又要协调与激励全体员工做好门店各项业务经营活动,从而保持门店经营业绩的持续提升,可以说店长是门店经营管理的核心,是门店的中流砥柱。

4.1.2 店长的地位

连锁经营企业的门店作为企业内部相对独立的经营实体,它就好似一个细胞,对于整个连锁企业的躯体来说,重要性是不言而喻的。

店长是门店中最重要的灵魂,可以带动团队,赋予门店生命力,以团队精神塑造门店特色。如何使门店获得良性发展,立于不败之地,店长作为企业各项方针政策在基层的推行者和企业各项经济指标在门店基本单位的落实人,扮演着举足轻重的角色。店长的角色地位表现在以下8个方面:

1)门店形象的代表者

店长是门店的代表者,对连锁企业而言,店长代表连锁企业与顾客、社会有关部门建立关系;对员工而言,店长是员工利益的代表者,是门店员工不可或缺的代言人。

2)总部经营目标的执行者

连锁企业门店既要满足顾客需求,同时又必须创造一定的经营利润。对于总部的一系列政策、经营标准、管理规范、经营目标,店长必须如实地执行。因此,店长必须懂得善于运用所有资源,以达成兼顾顾客需求及连锁企业需要的经营目标。同时,店长在门店中,必须成为重要的中间管理者,才能强化门店的营运与管理,确保连锁企业门店经营目标的实现。

3)门店卖场作业的指挥者

门店的区域有卖场、后场之分,其中以卖场最为重要,因为顾客每天活动最频繁的场所就是卖场。因此,店长必须负起总指挥的责任,安排好各部门、各班次服务人员的工作,指示服务人员,严格依照总部下达的门店营运计划,运用合适的销售技巧,将最好的商品,在卖场各处以最佳的面貌展现出来,以刺激顾客的购买欲望,提升销售业绩,实现门店销售的既定目标。

4)门店员工士气的激励者

员工工作欲望的高低是一件不可忽视的事,它将直接影响到员工工作的质量。所以,店长应随时激励全体员工保持高昂的工作热情,形成良好的工作状态,让全体员工都具有强烈的使命感、责任心和进取心。

5）员工培训的培训者

员工整体的业务水平高低是关系到连锁企业门店经营好坏的一个重要因素。店长不仅要随时充实自己的业务经验及相关技能,更要不断地对所属员工进行岗位训练,以使门店经营水平提高。同时,店长还应适当授权,以培养下属的独立工作能力,训练下属的工作技能,并在工作过程中及时、耐心地予以指导、指正与帮助。

6）各种问题的协调者

店长作为连锁企业门店团队的带头人,其使命不仅在于全面贯彻落实公司的营运计划,创造优异的销售业绩,提供良好的顾客服务,还在于如何领导、布置门店各部门的日常工作,在日常工作中深刻理解、把握和弘扬连锁经营企业的企业文化,最大限度地激发员工的积极性和创造性,营造一个令全体员工心情愉快的工作环境,使自己成为一名连锁企业文化的执行者和捍卫者,尽最大可能为连锁企业的集体和长远利益服务。

店长应具有处理各种矛盾和问题的耐心和技巧,如与顾客沟通、与员工沟通、与总部沟通等。如果店长对上级的报告、对员工的指令传达都没有问题,但是在与顾客沟通、与员工沟通、与总部沟通等方面却做得不够好,无形中就会恶化人际关系。

7）门店营运与管理业务的控制者

为了保证门店的实际作业与连锁企业总部的规范、标准、营运计划和外部环境相统一,店长必须对门店日常营运与管理业务进行有力的、实质性的控制。

8）工作成果的分析者

店长应具有统计、计算与理解门店营运各项数据的能力,以便及时掌握门店的业绩,进行合理的目标管理。同时,店长应始终保持着理性,善于观察和收集与门店营运与管理有关的情报,并进行有效分析,对可能发生的情况进行预估。

4.2　店长的职责

4.2.1　宣布与执行总部各项指令规定

店长必须传达、执行总部的各项指令和规定;负责解释各项规定、营运管理手册的条文。

4.2.2　完成总部下达的各项经营目标

根据总部下达的各项经营指标,各门店的店长应结合本店的实际状况及周边竞争对手的情况和动态,制订相应的每月、每周、每日的销售工作计划,并根据本地门店的消费群体、消费习惯、商业氛围、节日类别推出相应的促销活动内容,带领团队尽全力去完成总部下达的营业目标、毛利目标、费用目标及利润目标等各项经营管理指标。

4.2.3　负责门店的日常经营管理

店长应监督门店的商品进货验收、仓库管理、商品陈列、商品质量、清洁卫生等有关作业;执行总部下达的商品价格变动、促销计划与促销活动;根据门店销售动态,向总部建议新商品的引进和滞销商品的淘汰;掌握业绩和管理目标,将各项目标分配给下属,并实现目标。

4.2.4　负责店员的管理

根据门店的规模设置店员岗位;负责员工日常工作的安排、指导、监督、激励,评估店员的工作表现,及时反映店员动态;协调矛盾并对新员工进行培训;激发店内员工的工作热情,调节卖场购物气氛;向总部人事主管提交门店员工的人事考核、提升、降级或调动建议。

4.2.5　负责商品的管理

店长应负责门店商品采购、验收、退货、理货、补货、库存、盘点等;商品的陈列与展示;商品的结构与价格变动的管理。门店损耗商品的重点管理,将损耗降至最低。

4.2.6　负责财务的管理

负责监督和审核门店的会计、收银工作,保证商品交接的准确无误。严格控制门店的各项费用,对门店的盈亏负责;严格管理门店的收入、营业额;对库存金额和零用金的管理。为加强对门店会计、收银的管理,店长应做好各种报表的管理,如店内的顾客意见表、盘点记录表、商品损耗记录和进销商品单据凭证等。

4.2.7　负责顾客管理及公关管理

负责顾客服务;建立本店与顾客的良好关系,满足顾客需求;处理顾客的意见与投诉;同政府部门、供应商等关系的协调与管理;组织门店进行大客户的开发,提高门店团购数量和质量,从而提高门店整体销量等。

4.2.8 负责对信息的管理

负责有关商圈的动向、竞争店的情报、顾客的情报、商品的情报、销售的动态等各种情报的搜集和分析;传达总部指令、规定、信息,反馈门店信息;及时用书面形式向连锁企业总部营运部汇报上述信息。

4.2.9 维护门店的清洁卫生与安全

对店内设备(如收银机、冷冻柜、空调等)进行维护和维修;监督门店卖场与后场的清洁卫生;检查保安工作和消防安全。

4.2.10 各种突发事件的管理

对各种突发事件,如火灾、停电、盗窃、抢劫等,应迅速处理;做好与门店周围社区的各项协调工作。

4.3 助理店长的地位与职责

4.3.1 助理店长的地位

在规模较大的连锁企业门店,助理店长是门店经营管理的第二责任人,协助店长处理好日常事务,共同推进各项业务的开展。助理店长履行好自己的职责,就能使店长有更多的时间和精力统领全局,更有效地提升门店的经营业绩。助理店长的地位体现在以下几个方面:

1)店长助理

门店的整体工作计划制订以后,协助店长将计划深入到各个具体环节中,细致地逐项安排落实,并且检查实际作业的效果,做到拾遗补缺。

2)代理店长

店长因事外出或不在店内时,由助理店长代行店长的职责,负责门店的全面管理工作,并与店长轮值早、晚班。

3)实习店长

实习店长是连锁企业总部安排在各门店进行实习的助理店长。目的是熟悉并掌握门店店长的全面管理工作,为今后连锁企业的不断发展培养后备的经营管理人才。

4.3.2　助理店长的职责

1)对店长负责

按店长的指示开展工作,配合店长制订门店销售计划,协助店长落实连锁门店的各项规章制度及经营计划。

2)配合店长做好门店销售工作

在卖场的营运管理中,监督各岗位的服务接待态度、员工仪容仪表,使员工保持良好的工作状态;监督各业务主管的任务分配、销售考核、进货补货、商品的现场展示、卖场的布置、商品的结构调整,确保各销售环节顺畅;跟踪商品销售和货源情况,将有关信息及时反馈给店长并提出建议。

3)指导主管进行门店商品促销

指导主管进行促销商品的选择,跟踪大型促销活动的效果;检查各部组价签、POP、海报是否存在脱落、破损现象,并通知部、组解决。

4)配合店长做好门店的日常行政管理工作

加强员工考勤制度的执行和监督,保证各岗位人员正常有序,纠正、处理员工违纪、违章现象。

5)负责门店员工的培训工作

不定期组织不同部门员工进行规章制度、日常管理规范、销售操作流程、销售技巧、产品知识及企业文化等方面的培训,不断提升员工的实际操作能力和业务素质。

6)负责对外公共关系的协调处理

做好相关政府机关单位关系的维护,协助店长处理日常的顾客投诉,保证门店的正常运营。

7)负责大宗顾客团购销售

协助店长接待好团购客户,并不定期到周边市场开拓团购单位,以提升门店整体销售业绩。

8）负责门店的安全管理

组织保安部门每天巡店,检查各部门的安全运作,发现问题及时汇报并妥善解决,定期组织员工做好消防安全培训和演习,提高员工的安全意识。

4.4　店长、助理店长的资质要求

4.4.1　店长的资质要求

连锁企业门店店长是具有特殊性质的管理者,他拥有的是范围宽广的职务,他既是门店的全面负责者,但又不是一个具有各方面决定权的决策者。因此,店长这一特殊职务必须具备的资质如下:

1）身体方面

门店店长不仅要能承受得住长期疲劳的考验,还要能承受满负荷的紧张工作所带来的压力。门店店长最好是35~45岁的年轻力壮者。

2）品格方面

领导者的品格主要包括:道德、品行、人格、作风等,优秀的品格会给领导者带来巨大的影响力。诚实的品格是门店店长最基本的素质要求,是一切能力的基础,店长必须注意品格与修养。

3）性格方面

（1）拥有积极的性格
无论什么事情都能积极地去处理,无论什么时候都可以面对任何挑战,从不会想要躲避困难。

（2）具有忍耐力
在门店的作业化管理过程中,往往能顺利进行的时候很短,而辛苦的时候和枯燥的时候却很长。因此,对门店店长来说,有足够的忍耐力进行正常的活动是极其重要的。

（3）具有明朗的性格
店内全体员工的工作气氛是明朗或是阴沉,很大程度上依赖于店长的心情。

店长开朗的性格能有效地感染全体员工,营造一个愉快的工作环境,并把微笑、热情服务展现给顾客。

(4)具有包容力

店长对门店营运中出现的问题要及时纠正,对同事、部下的失败或错误要教育和批评,但店长的出发点应是关怀员工、帮助员工,同时要鼓励员工,激发员工的工作热情,从而有效地维护店长权威。

4)技能方面

(1)拥有优良的商品销售技能

店长对于门店所销售的商品应具有很深的理解,这对门店营运水平的不断提高起着至关重要的作用。这就要求店长对门店销售商品具有客观理解和正确判断,尤其是对销售过程中所遇到的新问题或例外事项,必须有很强的判断力,且能迅速地处理问题。

(2)拥有实干的技能

店长身为管理者要指挥全体店员,让全店员工心服口服地接受他的指挥,就必须样样能干、样样会干、样样都干得好,具有实干的技能。

(3)拥有良好的处理人际关系的能力

店长要十分注意与下属之间的情感关系。人与人之间,一旦建立了良好的情感关系,便能产生亲切感。在有了亲切感的人际关系中,相互的吸引力就大,彼此的影响力也就大。因此,店长拥有良好的处理人际关系的能力,对于门店营运与管理的顺利进行有着举足轻重的作用。

(4)具有自我成长的能力

店长应以自我管理能力为前提,随着企业的成长而培育自我成长的能力。因而,店长应该具有较强的自学能力,能从门店的管理实践中,不断总结经验,充实自己。

(5)拥有培训下属的能力

目前连锁企业的从业人员大多数是没有经验的非专业人员,店长身为教导者,应是下属的"师傅"和"老师",并能发现下属是否能力不足,帮助其成长与努力向上,指挥下属达到既定目标,从而使下属提升业绩,让下属的能力得到最大限度的发挥。

(6)必须具备连锁企业卖场管理的4种基本能力

连锁企业卖场管理的4种基本能力即人事组织能力、沟通能力、规划能力、信息分析能力。能否做好卖场管理是考察一个店长是否具有较强综合能力的试金石。

5) 学识方面

学识与才能是紧密联系在一起的。学识是才能的基础,才能是学识的实践表现。店长应该是一名复合型人才。店长学识丰富,容易取得下属的信任,从而带来极高的影响力。

店长应该是具有上述知识、技能、经验、性格、素质的人。但这些素质不是生来就具备的,因此店长需要认清自己的缺点和弱点,努力地改善和弥补,这样才可以不断提高自己的资质,得到下属的爱戴与尊敬,进而提高门店的经营业绩。

4.4.2 副店长的必备资质

副店长必备资质是:良好稳定的心理素质、全面熟练的业务技能、敏锐快捷的市场意识、灵活机智的应变能力、虚怀若谷的处事态度。

4.4.3 店长的能力与态度要求

店长是门店的灵魂,店长自身所具备的能力在很大程度上影响到整个门店的经营绩效。店长必须具备的能力包括:①专业能力;②领导能力;③协调能力;④组织能力;⑤危机处理能力;⑥自我提升能力。

作为一名店长,应有的态度:①成为门市的榜样;②赢得下属的信赖和尊敬;③能自我检讨并改进缺点;④掌握改善工作的方法;⑤促进组织内的良好沟通。

单元测试

一、填空题

1. 店长是依据连锁企业总部制订的_____对连锁企业门店进行管理。

2. _____的业务水平高低是关系到_____经营好坏的一个重要因素。

3. 在连锁企业门店规模较大的情况下,门店应配备相应的_____。

4. 助理店长的作用体现在_____、_____和_____ 3 个方面。

5. _____是门店店长最基本的资质要求。

二、选择题

1. 店长必须具备的能力是(   )。

A. 专业能力　　　　　B. 组织协调能力　　　　C. 自我提升能力

D. 危机处理能力　　　　E. 领导能力

2. 关于连锁门店店长地位描述正确的是(　　　)。

A. 店长代表整个门店形象

B. 店长应对门店日常营运管理业务进行控制

C. 员工培训由总部负责,只需要鼓励员工士气即可

D. 店长需要协调门店出现的各种问题

E. 根据门店经营情况执行总部经营决策

3. 店长作为一种特殊职务必须具备的资质要求包括(　　　)。

A. 身体素质好　　　　B. 优秀的品格　　　　C. 积极明朗的性格

D. 较强的实干能力　　E. 丰富的学识　　　　F. 良好的人际关系

三、简 答 题

1. 店长、助理店长的地位及主要工作职责是什么?

2. 店长、助理店长的资质要求是什么?

四、判 断 题

1. 店长作业化管理的质量决定着整个门店的营运效率,面对上级的考核还是下级的期待,店长都必须自己负责。　　　　　　　　　　　　　　　　　　(　　　)

2. 店长是具有特殊性质的管理者,他既是门店的全面负责者,又是一个具有各方面决定权的决策者。　　　　　　　　　　　　　　　　　　　　　　　(　　　)

3. 店长应具有计算、理解门店内所统计的数据和能洞察市场消费动向的知识。

(　　　)

学习单元5　店长的作业流程

学习目标

了解店长的作业时间分配方法;理解店长各作业时间段的工作内容;掌握店长作业化管理流程;能客观认识店长的作业流程。

学习内容

- 店长作业时间及工作内容;
- 助理店长的工作流程。

学习重点

店长作业时间及工作内容,作业流程设计。

教学方法和建议

- 通过任务驱动法,案例教学法实施教学;
- 本学习单元可组织成"店长作业时间及工作内容""店长作业流程"两个学习任务,每个工作任务按照"六步法"来组织教学;
- 教师组织学生对校企实习门店进行实地调研,在讲解理论知识的前提下,指导学生进行某一门店店长作业流程设计;
- 教学过程中体现以学生为主体,教师进行适当讲解,并进行引导、监督、评估;
- 教师提前准备好适用的案例、各种媒体学习资料、任务单、教学课件、教学场地和设备。

学习任务

以学习小组为单位,选择2~3家你所熟悉的连锁企业门店,调查店长一天的工作任务安排,分析比较各门店店长的工作内容,重新为某一门店制订一份店长工作日程表。

案例导入

北京家乐福店长成长记录

在家乐福中国区,像秦虹这样的店长有 80 位,其一直被业内认为"权力很大"的店长,为家乐福 11 年来在华圈定零售版图立下了汗马功劳。这每一位天天"游走"在店内的店长们也因此披上了神秘色彩。

1．"位高权重"的神秘角色

在通州九棵树的瑞都国际购物中心底层,记者在家乐福卖场的装修现场找到了正在安排工作的秦虹。在摆放了一些货架,还有些许凌乱的卖场中,秦虹手拿着对讲机和相关负责人敲定装修工作。对于担任过 3 家店店长的秦虹来讲,接手筹建一家新店还是第一次。"新的挑战挺令我兴奋的",虽然筹建通州店的过程中工作时间经常达到 12 h,但是这样的工作让她"有激情"。

进入中国 11 年的家乐福,被业内认为是把发展本土化策略贯彻得较好的外资零售企业。符合中国老百姓习惯的"生鲜早市",像农贸市场一样叫卖声迭起的卖场环境等都受到好评。而一直被业内认为"权力过大""位高权重"的家乐福店长也被认为是执行本土化策略的神秘角色。

"家乐福的店长确实有自己一定权限,而这种店长掌有的灵活性也是家乐福在中国能够快速发展的重要因素。"秦虹介绍,家乐福店长的权力相比其他外资零售企业确实要大。比如,店内的毛利和营业额可以归单店支配,一些市场营销方面的投入和店内的投资、修整可以由单店自己来做等,这样店长可以根据自己店内的实际情况来调整门店的运营策略,更得心应手。但秦虹介绍说,发展到现在,总部正在慢慢回收一部分权力,致力于门店的标准化。

2．"开关"一样的店长脑袋

事无巨细、像管家一样的工作,令店长有着像"开关"一样的脑袋。

"每天早上的巡店是非常关键的,看一看生鲜准备得如何,消防措施做得如何,开业前的准备工作做得好会使得门店在这一天迎来一个很好的销售业绩。"秦虹描述着她的工作。

"在早上的晨会上,会向店内十几个部门的管理人员布置工作任务,包括来自区里的一些通告,而有一些亟待解决的问题也会在会上提出。之后,还会处理一些各个部门的杂事。"

在家乐福店长管理的十几个部门中,既包括生鲜、百货等业务部门,也有工程、人事等职能部门,而所有的来自于各个部门的细枝末节都由店长处理。

"我的脑袋经常像开关一样。"秦虹开着玩笑说,"开完晨会后,经常是一个部门的主管进来商讨工作,而刚刚处理完这项工作,另一个部门的主管又推门进来,又要处理另一个领域的事情,自己的大脑就像开关一样,马上要切换到相应的频道作出反应,反反复复不停地说,辛苦就不说了,经常觉得自己像'唐僧'一样唠叨。"

3. 寂寞的职位

目前,在家乐福的80位店长中,有将近一半是中国人,而秦虹在3年前刚刚担任店长的时候也是"很自豪"的。1995年6月加入家乐福的秦虹已经供职11年。"最开始做杂货秘书,工资是1 200元,一个月后被调为店长秘书,之后升为收银主管……"秦虹刚刚加入家乐福工作的时候,真的是紧张认真到"不上厕所不喝水"。

"在家乐福像我一样从基层干起的店长有很多,法国老板的思路也很简单,用工作业绩说话。"秦虹说。在家乐福踏实工作就有自己的晋升机会,目前已经有3个小区经理是中国人了。而按照家乐福的思路,今后在中国会有更多的中国店长,甚至将优秀的管理人员吸纳到全球管理体系中去。

"店长也是一个寂寞的职位"秦虹说,与属下毕竟是上下级关系,听到的不一定都是真话,要自己分辨,同时还要承担着来自老板的工作压力。但是,店长和店长之间也有很多工作和情感上的交流。

(资料来源:张明明.连锁企业门店营运与管理[M].北京:电子工业出版社,2009.)

问题思考:

1. 为什么说店长是连锁企业门店的核心?阅读本案例后你认为一个合格的店长应具备什么样的素质?

2. 店长的作业化管理的重点是什么?

5.1 店长作业时间及工作内容

店长在组织门店作业管理时首先要了解上司(总部)的方针与计划,其次才能指挥部下根据计划而工作,最后检查部下是否根据计划而执行。

5.1.1 店长的作业时间

连锁店长的工作流程分日流程、周流程、月流程和年流程等。连锁企业可根据自己的实际情况,制订适合企业自身需要的店长作业流程内容。连锁门店应从粗线条的岗位职责要求向细化的作业管理发展,以提高连锁门店管理的现代化水平。

5.1.2 店长每日每时段上的工作内容

不同的连锁企业,因其经营业态不同,店长每日工作内容也就有所不同。店长必须在有限的时间内把握住门店营运与管理的重点,严格按总部规定的流程展开。

以超市为例,一般营业时间为早上 8 点至晚上 10 点。因此,店长的作业时间,除每星期必须有一天实行全天工作外,一般为早班出勤,即上班时间为早上 8 点至下午 6 点半。店长下班后,店内的管理工作通常由助理店长(或值班长)代理。表5.1 是某连锁超市店长作业流程的时段控制和工作内容。表 5.2 是店长每日检查项目表。

表 5.1　某连锁超市店长作业流程的时段控制和工作内容

时　段	作业项目	作业重点
8:00—9:00	1)例会	主要事项布置
	2)检查职工的出勤情况	出勤、休假、病事假、人员分配、仪容仪表及工作挂牌等方面的检查
	3)卖场、后场状况的检查	商品陈列、补货、促销及卫生状况的检查,后场仓库检查(包括选货验收等),收银员、找零金、备品及收银台和服务台的检查
	4)昨日营业状况的确认	营业额、来客数、每客购物平均额、每客购物平均品项数、售出品种的商品平均单价、未完成销售额预算的商品部门
9:00—10:00	1)开门营业状况的检查	各部门人员、商品、促销等情况,店门开启、地面清洁、灯光照明、购物车(篮)等情况
	2)各部门作业计划的确认	促销计划、商品计划、出勤计划、其他
10:00—11:00	1)营业问题分析追踪	营业未达销售预算的原因分析与改善,电脑报表时段商品销售状况分析与改善
	2)卖场商品态势追踪	缺品、次品的确认与追踪,重点商品、季节商品、商品展示与陈列的确认,各时段营业额的确认
11:00—12:00	1)后场库存状况的确认	仓库、冷库、库存品种、数量及管理状况检查和指示
	2)营业高峰状况的了解	了解各部门商品销售及促销活动的效果,后场人员的调度和支援情况,督促服务台加强促销活动
12:30—13:30	午餐	交代副店长(值班长)负责卖场管理或交代指定代管人员负责卖场管理

时　段	作业项目	作业重点
13:30—15:30	1)竞争店的调查	同地段竞争店与本店营业状况的分析比较(来客数、收银台、开机数、促销状况、重点商品等)
	2)部门会议	协调各部门的工作,研究如何达到今日的营业目标
	3)教育训练	新进人员的在职训练,定期在职训练,配合节庆的训练
	4)文书作业及各种计划、报告撰写	人员变化、请假、训练、顾客意见等,日、周计划,营业会议内容,竞争对策等
15:30—16:30	1)各时段、各部门营业额的确认	检查并确认各部门前一时段的销售收入
	2)全场巡视	卖场和后场人员的工作、商品清洁卫生和促销等情况,迎接下午营业高峰的准备情况
16:30—18:30	营业问题追踪	后勤人员调度支援卖场收银和促销活动,收银台的开台数、收银机的工作状况
16:30—18:30	营业问题追踪	商品齐全及商品陈列,服务台的促销广播,人员交接班情况
18:30	安排代理负责人接班	交代晚间营业注意事项及关店事宜

表5.2　店长每日检查项目表

时　段	类别	项　目	检查情况
开店前	人员	1)各部门人员是否正常出勤,是否依照计划工作 2)是否有人员不足导致准备不及的部门 3)专柜人员准时出勤、准备就绪,工作人员仪容仪表是否符合规定	
	商品	4)早班生鲜食品是否准时送达无缺,鲜度差的商品是否拿掉 5)各部门特价商品是否已陈列齐全,特卖商品POP是否已悬挂 6)商品是否及时做100%陈列,前进陈列是否已做好	
	清洁	7)入口处是否清洁,地面、玻璃、收银台是否已清洁 8)厕所是否清理干净	
	其他	9)音乐、卖场灯光是否控制适当,收银员是否已将找零现金准备好,开店前5 min广播稿及音乐是否准时播放 10)购物袋、购物车、购物篮是否已准备到位 11)前一日的营业速报是否已发出	

续表

时　段	类别	项　目	检查情况
开店中	营业高峰前	商品	1)是否有次品,商品鲜度是否变差,端架陈列数量是否足够 2)POP 与商品标价是否一致 3)商品陈列是否足够,是否需要补货	
		卖场整理	4)投射灯是否开启,通道是否通畅 5)是否有试吃等阻碍通道或影响商品销售的情形 6)面售是否有人当班,是否有突出陈列过多的情形 7)卖场地面是否保持清洁	
	营业高峰中	销售态势	8)是否定时播放店内特卖消息 9)各部门是否派人至卖场招呼客人或喊卖 10)顾客是否排队太长需要增开收银机,是否需要后场部门来收银台支援,是否需要紧急补货 11)是否有工作人员聊天或无所事事,POP 是否脱落	
	营业高峰后	卖场整理	12)卖场是否有污染品或破损品,是否要进行中途解款 13)是否有需要补货,是否确认时段营业额未达成原因 14)陈列架、冷藏柜、冷冻柜是否清洁	
		POP	15)POP 是否陈旧或遭污损,POP 张贴位置是否适当 16)POP 书写是否正确、大小尺寸是否合适,POP 诉求是否有力	
		商品	17)价格卡与商品陈列是否一致 18)是否仍有厂商在店内陈列商品或移动商品 19)是否定期检查商品有效期限 20)滞销品是否陈列过多、畅销品陈列面是否太小	
		服务	21)卖场是否听到五大用语,是否协助购物多的顾客提货出去	
		清洁	22)厕所是否保持清洁、卫生纸是否足够 23)An 处是否保持清洁,地面是否保持清洁	
	时常性	设备	24)冷冻(藏)柜温度是否定时确认,傍晚时分招牌灯是否开启 25)BGM 是否正常播放,标签机是否由本公司员工自行操作使用	
		后场	26)进货验货是否照规定进行,空纸箱区是否堆放整齐 27)空篮存放区是否堆放整齐,标签纸是否随地丢弃 28)退换商品是否定位整理整齐	
		其他	29)畅销品或特卖品是否足够,卖场标示牌是否正确 30)交接班是否正常运行,前一日营业款是否解缴银行 31)有无派相关人员对竞争店进行调查 32)关店前卖场音乐是否播放	

时　段	类别	项　目	检查情况
闭店后	卖场	1)是否仍有顾客滞留,卖场音乐是否关闭 2)OPEN CASE 卷帘是否拉起,招牌灯、店门、空调是否关闭 3)购物车(篮)是否到位,收银机是否清洁完毕	
	作业场	4)生鲜处理设备是否已关闭及清洁完毕,作业现场是否清洁完毕 5)工作人员是否由后门离开,是否仍有员工滞留 6)开机台数与解缴份数是否一致,专柜营业现金是否缴回	
	现金	7)作废发票是否签字确认,当日营业现金是否全部锁入金库	
	保安	8)保安是否设定	

5.1.3　店长每周、每月、每年工作流程

门店店长工作周流程如表5.3所示,月流程如表5.4所示,年流程如表5.5所示。

表5.3　门店店长工作周流程

周一	上午进行工作总结,检查卫生;下午参加总经理例会
周二	安排总经理例会的工作要求事项,检查商品陈列、保质期
周三	分析市场调查结果,以顾客满意、价格为重点
周四	查缺货率;市场调查以竞争对手的促销、卖场布局为重点
周五	检查周日备货情况;协调与其他各部门的工作,重点检查服务
周六	库存分析
周日	总结一周经营、管理情况,制订下周工作计划,重点检查服务

表5.4　门店店长工作月流程

21—22 日	作上月工作总结、制订下月工作计划并报人力资源部
23 日	绩效考核总结与分析,报人力资源部
24 日	作上月经营情况分析(促销商品转换)
25 日	与防损组、作业组组长作库存分析
26—30 日	监督、检查本月工作情况
15 日	向总经理汇报工作,与各部门协调工作安排
18—20 日	市场调查总结及竞争对手月末分析

表5.5　门店店长工作年流程

3—4 月	员工培训、"3·15"活动安排
5 月	"五一"国际劳动节节日促销
6—7 月	"六一"国际儿童节节日活动、商品结构调整
8—9 月	竞争对手调查、中秋节节日促销
10 月	"十一"国庆节节日促销
11—12 月	营造冬季卖场气氛;春节销售调查与备货
1—2 月	营造元旦、春节卖场气氛;元旦、春节、元宵节促销

5.2　助理店长的工作流程

助理店长的主要职责是协助店长实现对本部门人员与商品的管理。同时,在现场维护本部门的正常运作,满足顾客需求以及协助店长与供货商议价。

5.2.1　助理店长的每日作业管理工作流程

1)开店前

检查员工是否缺勤;当有营业员休假时安排营业员的接替工作;更换好新的促销台;检查员工着装是否干净,是否工卡佩挂;对于杂货处、生鲜及冷冻食品需检查新鲜度、品质及保质期等。

2)开店前 10 min

检查通道是否通畅清洁,商品是否放满货架(促销台),是否缺货并告知理货员订货或催货,检查条码及价钱是否正确,是否有遗漏价格牌或是否有未贴条码的商品,依清洁计划表检查员工是否完成清洁工作。

3)上午上班

集合员工,清点人员,并安排上午的重点工作;帮助理货员安排整理仓库,确认、检查库存数量,帮助及训练理货员订货;检查订单是否已传真给供应商;中午前检查收货区是否有任何商品。

4）下午上班

集合员工清点人员，并安排下午的重点工作；检查店内商品是否放满货架及促销台；帮助卖场训练员工；掌握退货程序；确定顾客验收单已核对无误。

5）营业员离店前

检查仓库的清洁整齐情况；与营业员计划明天的工作，检查晚班人员的工作；安排晚班兼职人员的工作。

6）值班

按照店长的指示，做好晚间营业作业的注意事项及关店事宜；必须进行全卖场巡视检查；负起全店的管理职责，正确处理顾客突发事件；不可在办公室工作。

5.2.2 助理店长的周期性作业管理工作

除了要协助店长做好具体的工作外，副店长还要协助店长做好未来工作计划等前瞻性的工作。

1）每周工作

①检查订货量与销货量、进价与售价，与营业员一起做市场调查报告。
②将市场调查后的建议与对策告知店长，并将市场调查结果立即向供应商反映。
③列出下次市场调查的单品项目，训练员工进行补货、仓库整理、检核库存。
④与店长计划下周工作，协助店长与供货商谈判、议价。

2）每月工作

①检查库存数量与实际是否有差异，并正确地修正库存数量。
②与店长一起商讨单品的删除，分析绩效表后做下一步的行动计划，完成自身的培训进度计划。依据季节变化等情况，与店长计划下月的重点促销活动。

3）其他周期性工作

①协助店长准备海报及促销时的商品。订货后检查目标营业额可否达到预估。规划检查营业员的工作。检查自己的工作职责，有何需要与店长讨论的问题。准备盘点的工作。
②参与店内促销海报的策划等工作，整理购物车、财物篮，使之回归摆放位置。

知识链接

店长职业生涯规划

职业生涯规划就是一个人对自己所要从事的职业、要去的工作组织、在职业发展上要达到的高度等作出规划和设计,并为实现自己的职业目标而积累知识、开发技能的过程,它一般通过选择职业、工作组织、工作岗位,在工作中技能得到提高、职位得到晋升、才干得到发挥等来实现。连锁经营管理专业的大学生在进行店长职业生涯规划时应注意以下方面:

1. 构建合理的知识结构

在职业生涯设计时,大学生要能够根据职业和社会不断发展的具体要求,将已有知识科学地重组,建构合理的知识结构,最大限度地发挥知识的整体效能,培养职业需要的实践能力。大学生的综合能力和知识面是用人单位选择大学生的依据。用人单位不仅考核其专业知识和技能,而且考核其综合运用知识的能力、对环境的适应能力、对文化的整合能力和实际操作能力等。大学生进行职业生涯设计,除了构建自己合理的知识结构外,还应具备从事本行业岗位的基本能力和某些专业能力。

2. 参加有益的职业训练

职业训练包括职业技能的培训、对自我职业的适应性考核、职业意向的科学测定等。大学生应主动积极地参加有益的职业训练,更早、更多地了解职业,掌握职业技能,正确地引导自己的职业设计。

3. 培养良好的道德修养和健康的心理素质

大学生在职业生涯设计时,还应培养自身道德修养和心理素质,比如正确对待择业挫折的心理素质和敢于竞争、善于竞争的心理素质等。

单元测试

一、填空题

1. 连锁店长的工作流程分_____、_____、_____和_____等。

2. 店长每日检查时段分为_____、_____、_____、_____。

3. 助理店长的主要工作流程表现在_____、_____两个方面。

二、判断题

1.店长只要把握门店和作业环节的重点,就能基本保证门店作业的正常进行。　　　　　　　　　　　　　　　　　　　　　　　（　　）

2.提高连锁门店管理的现代化水平应从粗线条的岗位职责要求向细化的作业管理发展。　　　　　　　　　　　　　　　　　　　　　（　　）

3.店长应为早班出勤,这种作业时间的规定不利于店长充分掌握门店销售过程中中午及下午的两个营业高峰,搞好门店营运管理。　　　　　（　　）

三、问答题

1.简述店长的每日每时段上的工作内容。
2.简述助理店长的作业流程。

四、案例分析

店长如何激发店员的工作意愿

提高店员的工作意愿除了门店固定的激励制度外,主要还是要靠店长巧妙地安排各种活动,使店员之间、店员与店长之间能相互沟通,逐渐融合成一个大家庭,使员工产生一种归属感。还有一种则是依靠店长独特的人格魅力,使店员们安心工作。其中有很多有效的方法。

(1)店长以身作则,为店员做出榜样。店长应拥有丰富的专卖店经营的经验,通过知识技术上的出色表现来树立权威,即通过理性的号召来征服店员的心,使他们在惊叹之余,对店长多一分敬佩之情,这样他们在工作中自然也不敢懈怠。同时自己必须投入。

(2)通过店长的人格魅力来获得人心。店长应体察民情,关心店员的生活、学习,使店员感受到温暖,如为店员开生日聚会,或者亲自去看望有病的店员,这样他们自然就会努力工作。

(3)店长应形成自己独特的管理风格。店长应引导店员形成固定的预期,明白什么该做、什么不该做。这样店长开展工作就省心多了。

(4)店长应培养专卖店特有的文化。"共同愿景"是指组织中人们所共同持有的意象和景象,它创造出众人一体的感觉,并遍布到一个组织所有的活动中。

提出一个"共同愿景"是很容易的,而要使员工分享它,并高度地投入是有一定难度的。因为只有员工自愿接受"共同愿景",他才能发挥创造力和工作热情。

未来的管理者、领导者应当学会如何管理"共同愿景",它是企业员工工作热情、创造力和凝聚力的源泉。领导者、管理者应学会如何让员工参与制订有关的工作计划和策略。与顾客接触的工作人员不但要清晰地了解顾客需要什么样的产品和服务方式,而且也要深感目前工作方式中存在哪些问题及如何改进。一个具有他们意志成分的有关顾客服务的"共同愿景"会使他们积极参与工作,主动为顾客提供服务。

案例分析与讨论:

1. 店长的工作时间是如何规定的?
2. 门店店长一般的工作流程是怎样的?

学习单元6 店长作业化管理的重点

学习目标

理解掌握店长作业化管理重点涉及的具体内容;能对店长作业化管理内容的主次进行排序。

学习内容

门店人员管理、商品管理、现金管理与信息管理。

学习重点

门店人员、商品、现金与信息管理的内容与具体方法。

教学方法和建议

●通过案例教学法或任务驱动法实施教学;

●本学习单元可组成"门店人员管理""门店商品管理""门店现金管理""门店信息管理"4个学习任务;

●教师应围绕学习任务,列举门店店长管理实践中的成功案例,在讲解每一项管理要点内容基础上,让学生进行对比分析,使其理解店长进行门店作业化管理的重要性,并掌握管理内容;

●教学过程中体现以学生为主体,教师进行适当讲解,并进行引导、监督、评估;

●教师提前准备好适用的案例、各种媒体学习资料、任务单、教学课件、教学场地和设备。

学习任务

以学习小组为单位,选择2~3家你所熟悉的连锁企业,调查门店店长从事的人员、商品、现金与信息管理的内容,分析比较各门店商品店长的管理重点并获取经验。

案例导入

刘力的烦恼——店长角色的定位与转换

刘力是某零售企业的一名技术骨干,工作已经两年多,业绩突出。从性格方面来看,刘力比较内向,平日不太主动和别人沟通交流,但是和同事关系相处得都很好。随着企业业务的迅速发展,刘力被委任为该企业某连锁门店的店长。刘力在心中暗暗鼓足了劲头,准备好好地干出点成绩来。可是没曾想上任刚3个月,就面临一大堆问题。

(1)以前关系不错的同事,突然有意与他疏远,似乎有很多想法不愿意和他沟通。

(2)下属缺乏团队精神,各自为战,很难把大家有效地集中起来。

(3)刘力逐渐有了失落感,他很担心自己由于工作忙,而导致专业技术的落后,对管理有了厌倦感,经常想还是做原来的工作好。

(4)事情太多,忙得不可开交,即使老加班,工作也干不完。

(资料来源:www. docent. com)

问题思考:
分析刘力所遇问题产生的原因?如何解决此类问题?

通常连锁企业门店店长作业管理的事项非常烦琐,但其内容大部分是重复的例行性事务,占总工作量的70% ~80%,仅有20% ~30%是非例行性事务,由店长自行判断处理。店长作业管理的重点可以归纳为人员、商品、资金和信息的管理。店长只要具备妥善处理这4个方面的能力,一切便可迎刃而解了。

6.1 门店人员管理

门店对人员的管理既包括对内部员工的管理,又包括对顾客的管理,还包括对供应商的管理。

6.1.1 员工管理

根据门店营运对人力的需要,合理地确定岗位的人数和安排员工的岗位,并最大限度地发挥员工各方面的潜力,使员工愿意为门店尽心尽力地工作。

1）出勤情况

连锁企业由于涉及特定业态的要求（如超级市场、便利店、餐饮店等），通常经营利润较低，因而，控制员工人数是提高连锁企业门店赢利水平的重要环节之一。这就要求店长合理、经济地配置好各作业部门工作人员，安排好出勤人数、休假人数和排班表，并严格考核员工的出勤情况。店长若抓不好门店的出勤情况，就会直接影响门店的进货、出货、补货陈列和顾客服务等工作，难以使门店保持较佳的营运状态。店长应在认真分析竞争对手的休息日、节假日和地方性活动后，预测不同日期及一天中各时间段可能的消费额、顾客人数和销售数量，以此掌握适当的工作量，安排适当人数的员工，制订出月间和周间出勤安排表，以充分发挥门店员工的积极性和主动性。

2）服务质量

店长对员工的管理还体现在加强员工服务水准的管理和控制，要根据员工手册的要求经常督促员工保持良好的服饰仪容、对顾客的礼貌用语和友善的应对态度，并且随时留意和妥善处理顾客的投诉及意见反映，不能让顾客觉得不满而不再上门的现象发生。

3）工作效率

店长应经常调查各部门人员的作业安排表，合理调度员工，充分发挥员工专长，以提高工作效率。此外，由于连锁企业门店均采用标准化作业管理，工作相对较单调，建议采用柔性工作时间，以此提高连锁企业门店的工作效率。

4）门店基本守则

①上班必须穿着制服，维持服装仪容整洁，5 min 前到达岗位。
②服从主管命令、指示，不得顶撞或故意违抗，爱护门店内一切商品、设备、器具。
③上班时不得随意离开工作岗位，不得与人争吵或冲突，严格遵守休息时间。
④遵守顾客至上原则，提供亲切微笑服务。顾客进入卖场时员工必须亲切地道一声："欢迎光临!"
⑤随时维护卖场环境整洁。

6.1.2 顾客管理

顾客是连锁企业门店的生命之源，没有顾客就没有销售，没有销售就没有赢利。因此，顾客管理是门店营运管理的重点，应抓好以下 4 个要点：

1）顾客来源

在门店营运管理中,店长要认真分析本门店商圈内顾客的户数、人数、职业、家庭规模和结构、收入水平、性别、年龄和消费爱好等因素,只有明确了这些因素,才能为顾客提供满意的商品和服务。

2）顾客需要

在收入水平不断提高和消费者个性不断增强的情况下,顾客对各种商品和服务的需要会经常变化,这种变化必然会影响门店营运。因此,店长可以通过定期问卷调查、设立顾客意见箱等方法与顾客交流,虚心听取顾客对门店商品和服务的要求和意见,及时获知顾客的真正需要,调整门店的商品结构,改善服务,以最大限度地满足顾客需要。

3）建立顾客档案

为了掌握顾客的重要资料,与顾客保持长久友好的关系,建立顾客档案是门店营运管理必做的日常作业之一。店长可采取会员制等形式将顾客的姓名、地址、电话号码、惠购品、采购时间等内容登记在案,并为其提供优质服务,以保持顾客队伍的稳定。

4）妥善处理顾客投诉和意见

在门店经营管理过程中,由于各种原因难免会产生顾客与门店的矛盾,也会有顾客对门店的商品和服务进行投诉。如何处理好顾客的投诉和意见,是保持顾客与门店良好关系的重要环节,店长必须妥善处理好,以消除顾客不满,维护企业和顾客的利益。

6.1.3 供货商管理

供应商管理包括含门店的供应商、连锁企业内部配送中心的配送人员等供货者到门店送货或洽谈有关事宜的管理。但重点加强以下两个方面的作业管理:

1）准确配送

连锁企业的不少门店经营食品、饮料、药品和果蔬等商品,这些商品都有一定的有效期和保鲜期,特别是超市中的鲜肉、水产、鲜奶、蔬菜和面包等日配品对保质期与鲜度的要求很高。供货商能否在每日开业前将这些商品及时送到店内非常关键。因此,店长必须对供货商的送货时间根据门店的要求严格控制。

2）商品质量

商品质量对连锁企业门店的经营效益来说至关重要。店长必须按总部规定的质量要求对供货商送达的商品进行严格验收，如商品的外观、保存期、标示内容等，以确保商品质量。特别是对那些直接食用的商品更要加强管理，否则一旦顾客食用后出现问题，就会给连锁企业带来不可挽回的损失。

6.2 门店商品管理

门店日常的核心经营活动是全过程商品管理，商品管理的好坏直接影响到销售业绩。商品管理包括商品的包装、验收、订货、整合、陈列、损耗、盘点等作业，同时也包含对商品的清洁、缺货方面的监督。门店商品管理的重点主要包括以下几个方面：

6.2.1 商品的订货管理

在门店商品管理中，店长应根据门店的年度销售计划，准确地作出市场预测，提出每月的商品订货计划，报总部配送中心统一组织货源。定期按时向总部提交要货计划，以保证商品配送的及时性和准确性。

由于受多种条件的限制和从降低成本考虑，任何分店不可能全部依靠总部配送货品，总部会下放一部分商品采购权，店长还应重点负责好这部分自采商品的监督检查工作。

6.2.2 商品的陈列管理

商品陈列是门店促进销售的重要手段，店长对其管理的重点是：

1）商品是否做到了丰满陈列

只有满陈列才能最有效地利用卖场空间，要把陈列货架理解为卖场的实际面积，予以高度重视和充分利用。

2）商品陈列是否做到了关联性、活性化

关联性能使顾客增大购买量，活性化则能给顾客一种强刺激，促成购买。

3）商品陈列是否做到了与促销活动相配合

由于季节性和节庆假日往往会成为连锁企业门店销售的高潮,因此,配合促销活动搞好商品的特殊陈列,是大幅度增加门店销售额的重要环节。

4）商品补充陈列是否做到了先进先出

商品在货架上陈列的先进先出,是保持商品品质和提高商品周转率的重要控制手段,店长对此应给予充分重视。商品分类是否易于选购,种类是否齐备,数量是否充足。

6.2.3 商品的质量管理

商品质量是连锁企业门店的生命,把好商品质量关是维护消费者权益的基础。店长对商品质量的管理重点是控制商品在货架陈列期间的质量变化和保质期,控制冷冻设备、冷藏设备的完好率,对收货、验货质量把关,确保搬运方法、陈列方法的正确操作,以及对商品质量进行统计分析,并将这些信息及时上报给连锁总部的采购部门。

6.2.4 商品的缺货管理

门店商品缺货会使顾客的某些需求无法得到满足,顾客就会流失,导致销售额下降,从而大大削弱门店竞争力。店长要时刻注意门店商品的缺货率,加强检查监督工作,及时与配送中心或供货商联系,努力把门店缺货率降到最低水平。

6.2.5 商品的损耗管理

由于商品的破包、变质、失窃等因素可能造成较高的损耗率,损耗率的高低是获利多少的关键之一,也是门店节流创利的重要环节。店长对商品损耗管理的主要事项包括如下方面:

①商品标价是否正确,价格变动是否及时,销售处理是否规范(特价卖出,原售价退回)。

②商品的有效期管理是否得当。

③商品盘点是否有误,进货是否不实,残货是否过多。

④职工是否擅自领取自用品。

⑤收银作业差错率是否在正常范围内。

⑥顾客、员工、厂商的偷窃行为。

6.3 门店现金管理

6.3.1 收银管理

连锁企业门店现金管理的重点是收银台,因为收银台是门店现金进出的集中点。抓好收银管理可从3个方面入手:一是选择诚实、负责任、快捷与友善的员工担任收银员;二是按总部规定严格控制收银差错,一般连锁企业总部制订的收银差错率的控制标准是5%,如果差错率不控制在这个标准之内,对连锁企业的损失是很大的;三是规范收银员行为,加强对收银员的管理和监督,防止伪币、退货不实、价格输入错误、亲朋好友结账少输入和内外勾结逃过结款等现象。

为了评核收银员在为顾客做结账服务的工作表现,店长不定期的督察是非常重要的,因为制度靠人监督才能得到有效的执行。如试验性购物检验收银员,即派出专员以顾客的身份出现在门店中,根据自己所接受的一系列服务,按营业手册所规定的标准,对连锁店的营业水平进行检查。

6.3.2 进货票据管理

门店的进货票据也是现金管理中不可忽视的环节,因为进货票据是日后付款的凭证,也是日后兑现的凭证,实际上就是今后的现金支出。在连锁企业销售商品中有相当高比例的商品,甚至是全部商品都以供应商直接送到门店的方式进货,如果在进货接收过程中,其中一些商品进货票据出现差错,都可能给这家门店带来很大的损失。店长对进货票据的管理主要体现在进货票据验收、登录会计报表等作业环节上。因此,店长每日亲自检查核实进货的数量、质量和价格是非常重要的,应加强管理,避免流失。具体的操作过程可参照后面的收银作业流程。

6.4 门店信息管理

连锁企业门店大多采用 POS 系统和 MIS 系统,店长能很快地得到有关经营状况的准确信息资料,店长要定期对系统提供的信息资料进行分析研究,总结经验教训,作出改进经营的对策,提高门店管理水平。其中,POS 系统能提供给店长的信息资料包括:

①商品销售日报表。由 POS 系统所生成的销售日报表能够按商品和时间细化

地反映每日销售情况，包括日销售总额、商品销售比重、来客总数、来客平均购买额、来客购买商品的品项数和每一个品项的平均单价，并可分析每个产品项目对利润的贡献，从而有助于确定增加或删除哪些产品项目。

②商品销售排行表。商品销售排行表主要包括销售额排行、毛利率排行、销售比重、销售额和量的交叉比率排行等数据，使门店有能力追踪不同产品销售额的变化，分析产品受欢迎的程度，调整产品和促销策略。

③促销效果表。促销效果表主要反映促销活动中销售额的变化率、顾客的增加率、来客平均购买额变化率、毛利率变化、促销活动前后的差异比较等。

④费用明细表。费用明细表主要反映各项费用的金额和所占费用总额的比重等资料。

⑤盘点记录表。盘点记录表主要反映各部门商品的存货额和周转率等。

⑥损益表。每月的损益表所包含的内容是：销售额、毛利额、损耗额、费用额等。

⑦顾客意见表。重视顾客意见的超级市场，都会在电脑设定特定的程序，要求POS系统做出顾客意见表。该表所反映的内容是：顾客意见的内容、意见的条数、意见所指的商品部门和服务项目，顾客满意的内容、件数和部门。经过良好管理素质培训的店长会较容易地根据这些信息资料，通过定性分析迅速提出相应的改进对策，保证经营蒸蒸日上。

连锁企业建立初期是用人工统计的方法来汇集以上诸项信息资料。虽然所作出的改进对策的速度较之现在使用POS管理系统的连锁企业要滞后许多，但也是一个不得已而为之的信息管理办法。而且正是这种管理手段的经验总结，成为了后来连锁企业建立POS系统和其他信息系统时的依据。

单元测试

一、填空题

1.门店人员的管理包括_____、_____和_____的管理。

2.顾客是连锁企业门店的生命之源，因此，_____是门店营运管理的重点。

3.供货商管理应重点加强_____和_____两个方面。

4.门店店长对现金管理的主要内容是_____和_____管理。

5.目前连锁企业门店大多采用_____和_____进行商品信息管理。

二、判断题

1.店长作业管理的重点无非是人、财、物和现代商业企业所需要的信息。

（　　）

2.通常连锁企业门店店长作业管理的事项大部分是重复的例行性事务,由店长自行判断处理。（　　）

3.店长和店主一样,既是门店的所有者,又是门店的管理者。　（　　）

4.优秀店长既是出色的管理者,也是杰出的领导者。　（　　）

5.门店店长的最高职责是经营目标的实现,店长应对商品采购、陈列、销售、防损和安全等方面负责,降低损耗、减少费用、提高业绩。（　　）

三、问答题

1.店长作业化管理工作的重点是哪些?

2.如何成为一名优秀的店长?

四、案例分析

顾客永远是对的

有一次,一位身材微胖的女子在连锁店选购裙子。她要求店员帮她量腰围,腰围是32,店员帮她找腰围是32的裙子,但是这位小姐却坚持自己是26的腰围,于是这位小姐和店员为了腰围争执不休,到了最后,这位小姐落泪而走。

当时,整个店里笼罩一片阴影,这位店员也想不到会有这样的结局。此时店长提出一个重要的观念:"服务就是要让顾客有舒服的感觉,有被尊重的感觉。"店长当场作了一个决定,不但马上叫店员把所有32腰围的裙子标价牌拿掉,全部改挂26腰围的标价牌,而且叫人去追那位小姐,让她买一条"26腰围"的裙子高兴地离去。

（资料来源:张晔清.连锁企业门店营运与管理[M].上海:立信会计出版社,2006.）

案例分析与讨论:

1.这位店长为什么作出这样的决定?

2.作为店长,该如何进行顾客管理?

情景小结

　　连锁企业门店店长是门店的最高负责人,店长自身素质和作业化管理的质量好坏将直接影响到整个门店的营运效率。本章介绍了店长的含义及店长、助理店长的主要工作职责与资质要求,店长的作业时间及其在每日每个时段上的工作内容以及店长作业化管理工作的重点。店长既要与总部保持良好的配合,又需要协调与激励全体员工做好门店作业活动,最终实现门店的销售目标和利润目标。

实训项目　帮"不合格店长"找错

一、目的

帮助不合格店长改正错误,通过找错误,掌握门店店长应具备的素质和能力。

二、提示

1.将学生划分为3~5人一组,以小组为单位进行组与组之间的比赛。

2.指导老师给出不合格店长的不同类型,各小组找出错误,分析不胜任的原因,并提出改进的措施。

三、实训评价(表6.1)

表6.1 "不合格店长"评价表

类　型	找出的错误	改进措施	得　分
推诿责任型的店长			
不栽培部属的店长			
报喜不报忧的店长			
有功独享的店长			
合　计			

说明：
1. 找出错误，分析不胜任的原因，提出改进措施的情况分为：很好(25 分)、好(20 分)、一般(15 分)、差(10 分)、较差(5 分)。
2. 全部单项分值合计为项目总得分：优秀(90~100 分)、良好(75~89 分)、合格 (60~74 分)。
3. 低于 60 分为不合格，须重新训练。

案例　辛勤的店长

店长作为店铺的经营管理者，不仅是整个店铺运营活动的负责人，还是店铺的灵魂，发挥着火车头的作用，在整个经营和管理中起着承上启下的作用。

店长就像一个辛勤的船长，指挥着所有的船员进行有条不紊的运作，保证航行的正常运行。麦当劳店长的当班，有早班和晚班之分，店长会根据当天店铺的实际情况来决定自己是上早班还是晚班。

1)营业前的准备工作

对麦当劳来说，每天早上的店铺开店工作是非常重要的，它的成功与否会直接影响到店铺一天的生意，因此对于经验丰富的店长来说，安排充裕的店铺开店时间是理所应当的。

(1)制订当天的营业销售目标

在开店前，店长应该先制订当天的营业销售目标，对每个时间段的客流量做到心中有数。对整个麦当劳餐厅来说，早餐的销售额要占全天的 8%，因此如何设法让顾客尽快地吃完早餐，加快周转率是店铺面临的一大课题。

(2)检查原材料库存状况

店长首先到仓库去看看，仔细检查纸杯、纸杯盖的种类、数量，以及顾客外带的饭盒盘子等消耗品的库存情况。还要检查那些常温保存下的罐头、干货等保管状态，同时还对当天的原材料库存量进行确认。另外，对仓库所有物品的摆放位置进行检查，看是否符合仓库保管的相关规定，库存量登记是否清楚准确，仓库里面是否和店里一样保持清洁干净。

（3）细致的卫生检查

店长先走向盥洗处，一边洗着手，一边环视四周，对洗脸池是否已经擦亮、刷子有没有洗干净、洗手液有没有放足等各种细微地方进行检查。

店长洗完手后走进厨房。首先检查厨房内的地板瓷砖、墙壁、各种机器设备的底部及水箱，看有没有打扫干净。

然后对餐厅的地板、柱子、窗玻璃、大门和天窗进行检查，还要检查通往二楼的楼梯、垃圾箱、桌子、观赏植物、POP 和装饰画等。

最后检查的是卫生间、冷冻冷藏库和各种台架等的周边环境。结束店内检查后，还要到店外察看，例如看餐厅外的广告牌有没有被风雨弄脏，广告横幅和店旗有没有破损，字是否看得清楚，等等。

（4）各种设备状态的确认

开店时间快到了，店长必须根据餐厅的开店程序，开始对各种设备进行逐项检查确认。

软冰激凌机经过一个晚上的机器零件杀菌后，早上还要仔细用水冲洗。店长对冰激凌机进行检查之后，会来到果汁桶边对果汁进行检查。果汁桶里的果汁过多或过少，做出来的软冰激凌就会过硬或过软，因此果汁的量必须恰到好处。

接下来检查的是保险柜。清点好上一天的营业额，再把早餐时段的备用金准备好，在银行单上填写好存入银行的现金金额，以便银行的工作人员随时来提款。然后，店长将供应早餐时所需的零钱取出后锁上保险箱，将零钱分发到各个收银台。

时针已经指向 6:30。接下来，店长要检查的是厨房作业准备工作的进展状况。

店长命令零工打开抓斗式铁板和油炸机等电器的电源，准备给各种煤气设备点火。同时注意各种原材料和器皿是否摆放整齐。

接着，店长又开始对各种饮料进行品尝，检验可乐、橙汁、雪碧、咖啡和热巧克力等是否符合标准，温度、糖度、味道以及机器的设定标准和人的味觉是否一致等。

2）营业中的工作要点

（1）迎接客人

一声响亮的"早上好"，负责柜台工作的迎宾员来到了店里。

于是，店长很快指示大家各就各位，并宣布了生产指示。

迎宾员检查了柜台，并准备开始迎接客人。

生产出来的商品包装好后，店长打开了 BCM 并宣布营业开始。随着扬声器里轻松愉快的主题歌响起，店堂大门同时开启。

第一位顾客来了，店长和零工们同时向这位顾客深深地鞠了一躬。麦当劳的店铺就这样开店了。

（2）检查设备

忙碌的早餐时段刚过去,店长又开始命令零工进行设备检查。在麦当劳工作过的人都有这样的经历:在店长的指挥下,拿着温度计和糖度计在厨房里转来转去,点检确认设备和机器的温度和数量是否符合要求,以确保能够生产出美味可口的产品。例如,冷冻库温度在 $-18 \sim -22$ ℃,冷藏库温度在 $1 \sim 4$ ℃,都属于正常范围。

营业期间通常会有运输原材料的货车到达,这也需要店长在现场进行检查和把关。如果发现质量有问题,还要进行退货和办理相关退货手续。

（3）对零工的训练与指导

零工在店铺实习工作的最高责任者是餐厅的店长。零工每完成一项训练,店长就会在训练进展表的该项栏目中盖上确认的印章。在店铺的日常工作中,店长会给零工创造各种锻炼机会,但是一旦发现问题,又会及时进行指导。

店长会在营业清闲期通过自己的作业示范,纠正零工的操作错误,也会不断抽时间与员工谈心,来消除员工的疑问和不安,并给予各种建议。

比如在营业高峰期,店长发现员工在指挥生产时因为太紧张而对零工的态度有点急躁,又因为生产过量出现了较多的废弃商品,就寻机与这位员工一起进入休息间,店长在充分肯定员工工作成绩的同时,又告诉他在指挥生产时,尤其是在店铺营业高峰期,如果指挥者不能保持冷静,其情绪会立即影响到各位零工,从而降低整个店铺的服务质量。另外,虽然为了保证向顾客提供高质量的商品,在生产过程中出现废弃是在所难免的,但是如果因为生产方面的不注意而出现太多的废弃商品,那么将会影响店铺的收益,等等。又比如,当店长发现员工在休息时间只顾一味地复习训练教材,不太注意与店铺零工交流时,就告诉他掌握理论知识固然重要,但是尽量接触店铺零工还是非常必要的。因为这些零工都非常热爱麦当劳,而且有一部分零工其实比员工更熟悉店铺的工作内容,等等。

（4）营业高峰期

当营业高峰期来临时,店长开始对餐厅全局进行控制,就像一个战场上的指挥员一样,拥有绝对的统帅能力,根据餐厅的各种情况不断进行生产指令、岗位调整和作业纠正等,以督促餐厅维持最好的应战状态。

店长总是一会儿观察店堂柜台处的顾客流动,一会儿抬头观看电视监控屏幕,一会儿走到厨房调整零工的操作进度,一会儿又在店堂纠正零工的接待动作……

在营业高峰期,厨房需要根据店堂的需要及时提供所需商品,这是非常重要的。因为如果生产一旦跟不上进度,提供不了顾客需要的商品,那么顾客等待过久就会引起不满,而为了处理顾客的不满就需要抽调人手采取应对措施,这样就会使厨房更受影响,而后来的顾客又会不满,在匆忙中零工很容易出错,这样一来餐厅里会乱作一团。这样的恶性循环让零工丧失信心,也让顾客对麦当劳丧失信心,产品质量和服务标准就成为一句空话。

因此,有经验的店长首先会对厨房的生产流程进行严格有效的控制,以保证高峰期能够百战不殆。

店长安排好厨房的生产后,会将自己的指挥阵地转移到店堂,对穿梭在客席的迎宾员的微笑服务进行检查,或在柜台收银员旁边站一会儿。

"对,做得不错!""很好,一边微笑一边招呼顾客!"严厉的店长会在适当的时候表扬工作出色的员工。

这时,店长看到负责制作软冰激凌的零工突然向柜台外冲出去,店长立即阻止了他。原来这位员工看到顾客跌落了托盘,食品饮料也洒了一地,他想过去帮顾客一把。店长马上招呼迎宾员过去处理,而他则走到冰激凌机旁边,教育这位零工不能随便离开工作岗位,同时也表扬了他的高度注意力。

在营业高峰期,每个员工都必须遵守店长的命令坚守岗位,保质保量地完成自己的本职工作。因为每个工作岗位都像流水作业线上的一个支点,某个人的擅自离开都会扰乱整个店铺的作业系统,给大家带来麻烦。

3)营业后的工作处理

店长回到经理办公室,在那里开始 ISP 打烊作业的处理工作,这是店铺一天的统括事务处理,也是店长当天的最后一项工作。

这是一项需要高度精力集中的工作:实际在库量、未完成品的废弃、工作日程表、天气状况等情报的输入;商品目录的输入和确认;每日订货单的做成等各种作业必须一项一项地处理;还必须为第二天的早班经理准备"ISP daily close back up floppy",这份打烊工作的汇报资料有利于早班经理对前一天店铺晚班工作的了解。

这是店长几年如一日的工作,在店铺经营管理日益走向电子化的今天,亲自向计算机输入自己店铺的各种数据进行情报处理是麦当劳店长的自豪!

(资料来源:节选自 http://book.qq.com)

案例分析与讨论:

1. 你认为店长应该具备什么样的素质? 这个案例给我们什么启示?
2. 如果你是店长,你会怎样做?

情景三　连锁门店卖场布局

学习单元 7　门店货位布局

学习目标

　　了解门店货位布局的原则和要点;掌握货架形式和货架布局类型。

学习内容

- 货位布局的原则、要点;
- 连锁门店的货架形式、布局与规划。

学习重点

- 门店货位布局要点;
- 货架形式和货架布局类型。

教学方法和建议

- 通过角色扮演、任务驱动法实施教学;
- 本学习单元可组成"门店货架形式选择""门店布局与规划"等两个学习性工作任务,每个工作任务按照"六步法"来组织教学,在老师指导下制订方案、实施方案、最终评估;
- 教学过程中体现以学生为主体,教师进行适当讲解,并进行引导、监督、评估;
- 教师提前准备好各种媒体学习资料、任务单、教学场地和设备。

学习任务

　　以学习小组为单位,选择 2~3 家你所熟悉的校企合作连锁企业门店,调查和模拟商品卖场货位布局,体验实际的卖场货位布局布置工作过程,并择优演示。

案例导入

如何优化卖场空间

商品摆放在商店的不同位置,其带来利润的能力是不一样的。经过的人越多,说明这个位置就越好。但各个品种不能都占据最好的位置,并且在决定各品种的位置时,还需要考虑各品种之间的相互关系。商店里最好的位置取决于楼层及在某一层中所处的方位。在靠近入口处陈列的商品,应是冲动性购买或购买频次高的商品,特别是对超市而言,商品陈列能否尽快诱发顾客购买商品是很重要的。例如,很多顾客是被超市入口处陈列的个性化、生动化时令水果所吸引才步入超市的。蔬果陈列正是起到了引导顾客亲近和购买的作用。在超市,人们经常购买的商品是乳制品、面包、冷鲜肉、鲜鸡蛋和食用油等生活必需品,将这几种商品均匀配置在超市环形布局的后方,以尽可能达到引导顾客走入超市内部的目的。

在超市中,端架、堆头所处的主通道是客流量最大、人群走过最多的位置,通常陈列惊爆价商品、DM 海报商品。通过端架、堆头商品的陈列诉求着商品促销活动的主题概念,对顾客形成引导、提示的作用。每个端架、堆头上商品陈列的品种不应太多,但要做到满陈列,给顾客以商品丰富、品种齐全的直观印象。

奢侈品、工艺品、家具等贵重的专用品都拥有相对稳定的顾客群体,它们通常位于远离主通道的角落里或在较高的楼层。寻找这些物品和服务的顾客,无论它处在商店的任何地方都会通过看商店的购物指南后迅速找到,这是因为对这些商品和服务的需求在顾客到达商店之前就已经存在了,所以它们不需要最佳的位置。

卖场是消费者与商品直接接触的场所,是零售商促成顾客购买的场所,是厂商达成产品销售的终端场所。事实证明:合理的商店空间配置、独到的商品货位布局可以创造舒适的购物环境,能够诱导顾客增加购买数量,提高顾客对于商店的认同感。

(资料来源:戴东.中国零售企业网,2006-12-12.)

问题思考:

1. 超级市场卖场布局的重要性?
2. 如何将卖场的商品最好地展现在顾客有效的视力范围内?

7.1　门店货位布局

门店货位布局展示了一个门店的基本结构,也直接关系到顾客的购买欲望能否在卖场被最大限度地挖掘和激发。顾客进入门店首先环视的是货位布局,它是顾客形成对一个门店"第一印象"的主要信息来源。

7.1.1　货位布局的原则

连锁门店是一个以顾客为主角的舞台,而顾客对哪些最为关心呢?日本的连锁超市市场调查结果表明:消费者对商品价格的重视程度占5%;开放式、易进入的占25%;商品丰富、选择方便的占15%;明亮清洁的占14%。虽然国情有所不同,但结合我国的实际情况加以分析可以归纳出店内布局的三条原则。

1)吸引顾客

吸引顾客进入门店内部,并不断地在店内走动,这是连锁商店需要做的基本工作。连锁商店的经营者必须注意,尽管其连锁商店可能商品很丰富,价格很便宜,但如果消费者不愿进来或不知道怎样进来,一切努力都将是白费。只有让顾客进来了,才是生意的开始,才创造了营业的客观条件。

2)留住顾客

顾客购物具有很强的随机性和偶然性。据一项市场调查,到连锁商店买预先确定的特定商品的顾客占25%,而75%的消费者都属于随机购买和冲动型购买。因此,如何做到商品丰富、品种齐全,使顾客进店看得见,拿得到商品至关重要。

3)明亮清洁

明亮清洁的连锁商店卖场,为顾客创造了良好的购物环境。往往顾客把明亮清洁的购物环境与新鲜、优质的商品联系在一起。为创造明亮清洁的卖场,必须注意店内有效空间的利用,灯光、色彩、音响效果等的配合。

7.1.2　货位布局的要点

现代连锁零售业竞争日趋激烈,商店销售情况的好坏,在一定程度上依赖于顾客的量,商店的货位布局已不单纯是商品货架、柜台的组合形式,它已承担着重要的促销宣传的作用。合理独到的商店货位布局,能够吸引更多的顾客前来购物,并

能诱导他们增加购买数量,提高顾客对于商店的认同感。在规划商品货位分布时,一般应注意以下问题:

1)日常交易频繁的商品

交易次数频繁、挑选性不强、色彩造型艳丽美观的商品,适宜设在出入口处。如文化用品、化妆用品、日用品等商品放在出入口,使顾客进门便能购买。某些特色商品布置在入口处,也能起到吸引顾客、扩大销售的作用。例如大润发、乐购、好又多等超市,经常将图书、音像用品放在入口位置,吸引顾客进入超市购物,尤其是节假日,可以大大地吸引人气,提高客流量。

2)贵重和技术复杂物品

贵重商品、技术构造复杂的商品,以及交易次数少、选择性强的商品,适宜设置在多层建筑的高层或单层建筑的深处。

3)关联性商品

关联商品可邻近摆布,相互衔接,充分便利选购,促进连带销售。如将妇女用品和儿童用品邻近摆放,将西服与领带邻近摆放。

4)互相影响商品

按照商品性能和特点来设置货位,如把互有影响的商品分开摆放,将异味商品、食品、试音试像(商品单独隔离成相对封闭的售货单元,有效减少营业厅内的噪音,集中顾客的注意力)。

5)顾客的冲动性

将冲动性购买的商品摆放在明显部位以吸引顾客,或在收款台附近摆放些小商品或时令商品,顾客在等待结算时可随机购买两件。

6)客流量

可将客流量大的商品部、组与客流量较少的商品部、组相邻摆放,借以缓解客流量过于集中,并可诱发顾客对后者的连带浏览,增加购买机会。

7)顾客行走规律

按照顾客的行走规律摆放货位。我国消费者行走习惯于逆时针方向,即进商店后,自右向左浏览,可将连带商品顺序排列,以方便顾客购买。

8)方便补货

选择货位还应考虑是否方便搬运卸货,如体积笨重,销售量大、补货频繁的商品应尽量设置在储存场所附近。

7.2 连锁门店的货架形式

虽然商店的布局对赢利很重要,但多数零售商并没有就业务的类型、商品的种类和公司的区位设计最好的布局,这种疏忽可能会导致客户流失。商店布局决定了多数客户逛商店时经过的路线。理论上,我们希望客户从尽可能多的商品旁边经过。

7.2.1 货架形式

连锁商店的最基本陈列器具是柜台和货架。

1)柜台

柜台通常分为普通和异型柜台两大类。普通柜台是为了方便陈列商品,一般其长为 $1.2 \sim 1.3$ m,宽为 $70 \sim 90$ cm,高为 $90 \sim 100$ cm。连锁企业不管选用何种尺寸,关键是要保持各个连锁门店内的柜台形式统一。通用柜台的制作成本低,互换性好,实用、方便,但是用以布置商品陈列时,总使人感到单调、呆板以及缺少变化。

现在各种异形的柜台屡屡出现在很多连锁商店、专卖店内。这些变形的柜台根据商店的实际情况和营业场所的形状而设计的,主要包括三角形、梯形、半圆形以及多边形柜台等。布置陈列商品时,利用异形柜台组合,不但可以合理利用营业场所面积,而且可以改变普通柜台呆板、单调形象,并增加门店卖场活泼的线条变化,使连锁门店的营业场所表现出曲线的韵律。目前,制作柜台的主要材料是铝合金材料,柜台里面通常用玻璃隔成 $2 \sim 3$ 个支架,使得陈列的商品更多,使顾客能更直观地看到商品。采用异形柜台时,必须严格设计,计算好尺寸,按要求定做,必要时还要考虑到几类柜台的互换性。

2)货架

一般货架的高度为 $90 \sim 180$ cm,宽度为 $40 \sim 70$ cm,深度为 $40 \sim 50$ cm。货架基本尺寸除了与人体高度和人体活动幅度密切相关外,同时还需要考虑到人的正常视觉范围与视觉规律。人的正常视觉有效高度范围为从地面向上 $30 \sim 230$ cm,

通常地面以上 60～164 cm 为商品的重点陈列空间,160～200 cm 为商品的展示陈列空间。现代连锁企业的货架形式越来越多,不管选用何种尺寸,各连锁门店应保持基本统一。

对隔绝式售货的柜台来说,其对应的货架上面有 3～4 层,下面大多设几个拉门,可以储藏很多商品或一些必要的包装材料等物品,为现售货提供便利;对敞开式售货的顾客来说,顾客识别和选取商品的有效范围为地面以上 60～200 cm,一般顾客选取商品的频率最高的范围为地面以上 90～150 cm。从高度来看,60 cm 以下是难以吸引顾客注视的部分,因而有的连锁商店将其作商品库存用。

制作货架的材料可以是木制的、铝合金材料制作的、钢制结构的等。一般连锁企业可根据陈列商品的类型选用不同材料的货架。如用以陈列衣袜和床上用品的货架一般选用木质货架,上下或左右的隔板可选用塑料或玻璃材料,以体现这类商品的价值感和量感。

7.2.2　货架布局

1)格子式布局

格子式布局是传统的商店布局形式,商品陈列货架与顾客通道都成长方形状分段安排,而且主通道与副通道宽度各保持一致,所有货架相互呈并行或直角排列。这种布局在国内外超级市场中常可以看到,当购物者在走道上推着购物车,转个弯就可以到达另一条平行的走道上,这直直的走道和 90°的转弯,可以使顾客以统一方向和一系列有秩序地移动下去,犹如城市的车辆依道而行一样,如图 7.1 所示。

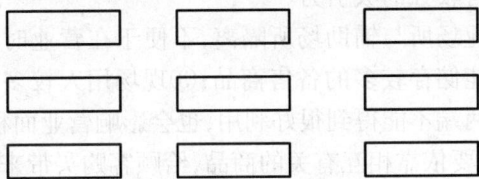

图 7.1　格子式布局

优点:①创造一个严肃而有效率的气氛;②走道依据客流量需要而设计,可以充分利用卖场空间;③由于商品货架的规范化安置,顾客可轻易识别商品类别及分布特点,便于选购;④易于采用标准化货架,可节省成本;⑤有利于营业员与顾客的愉快合作,简化商品管理及安全保卫工作。

缺点:①商场气氛比较冷淡、单调;②当拥挤时,易使顾客产生被催促的不良感觉;③室内装饰方面创造力有限。

格子式布局可以根据商店规模、卖场特点、顾客习惯而采取各种具体形式。例如超市、药店等采用格子式布局,以方便顾客购物,使顾客可以轻松地找到自己所需要的日常用品。

2)岛屿式布局

岛屿式布局是在营业场所中间布置成各不相连的岛屿形式,在岛屿中间设置货架陈列商品。这种形式一般用于百货商店或专卖店,主要陈列体积较少的商品,有时也作为格子式布局的补充。专业商店布局可以按顾客"一次性购买钟爱的品牌商品"的心理设置。例如,在顾客买某一品牌的皮革、西装和领带时,以前需要走几个柜台,现在采用专业商店式布局,则在一个部门即可买齐,如图7.2所示。

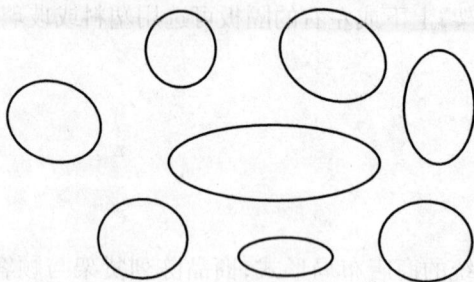

图7.2 岛屿式布局

优点:①可充分利用营业面积,在消费者畅通的情况下,利用建筑物特点布置更多的商品货架;②采取不同形状的岛屿设计,可以装饰和美化营业场所;③环境富于变化,使消费者增加购物的兴趣;④满足消费者对某一品牌商品的全方位需求,对品牌供应商具有较强的吸引力。

缺点:①由于营业场所与辅助场所隔离,不便于在营业时间内临时补充商品;②存货面积有限,不能储存较多的备售商品;③现场用人较多,不便于柜组营业员的相互协作;④岛屿两端不能得到很好利用,也会影响营业面积的有效使用。

专业商店式布局要依靠相互有关的商品,给顾客购买带来方便,在一个地方就能满足顾客的购买需求。

3)店中店布局

店中店布局是以自由布局方式为基础,每一个商品品牌在该店卖场形成若干个"店中店",每家"店"均有明确定位。

优点:店标、颜色、风格和气氛设计都有个性特点。

缺点:由于"店中店"方式的建筑安全成本较高,这种布局方式只适用高档次大型百货商店,如图7.3所示。

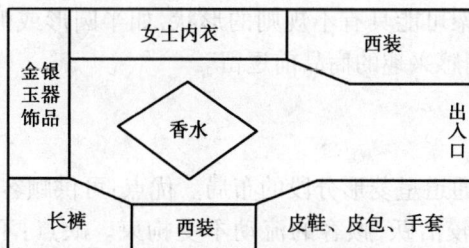

图7.3　店中店式布局

现在国内的百货商店在不断改革经营手法,许多商场引入各种品牌专卖店,形成"店中店"形式,于是,岛屿式布局被改造成专业店布局形式正被广泛使用着,这种布局是符合现代顾客要求的。

4）自由流动式布局

自由流动式布局是以方便顾客为出发点,它试图把商品最大限度地展现在顾客面前。这种布局有时既采用格子形式,又采用岛屿形式,使顾客通道呈不规则路线分布,如图7.4所示。

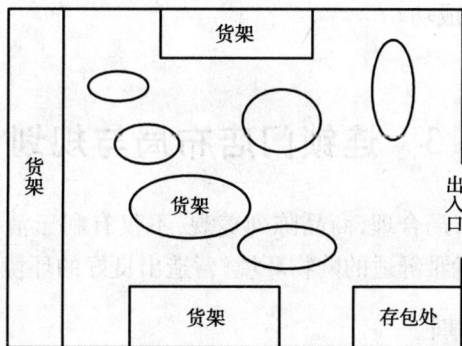

图7.4　自由流动式布局

优点:①货位布局十分灵活,顾客可以随意穿行各个货架或柜台;②卖场气氛较为融洽,可促使顾客的冲动性购买;③便于顾客自由浏览,不会产生急迫感,增加顾客的滞留时间和购物机会。

缺点:①顾客难于寻找出口,难免心生怨言;②顾客拥挤在某一柜台,不利于分散客流;③不能充分利用卖场,浪费场地面积。

这种布局方便了顾客,但对商店的管理要求却很高,尤其要注意商品安全的问题。专卖店、礼品店和精品店可以考虑采用自由流动式。这种布局中,货架和商店分门别类,或者商品陈列在自由取位的货架,为客户创造了一个无结构特点的购物通道。陈列商品的货架可能具有不规则的形状,如半圆形或弧形等。这会鼓励客户寻找商品,并在他们感兴趣的商品前逗留。

5)斜线式布局

斜线式是货架和通道呈菱形分段的布局。优点:可供顾客看到更多的商品,使得超市卖场的气氛比较活跃,顾客的流动不受拘束。缺点:不能充分利用卖场面积,如图7.5所示。

图7.5　斜线式布局

还有两种常见的布局是基本布局的变形:一是标准布局,有入口、柜台、收银区和出口,客户进出很频繁的地方(如售票处和快餐店)常常采用这种标准布局;二是精品布局,它是以自由流动式布局为基础,将来自某个设计者或制造商的商品分组陈列,每一组都以特定类型的客户为目标。精品布局被很多零售店(五金店乃至一些杂货店)运用得很成功。

7.3　连锁门店布局与规划

连锁商店的店内布局合理,商品陈列美观,不仅有利于消费者选购商品,而且给消费者设计了一个优雅舒适的购物环境,营造出良好的环境形象。

7.3.1　营业场所分割

连锁商店内布局首先是对营业场所进行合理的分割。营业场所内售货区、存货区、店员用地和顾客用地四者应该有一个合理的分配。对于连锁商店而言,其特性要求尽量扩大商品的售货区域,压缩非营业性区域。

虽然连锁商店的一个特点是集中进行物流管理,以求减少各连锁商店的储运费用,降低成本,但我国很多连锁商店往往做不到这一点,并未达到连锁标准规范,所以应加强连锁商店在这些基础方面的改进。营业场所内必须使用的一些较大型、不常移动的设备和设施,如:货架、储柜等,要充分利用空间、提高效率。供顾客使用的试衣间、通道等都应合理安排。

7.3.2 商品布局

商品布局是指各大类商品在营业场所内的位置安排。为了做到合理安排商品布局,应首先对连锁商店的商品进行一定的分类。一般按以下方法或标志分类。

1)按使用功能分类

按使用功能分类指按商品的一般最终用途分类和陈列。例如男子服装店可以分为,衬衫—领带—领带夹;鞋—鞋带—鞋油;T恤衫—西装;短裤—袜子;运动衫—休闲服等。

2)按细分市场分类

按细分市场分类指按商品的目标市场分类和陈列。如妇女服装可分婴儿部、少女部、青年部、中老年部等。

3)按存放要求分类

按存放要求分类指按商品的目标所需存放条件分类和陈列。如超级市场可分为冷冻部分、冷藏部分和室温存放部分等。

连锁商店在经营时可以把这几种归类方法结合起来规划店堂。连锁商店一般有自己的主营类商品,这就要求把最能反映本店类型和经营特色的商品摆放到最显眼的位置,使顾客一进门便能获得鲜明的印象。

连锁商店应该做到尽可能提高商品的出样率。一方面是充分利用各种物资设备和营业空间;另一方面因场地有限,在不可能使所有商品和顾客见面的情况下,要讲究商品陈列的选择,每一组商品的陈列样品要以陈列附近出售的商品种类为主,这样可便利消费者。

单元测试

一、名词解释

格子式布局　　岛屿式布局　　商品布局　　店中店

二、判断题

1.自由流动式布局能充分利用卖场面积。　　　　　　　　　（　　）

2.连锁商店的最基本陈列器具是柜台和货架。　　　　　　　（　　）

3.商店场所中不同部门面积的大小和设计是一件复杂而具体的工作,对于商品促销有着重要意义。　　　　　　　　　　　　　　　　（　　）

4.店中店布局是以岛屿式布局为基础,其建筑安全成本较高,只适用高档次大型百货商店。　　　　　　　　　　　　　　　　　（　　）

三、选择题

1.门店货架布局的类型有(　　　)。

A.格子式布局　　　　　　　　　　B.岛屿式布局

C.斜线式布局　　　　　　　　　　D.自由流动式布局

2.(　　　)货架布局形式,一方面使顾客易于寻找货位,另一方面使人产生冷冰冰的感觉,顾客的自由浏览受到限制。

A.直线式　　　　　B.斜线式　　　　C.曲线式　　　　D.岛屿式

3.岛屿式布局的优点有(　　　)。

A.环境富于变化,使消费者增加购物的兴趣

B.卖场气氛较为融洽,可促使顾客的冲动性购买

C.满足消费者对某一品牌商品的全方位需求

D.不能充分利用卖场,浪费场地面积

四、简答题

1.货位布置的原则与要点有哪些?

2.连锁店货架的主要形式有哪些?

3.连锁门店布局与规划的内容、意义是什么?

学习单元 8　主要连锁零售业态门店卖场布局

学习目标

熟知百货商店、专卖店、便利店和超市的卖场布局；掌握主要零售业态卖场布局的货架布局和通道设计等内容；理解并掌握磁石点理论及五大磁石点卖场的店铺位置、配置要点和配置商品要点；能对顾客动线进行分析。

学习内容

- 百货商店、专卖店、便利店、超级市场的卖场布局；
- 门店卖场通道设计。

学习重点

- 磁石点理论及五大磁石点卖场的店铺位置、配置要点和配置商品要点；
- 主要零售业态卖场布局的货架布局和通道设计等内容。

教学方法和建议

- 通过角色扮演法、任务驱动等实施教学；
- 教学中，以"学习任务"的形式把学习内容分配给每个学习小组，每个工作任务按照"六步法"来组织教学，在老师指导下制订方案、实施方案、最终评估；
- 学生通过模拟门店卖场布局作业(载体)，体验实际的卖场布置工作过程；
- 教学过程中体现以学生为主体，教师进行适当讲解，并进行引导、监督、评估；
- 教师应提前准备好各种媒体学习资料、任务单、教学场地和设备。

学习任务

以小组为单位，选择一家你所熟悉的连锁业态门店为背景，应用磁石点理论为其重新进行卖场布局和通道设计。之后，组织小组成员进行讨论、评价。

案例导入

家乐福卖场布局

　　卖场规划的主要工作是门店内部的布置。有些卖场是多层的,如家乐福,门店有上下两层,进入卖场后先是随扶梯上二楼,然后才能下一楼交款,而不能直接在一层购物,这样的目的在于将顾客在卖场内的逗留时间延长,以便有更多的机会向顾客展示商品。卖场的设计也是以此为目的,就是要让顾客在门店内滞留时间最大化。

　　超市的规划设置仍是通过将高购买率、最吸引顾客的商品或区域放在门店的最深处或主要的通道上,以便吸引顾客走遍整个门店。在家乐福二楼主要是展示一些非食品的商品。从二楼卖场入口进入的最右边主要是家电(如电视机、空调、电扇等)和手机售卖区。在卖场中部主要划分为四部分:图书与音像制品、家居用品(睡衣、拖鞋等)、日常用品(电池、水杯、饭盒等)、衣物(成衣、内衣等)。在卖场最靠后的左手位置主要是个人卫生用品,如皂类、卫生纸、牙刷等;中间位置是10排左右的落地货架,主要放置洗化品,如洗发水、洗面奶等;最右边(即最里面)主要是雅芳、美宝莲等化妆品,有醒目的品牌标志。

　　一楼食品类的布局如下:熟食、生鲜、速冻等最吸引顾客的区域设置在门店的最内部,一方面靠近后场的作业区,另一方面还可以吸引顾客走遍全场。果蔬区一般被认为是高利润部门,通常的布局是满足顾客的相关购物需求,安排在肉食品的旁边。由于奶制品和冷冻品具有易融化、易腐蚀的特点,因此它们一般被安排在顾客购买流程的最后,临近出口,同时奶制品和冷冻品通常在一起,这样有利于设备的利用。烘焙品的主力商品是面包,销量大、利润高,大多被安排在第一货架和靠近入口的地方,这样不仅会刺激高价位的面包的出售,而且还会避免顾客遗忘。杂品部分主要在超市卖场的中央,采取落地货架形式,布局为纵向陈列,这样顾客就可以透视纵深。

　　还有一项商品规划的设置,就是一般部门的设置规划以防盗防损为目的,将一些丢失率较高的商品专门安排在某些特定的角落,例如,口香糖总是在收银台前,化妆品总是在门店内醒目的地方。

(资料来源:中国服装网,2006-02-22.)

问题思考:

1.分析家乐福卖场布局的模式。

2.结合你接触到的卖场,谈谈对家乐福布局方式的感想。

8.1 百货商店的卖场布局

百货商店,是指在一个大建筑物内,经营的商品繁多,根据不同商品部门设销售区,开展各自的进货、运营,满足消费者对时尚商品多样化选择要求的零售业态。我国百货商店以经营日用工业品为主,按规模大小通常分为 3 类:大型百货商店,营业面积 5 000 ~ 10 000 m² 或以上,经营品种 1.5 万 ~ 4 万种;中型百货商店,营业面积 1 000 ~ 2 000 m²,经营品种 1 万种左右;小型百货商店,营业面积 200 m² 左右,经营品种几百种至数千种。

8.1.1 卖场布局特点

百货商店通常采用 3 ~ 5 层的多层建筑,不需要对设计载荷作过多的考虑,除了层高、柱网、消防、外部交通方案、电梯、货物流、包括 POS 系统在内的各种智能化系统外,商场里面对消费者的有效引导,即动线布置和公共空间的设计都是百货商场规划设计中的重要问题。卖场布局要体现自身业态的布局原则,突出商品对顾客的吸引力、环境对顾客的刺激力以及商品的安全性。

百货商店具体应该遵循以下原则:

①地下层多配置顾客购买次数较少的商品。如家具、灯具、装潢饰品、车辆、五金制品,地下卖场布局较为灵活。

②一层为保持顾客客流顺畅,适宜摆放挑选性弱、包装精美的轻便商品。如日用品、烟、酒、糖、食品、副食品、茶叶、化妆品、服饰、小家电及特别推荐的新产品。从现实市场来看,很多百货商店一楼都是化妆品、金银首饰、手表等贵重物品。

③二、三层宜摆放选择性强,价格较高并且销售量较大的商品。如纺织品、服装、鞋帽、玩具、钟表、眼镜、家电、珠宝首饰等。

④四、五层可分别设置各种专业性柜台。如床上用品、照相器材、文化用品、餐具、工艺美术品、药品、书籍。

⑤六层以上应摆放需要较大存放面积的商品。如运动器具、乐器、电器、音响制品、高档家具等商品,还可设置休息室、咖啡屋、快餐厅以便利顾客需要。

在实际的市场运作中,由于各个商场的经营状况不同,可根据客观条件和市场变化情况予以适当变化,如地下层、五层、六层等可以有所变化,突出商店的布局特色。

8.1.2 卖场通道

百货商店是以经营日用工业品为主的零售业态。主要满足消费者对高档时尚、消费周期相对较长的商品、商品多样化的需求。根据商品价值较高、价格较昂贵、选择性较大的特点,百货商场在经营上一般采用由营业人员服务的半封闭销售方式。

目前,我国"大商集团"属下的新玛特百货商场的众多门店都体现了以上特色。为适合半封闭式销售方式的特点,百货商店在通道设计上都注重保留足够的宽度。根据顾客的行走规律,设计成主通道和副通道。以大型百货商场为例,在通道设计时一般采用:主通道的宽度设计为4.5 m左右;副通道的宽度设计为2.1~3 m,如表8.1所示。

表8.1　一般商店卖场的通道设计

通道类型	规格	一般商店通道宽度/cm	百货商店通道宽/cm
主通道	小型	80	160
	中型	90~150 或 150~200	180~220 或 220~360
	大型	360	450
副通道	小型	60	120
	中型	75~90 或 90~150	150~180 或 180~210
	大型	150	210

百货商店的卖场货架布局类型主要包括:岛屿式布局、自由流动式布局、店中店式布局,其中店中店则是高档百货商店的主要类型。

8.1.3　货架形式

百货商店一般采取半封闭的销售方式,即采取开架销售和柜台销售(封闭)相结合的销售方式。柜台式销售主要是将价值高、价格昂贵的商品陈列在柜台里,柜台将商品与顾客隔开,顾客需要商品时必须由营业员为其服务。这种销售方式比较合适高档商品的销售。诸如:黄金珠宝、化妆品、照相器材以及手机等。货架式销售主要是将商品摆放在货架或利用道具式货架陈列商品,利用隔断将不同品牌分隔开,设计成以品牌为标志的商品区域,顾客选购商品时也需要营业员帮助服务,如服装、鞋类及家用电器等。

8.2　专卖店的卖场布局

专卖商店的设计十分讲究,它需要线条简洁明快,不落俗套。在布置专卖商店店面时,要考虑多种相关因素,诸如空间的大小,种类的多少,商品的样式和功能,灯光的排列和亮度,通道的宽窄,收银台的位置和规模,电线的安装及政府有关建筑方面的规定等。

另外,店面的布置最好留有依季节变化而进行调整的余地,使顾客不断产生新鲜和新奇的感觉,激发他们不断来消费的愿望。一般来说,专卖商店的格局只能延续3个月时间,每月变化已成为许多专卖店经营者的促销手段之一。

8.2.1　专卖店空间布局形态

专卖商店的空间格局复杂多样,各个经营者可根据自身实际需要进行选择和设计。一般是先确定大致的规划,例如营业员的空间、顾客的空间和商品空间各占多大比例,划分区域,而后再进行更改,具体地陈列商品。

8.2.2　专卖店的3个空间

专卖商店的种类多种多样,空间格局五花八门,似乎难以找出规律性的空间分割来。实际上,它不过是3个空间组合变化的结果,就像一个万花筒,虽然其变化无穷,但也不过是几片彩纸移动位置的结果。因此,3个空间对于专卖商店的空间格局关系密切。

①商品空间,指商品陈列的场所,有箱型、平台型、架型等多种选择。

②店员空间,指店员接待顾客和从事相关工作所需要的场所。有两处情况:一是与顾客空间混淆,一是与顾客空间相分离。

③顾客空间,指顾客参观、选择和购买商品的地方,根据商品不同,可分为商店外、商店内和内外结合3种形态。

8.2.3　专卖店空间格局的4种形态

依据商品数量、种类、销售方式等情况,可将3个空间有机组合,从而形成专卖商店空间格局的4种形态。下面对各种形态进行具体的分析和研究。

1)接触型商店

商品空间毗邻街道,顾客在街道上购买物品,店员在店内进行服务,通过商品空间将顾客与店员分离。具体又分为:

(1)店员空间狭窄的接触型商店

商店空间格局是一种传统店铺形式,没有顾客活动的空间,顾客在路边与店员接触、选择和购买商品。它具有店员空间狭窄、顾客活动区在店外、商品空间在店面三大特征。另外,这种类型商店要求店员有独特的服务形式。如果店员呆立于柜台前会疏远顾客,而过于积极又会使顾客产生强加推销的感觉。佯装不知道的态度才是成功的秘诀。这种商店格局形式适于经营低价品、便利品和日常用品专卖商店,它的经营规模小,带有早期店铺的种种特征。

(2)店员空间宽阔接触型商店

这种空间格局同样是将顾客置于店外,店员通过柜台与顾客接触。与店员空间狭窄接触型的区别在于店员的活动空间大。其特征表现为店员活动空间宽阔,顾客活动于店外,商品置于店面。因为接触型商店是在行人往来的通道上陈列商品,所以接触型商店大多店员空间狭窄型,但也有一些较为宽阔,这种商店适合销售无需费时认真挑选,便于携带的商品或小礼品。

此种形式可使店员适当与商品保持距离,顾客挑选商品时自由随意,没有压迫感和戒心。店员切忌整排站在柜台前,而应运用宽阔的空间做各种工作,这样能给商店带来蓬勃的生机,吸引顾客购买。

2)封闭型商店

此商店格局是商品空间、顾客空间和店员空间全在店内,商品空间将顾客空间与店员空间隔开。具体又分为:

(1)店员空间狭窄的封闭型商店

这种类型的商店,顾客进入店面才能看到商品,店员空间较狭窄,大多设立于繁华地区,顾客较多,店员所占场地降到最低限度。

这种格局一般适合经营贵重物品和礼品之类的商品,也有些饼干、糖果、茶叶等专卖商店采取该种格局,并辅以部分接触型。

在封闭型商店里,店的行为对顾客购买与否起着重要作用。空间狭窄的封闭型商店,店员的一举一动异常明显,如店员矗立于柜台前,一定会使顾客失去购买兴趣;如店员摆放商品、擦拭橱窗、统计数字,即可以引人注目,又可以缓解店内的僵硬气氛。

(2)店员空间宽阔的封闭型商店

这种类型的商店是顾客、店员、商品空间皆在室内,店员活动空间较宽阔,顾客活动空间也很充裕。最为常见的是面向马路的商店,它非常适合销售贵重礼品和高级商品。店内店外分割得很清楚,没有购买欲望的顾客很少进入。宽阔的顾客空间可使人们自由地参观和选购,商店整体布局给人的印象是:欢迎参观,即使不购买也如此。此店努力制造商店的热闹气氛,靠环境提高顾客的购买情绪。

3)封闭、环游型商店

空间皆在店内,顾客可以自由、漫游式地选择商品,实际上是开架销售。该种类型可以有一定的店员空间,也可没有特定的店员空间。

(1)有店员空间的封闭、环游型商店

这种类型特征:一是店面不陈列商品,顾客进入商店后,犹如漫游于商品世界之中,进行参观与选购;二是店员空间被限定在一定范围的柜台内,他们一般不走入顾客的空间,只有顾客将选好的商品带到收银台时,店员才会主动服务。顾客可在不受打扰的情况下,悠闲自在地在店内选购、参观,甚至阅读杂志。

采用这种形式的商店有食品店、杂货店,以及经营唱片、流行服饰等休闲性商品的商店。这种格局的最大特色是向顾客发出"店员不对顾客推销商品"的信息。这种格局常销售普通商品,顾客有能力进行挑选,店员不要过于热情,更不能用狩猎的目光盯着顾客。

(2)无店员空间的封闭、环游型商店

这种类型的特征是在店门前摆高商品。不了解该店的顾客是不会轻易进入的,店员活动空间与顾客活动空间不加以区分,是专为销售高级精品而设计的。此种商品格局本身已将顾客进行了严格的过滤和挑选。同时,这种商店经营的商品价格昂贵,顾客购买时较认真、仔细,常需要店员从旁说明,充当顾客的顾问。店员不能只做收款工作,而应活动于顾客中间。销售行为应追求轻松自然,店员位置切忌固定在店中央等待顾客招呼。

4)接触、封闭、环游型商店

在封闭、环游型商店中加上接触型的商品空间,即顾客拥有店内和店外两种空间。这种类型也包括有店员空间和无店员空间两种形态。

(1)有店员空间的接触、封闭、环游型商店

这类商店在店面和店内有许多店员。店面陈列商品,可吸引顾客,给人普通的感觉;店内陈列商品,采取环游式布局,顾客进店后可随意地进行挑选。

有店员空间的接触、封闭、环游型商店布置一般适用于销售商品量大且价格便宜的商店,例如销售图画和某些流行性商品,顾客不必频频询问店员,完全由自己进行判断和挑选。店员只在收银台内,不干扰顾客的购买行为。这种格局一般要求空间宽敞,能陈列齐全的商品。

这种类型的商店店员可专门做收银工作,即使进入顾客的空间,也不要加以招呼。不过,在店内空无一人时,会以给人萧条的感觉,客人很难上门。此时店员最好走到顾客的空间,忙碌一番,以引起人群的注意。

(2)无店员空间的接触、封闭、环游型商店

这种类型商店展示的虽不是最高档的商品,但常需要店员对顾客进行商品讲解、说明并提供咨询。一般适用于普通的流行服饰店,如皮鞋店、皮包店等。它们

大多采用大众化价格,商品种类繁多,给人以大众化的印象。

封闭、环游型商店与接触、封闭、环型商店的结构极为相似,但店面气氛截然不同。前者是高级贵族化商店,后者是普及型的大众化商店,因此在店员的行为、服务方式等方面都有很大的差异。

对于没有店员空间的接触、封闭、环游型商店来说,店员不可挤在入口处,给人守门的感觉;当顾客挑选商品时,不要站在旁边审视,而应佯装不知,在顾客有问题时,马上出现在他们面前。

8.3　便利店的卖场布局

8.3.1　入口设计

便利店的卖场面积较小,因此,一般只设置一或两个出入口,既便于人员管理和防窃,也不会因太多的出入口而占用营业空间。出入口的设计一般在店铺门面的左侧,宽度为 3~6 m,因为根据行人一般靠右走的潜意识的习惯,入店和出店的人不会在出入口处产生堵塞。同时出入口处的设计要保证店外行人的视线不受到任何阻碍而能够直接看到店内。

便利店的外观在留出了出入口处之后,如果有剩余的平面,可以设计成广告灯箱,出售或租赁给生产商做产品宣传广告,或者可以做成连锁网络品牌形象标志的宣传效果。

8.3.2　收银台设置

便利店的收银台设在出入口处,由收银台在出入口处分隔成出入口通道。结账通道(出口通道)可根据商店规模的大小设置一或两条,然后根据营业规模的预测分别配置 1~4 台收银机(收银机的网络线应留 8 条)。在条件许可的情况下,还可以设置一条"无购物顾客通道",以免造成出入口处拥挤。

结账通道的宽度一般设计为 1~1.2 m,这是两位顾客可正常通过的最佳尺寸;长度一般为 6 m,即扣除了收银台本身约为 2 m 的长度之外,收银台与最近的货架之间的距离至少应该有 4 m 以上,以保证有足够的空间让等候的顾客排队。

8.3.3　堆头的设置

收银台与货架之间的空间,以及商店入口通道的中间一般设计为堆头位,用来作为新商品、库存商品、推广期商品、标志性商品、品牌商品等重点品类的销售促进区域。由于堆头位的特殊位置,一般堆头位的长宽不超过 1 m,高不超过 1.2 m,以免造成对顾客视线的阻隔和通道的堵塞。

堆头位处于商店的出入口通道上,是商店人流逗留时间最长的地方,是促销商品的最好区域,供应商也愿意支付时段性租金进行产品推广,因此,堆头费能增加便利店的纯利润。

8.3.4 购物通道的设置

便利店通道的设计应尽可能直而长,尽量减少弯道和隔断,并利用商品的陈列,使顾客不易产生疲劳厌烦感,潜意识地延长在店内的逗留时间。

通道一般由货架分隔而成,货架的高度最好选择在 1.8～2 m,能使货架最上层的商品正好持平或略高于顾客自然视线,不会产生视觉疲劳。通道宽度一般为 1.4～1.8 m,能让两个人及其购物篮或购物车并行或逆向通过,并能随意转身。通道不能太宽,若通道宽度超出顾客手臂或者视力所及范围,那么顾客就会只选择单侧商品。而通道太窄,则会使购物空间显得压抑,影响到顾客走动的舒适性,产生拥挤感。

8.3.5 非商品区域的设置

除销售卖场外,便利店还需要一些非商品区域,例如办公室(主控室)、员工休息室(更衣室)、卫生间等。

便利店的办公室(主控室),主要有两个功能,一是作为商店 POS 系统和监控系统的主机房,一是作为商店主管管理商店的指挥平台。因此,办公室的设计一般高于平面 0.8～1 m,并且临商店的一侧为玻璃透视窗,便于商店主管能够对店内发生的事务随时监控和指挥。

①便利店为了便于固定顾客购物方便,故应保证商品的大类的摆放上尽量不变。

②门店的特价商品堆头展示应醒目,堆头不宜过大、过杂,以免影响堆头效果,降低门店的单位销售额。

③店铺的走道设置成 80～90 cm,不同于超市的设计。根据门店的高峰期合理安排商品的布局,将难挑选的商品和畅销商品分开,以避免高峰期购物者堵满走道,影响其他顾客的购物。

④货架的高度应当照顾到众多的家庭妇女的需要,中心货架不应高于 165 cm,最好不要超过 6 层。同时要注意对端头货架的利用,因为这是门店的黄金点,顾客在这些地方的驻足时间最长,应摆设一些高毛利的畅销商品。

⑤一般便利店由于店面小,顾客购物速度较快,因此可以不强求顾客存包,以

便于节省顾客的购物时间。

8.4 超级市场的卖场布局

顾客走进超级市场,常常置身于琳琅满目的商品卖场之中,看不到仓库区、加工区、辅助区等。然而,这些区域同卖场区一样重要,是超级市场店铺规划与设计的重要内容。商业建筑历来有寸土寸金之称,超级市场各区域配比与经济效益息息相关,配比科学会获得更多的销售利润;反之,则会使黄金地段成为填不满的"亏损洞"。

8.4.1 超级市场的主要区域

超级市场与其他的店铺不同,是以经营生鲜食品为主。因此,除了应有卖场区、辅助区、储存区外,还应有加工区。有时,加工区与储存区合为储存加工区。

卖场区是顾客选购商品、交款、存包的区域,有时还包括顾客休息室、顾客服务台、婴儿室等。储存加工区是储存加工商品的区域,包括商品售前加工、整理、分装间、收货处、发货处、冷藏室等。辅助区是超级市场行政管理、生活和技术设备的区域,包括各类行政、业务办公室、食堂、医务室及变电、取暖、空调、电话等设备用房。

8.4.2 超级市场主要区域的配比

超级市场主要区域的配比,应本着尽量增大卖场区域的原则,因为卖场区域的扩大可直接影响销售额。一般商店区域面积配比如表8.2所示。

表8.2 一般商店区域面积配比表

建筑面积/m²	卖场面积与整个面积/%	仓储面积与整个面积/%	辅助面积与整个面积/%
>15 000	>34	<34	<32
3 000~15 000	>45	<30	<25
<3 000	>55	<27	<18

上海一些超级市场不设置储存间,而将货架上方作为储存商品使用,效益大为提高。上海华联超级市场集团,努力提高配送效率,使每家店铺的库存降低为零。因此,超级市场里除了设有 8 m² 的办公室外,全是卖场面积。当然,这不是每家超级市场公司都能做到的,它需要高效率的配送和面积不大的店铺,每个店铺 3~5 个员工。

超级市场各区域的位置,可根据具体建筑结构进行选择,办公及后勤区与卖场关系不大,可最后安排设计,而卖场区、储存加工区是必须要首先安排的。超级市场各区域位置的确定应本着卖场核心原则,各个辅助区域都是为卖场服务的,有效的配置会使货物流转的人工成本尽可能减少,取得更好的效益。

1)并列型设置

并列型设置,也称前后型,是指卖场在前而储存加工区与卖场并列在后的布局。这种布局设置简单,储存加工区相对集中,进货容易,比较适合中小型超级市场选用。

2)上下型设置

上下型设置是指卖场设置于地上一层,而储存加工区设置于地下,通过传送带将商品由地下转移到地上。这种布局常由于地形限制不得已而采用的方法。其好处是使卖场得到最大限度的利用;其不足是上货、补货不太方便,同时,还要设置机械传送带。

3)凸凹型设置

凸凹型设置是指卖场选择凸型布局,而储存加工区选择凹型布局。这种布局的好处是可以使储存加工区的商品相应地与卖场商品货架保持最短的距离,不必过多走动,就能进行上货与补货操作;每类商品储存加工区与卖场区结为一体,便于进行库存量控制和提高储存效率。

8.4.3 超级市场货架布局

大型零售超市一般采取格子式的布局方法,格子布局可以方便顾客购物,如图8.1所示。值得注意的是,在零售超市中并不完全排除柜台式售货方式,可适当保留一些传统的方法。如对于肉类、鱼类和某些精制食品的如何分割、称重和包装,不同的顾客会有不同的要求,有些顾客不愿意从预先分装好的商品中进行挑选,这就要求超市营业现场内设柜台,由店员将商品递给顾客,打上应收钱款数,让顾客到出口处统一交款。此外,还有一些柜台是设置在超市的入口处的。如一些纽扣、针、线、瓶塞等为保证超市商品齐全性的小商品,它是属于顾客频繁经过,顺便购买的小商品,其收款是由柜台内的营业员直接收取的,这样不仅满足了顾客的小的方面要求,而且降低了超市内小商品的失窃率,便于理货员现场的商品安全管理。

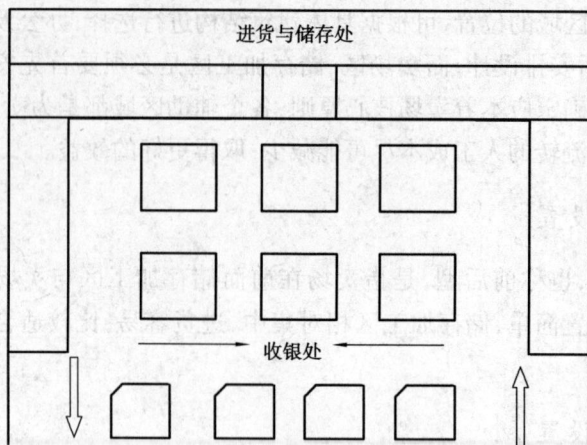

图8.1　超市货架格子布局

8.5　门店卖场通道设计

通道是指卖场中消费者所要经过的过道。此过道关系到消费者在卖场中的走向及所能浏览的货品量。畅通的通道可以使消费者走遍整个卖场，使整个卖场无货品陈列死角。

8.5.1　通道设计的原则与模式

1）通道设计原则

超市卖场的通道划分为主通道和副通道。主通道是引导顾客行动的主线，而副通道是指顾客在店内移动的支线，超市内主副通道的设置不是根据顾客的随意走动来设计的，而是根据卖场商品的配置位置与陈列来设计的。良好的通道设置，就是引导顾客按设计的自然走向，走遍卖场的每个角落，让顾客接触到各种商品，使卖场空间得到有效利用。超市卖场通道设置时所要遵循的原则如下：

（1）足够的宽度

所谓足够的宽度，即要保证顾客提着购物筐或推着购物车能与同行的顾客并肩而行或顺利地擦肩而过。不同规模超市通道宽度的基本设定值如表8.3所示。

对大型货仓式零售超市来说，为了保证更大顾客容量的流动，其主通道和副通道的宽度可以基本保持一致。同时，也应适当放宽收银台周围通道的宽度，以保证最易形成顾客排队的收银处的通畅性。

表 8.3　超市通道宽度设定值表

单层卖场面积/m²	主通道宽度/m	副通道宽度/m
300	1.8	1.3
1 000	2.1	1.4
1 500	2.7	1.5
2 500	3.0	1.6
6 000	4.0	3.0

（2）笔直

卖场通道要尽可能避免迷宫式的布局，要尽可能地设计笔直的单向道。在顾客购物的过程中，尽可能依货架排列方式，按照商品不重复、顾客不回走的设计方式布局。

（3）平坦

通道地面应保持平坦，处于同一层面上。有些门店由两个建筑物改造连接起来，通道途中要上或下几个楼梯，有"中二层""加三层"之类的情况，令顾客目迷五色，不知何去何从，显然不利于门店的商品销售。

（4）少拐弯

事实上，一侧直线进入，再沿同一直线，从另一侧出来的店铺不多见。少拐弯，即通道中可拐弯的地方和方向要少，有时需要借助于连续展开不间断的商品陈列线来调节。例如，美国零售超市经营中在 20 世纪 80 年代就形成了标准长度为 18～24 m 的商品陈列线，日本超市的商品陈列线相对较短，一般为 12～13 m。这种陈列线长短的差异，反映了不同规模面积的超市布局的客观要求。

（5）通道上的照明度比卖场明亮

通常通道上的照明度起码要达到 500 lx，卖场里要比外部照明度增强5%。尤其是主通道，相对空间比较大，是客流量最大、利用率最高的地方。

（6）没有障碍物

通道是用来引导顾客多走、多看、多买商品的地方。通道应避免死角。在通道内不能陈设、摆放一些与陈列商品或特别促销无关的器具或设备，以免阻断卖场的通道，损害购物环境。要充分考虑到顾客走动的舒适性和非拥挤感。

2）通道设计模式

（1）店铺的入口设计

零售店铺卖场入口要设在顾客流量大、交通方便的一边，通常入口较宽，出口相对狭窄一些,入口比出口大约宽1/3。根据出入口的位置来设计卖场通道,设计顾客流动方向。零售店铺的入口与卖场内部配置关系密切,在布局时,应以入口设计为先。在入口处为顾客购物配置提篮和手推车,一般按1~3辆(个)/10人的标准配置。

在零售店铺的卖场内,入口的地方最好陈列对顾客具有较强吸引力的商品,不仅可以发挥招徕作用,而且能够增强卖场对顾客的吸引力。

(2)店铺的出口设计

零售店铺的卖场的出口必须与入口分开,出口通道宽应大于1.5 m。出口处设置收银台,按每小时通过500~600人为标准来设置一处收银台。出口附近可以设置一些单位价格不高的商品,如口香糖、图书报刊、饼干、饮料等,供排队付款的顾客选购。

(3)直线式通道设计

零售店铺的通道是指顾客在卖场内购物行走的路线。通道设计的好坏直接影响到顾客能否顺利地进行购物,影响到零售店铺的商品销售业绩。零售店铺卖场中的通道可以分为直线式通道和回型式通道两类。

直线式通道即单向通道。通道的起点是卖场的入口,终点是零售店铺的收银台。顾客依照货架排列的方向单向购物,以商品陈列不重复、顾客不回头为设计特点,它使顾客在最短的线路内完成商品购买行为。直线式通道如图8.2所示。

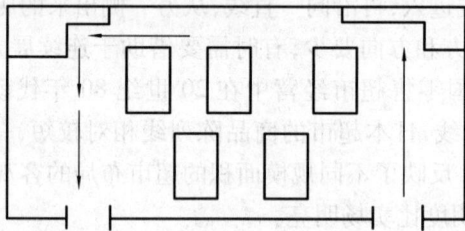

图8.2　连锁门店直线通道

(4)回型通道设计

回型通道又被称为环型通道,通道布局以流畅的圆形或椭圆形按从右到左的方向环绕零售店铺的整个卖场,使顾客依次浏览商品,购买商品。在实际运用中,回型通道又分为大回型和小回型两种线路模型。

第一种大回型通道。这种通道适合于营业面积在1 600 m²以上的零售店铺顾客进入卖场后,从一边沿四周回型浏览后再进入中间的货架。它要求卖场内部一侧的货位一通到底,中间没有穿行的路口,如图8.3所示。

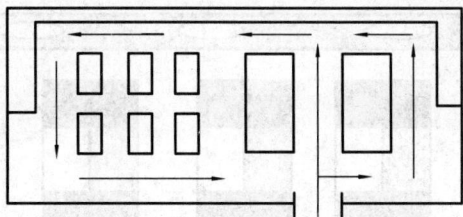

图8.3　大回型通道

第二种小回型通道。它适用于营业面积在 1 600 m² 以下的零售店铺。顾客进入零售店铺卖场,沿一侧前行,不必走到头,就可以很容易地进入中间货位,如图8.4 所示。

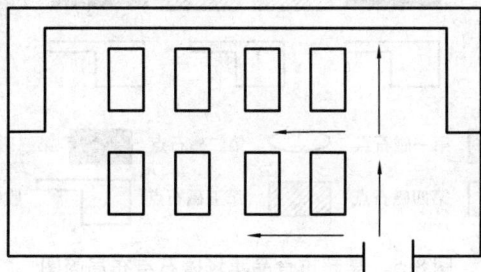

图8.4　小回型通道

在设计零售店铺卖场的通道时,应注意通道要有一定的宽度。一般来讲,营业面积在 600 m² 以上的零售店铺,卖场主通道的宽度要在 2 m 以上,副通道的宽度要在 1.2 ~ 1.5 m。

最小的通道宽度不能小于 90 cm,即两个成年人能够同向或逆向通过(成年人的平均肩宽为 45 cm)。在设计通道时还应注意不能给卖场留有"死角"。"死角"就是顾客不易到达的地方,或者顾客必须折回才能到达其他货位的地方。顾客光顾"死角"货位的次数明显少于其他地方,非常不利于商品销售。

8.5.2　磁石点理论

磁石是指超级市场的卖场中最能吸引顾客眼光注意力的地方。磁石点就是顾客的注意点,要创造这种吸引力是依靠商品的配置技巧来完成的。商品配置中磁石理论运用的意义是在卖场中最能吸引顾客注意力的地方配置合适的商品以促进销售,并且这种配置能引导顾客逛完全卖场,达到增加顾客冲动性购买率比重的目的,如图 8.5 所示。卖场磁石点分为 5 个,应按不同的磁石点来配置相应的商品。

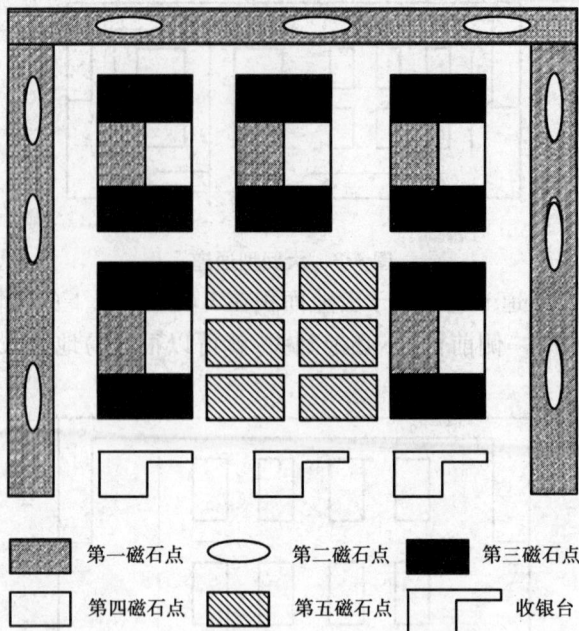

图8.5　某超市食品卖场磁石点布局简图

1）第一磁石卖场

第一磁石点位于主通路的两侧，是消费者必经之地，能拉引顾客至内部卖场，也是商品销售的最主要的地方。此处应配置的商品为：

（1）消费量多、消费频度高的商品

消费量多、消费频度高的商品是绝大多数消费者随时要使用的，也是时常要购买的。所以将其配置于第一磁石的位置以增加销售量。

（2）主力商品

主力商品即每天有大量的销售额，消费频率和经济效益较高的商品。如蔬菜、肉类、牛奶、面包、水果，应放在第一磁石点内，可以增加销量。

2）第二磁石卖场

第二磁石点位于通路的末端、电梯出口、道路拐角等可以激发顾客购买欲望的店内通行位置。在陈列内容上，更注重店内主力商品的宣传，以求更好地推动销售。主道路的拐角处及主道路尽头位置，对于有效地诱导顾客流动起着关键作用。因此，国外许多大型超市都力求突出在此位置磁石商品的吸引力。

第二磁石商品负有诱导消费者走到卖场最里面的任务。在此应配置展示观感强的商品：

(1)最新的商品

消费者总是不断追求新奇。新商品的引进伴随着风险,将新商品配置于第二磁石的位置,必会吸引消费者走入卖场的最里面。

(2)具有季节感的商品

具有季节感的商品必定是最富变化的,因此,超市可借季节的变化作布置,吸引消费者的注意。

(3)明亮、华丽的商品

明亮、华丽的商品通常也是流行、时尚的商品。由于第二磁石的位置都较暗,因此配置较华丽的商品来提升亮度。

第二磁石点需要超乎一般的照度和陈列装饰,以最显眼的方式突出表现,让顾客一眼就能辨别出其与众不同的特点。同时,第二磁石点上的商品应根据需要隔一定时间便进行调整,保持其基本特征。

3)第三磁石卖场

第三磁石点指的是超市中央陈列货架两头的端架位置。端架是卖场中顾客接触频率最高的地方,其中一头的端架又对着入口,因此配置在第三磁石点的商品,就是要刺激顾客。如特价品、高利润的商品、季节商品、购买频率较高的商品、促销商品等。

端架商品,可视其为临时卖场。端架需经常使之变化(一周最少两次)。变化的速度,可刺激顾客来店采购的次数。

4)第四磁石卖场

第四磁石点指的是卖场中副通道的两侧,是充实卖场各个有效空间的摆设商品的地点。它是要让顾客在长长的陈列线中引起注意的位置,因此在商品的配置上必须以商品的单个类别来配置。为了使这些单项商品能引起顾客的注意,应在商品的陈列方法和促销方法上对顾客作刻意表达诉求,这类商品包括:热门商品、特意大量陈列商品、广告宣传商品。

5)第五磁石卖场

第五磁石点即卖场堆头,位于收银处前的中间卖场。各门店可按总部安排,根据各种节日组织大型展销、特卖活动的非固定卖场。其目的在于通过采取单独一处多品种大量陈列方式,造成一定程度的顾客集中,从而烘托门店气氛。同时展销主题的不断变化,也给消费者带来新鲜感,从而达到促进销售的目的。

门店各磁石点的位置、商品配置要点及配置的商品类型如表8.4所示。

表8.4 大卖场磁石点理论的应用

磁石点	店铺位置	配置特点	配置商品
第一磁石点	位于卖场中主通道的两侧,是顾客的必经之地,是商品销售最主要位置	由于特殊的位置优势,不必刻意装饰体现即可达到很好的销售效果	主力商品;购买频率高的商品;采购力强的商品
第二磁石点	穿插在第一磁石点中间	有引导消费者走到卖场各个角落的任务,需要突出照明度及陈列装饰	流行商品;色泽鲜艳、容易抓住人们眼球的商品;季节性很强的商品
第三磁石点	位于超市中央陈列货架两头的端架位置	卖场中顾客接触频率最高的位置,赢利机会高,应重点配置,商品摆放三面朝外	特价商品;高利润商品;厂家促销商品
第四磁石点	卖场中副通道的两侧	重点以单项商品来吸引消费者,需要在陈列方法和促销方式上刻意体现	热销商品;有意大量陈列的商品;广告宣传商品
第五磁石点	位于收银处前的中间卖场,是非固定卖场	能够引起一定程度的顾客集中,烘托门店气氛,展销主体需要不断变化	用于大型展销、特卖活动或节日促销商品

8.5.3 顾客动线分析

在百货店或超级市场购物的顾客,基本上是按照"进入店内→走动→在商品前停留→审视→购物"这样一个顺序。据统计,进入超市的顾客中,有近半数的顾客只走店内道路的30%,所以研究顾客在店内的活动路线非常重要。

顾客动线是指顾客在店内的流动路线,又称"客导线"。顾客动线的现实意义在于店方可以有计划地引导店内顾客的流动方向。一般来讲,店铺经营成果主要由两个因素决定:一是来店的顾客数;二是顾客的平均购买单价(客单价)。这两个数字以店内收款机所统计数字为准。

店铺销售额 = 客流量×停留率×购买率×购买件数×商品单价

客单价 = 流动线长×停留率×购买率×购买件数×商品单价

以上公式可以看出,客流量的多少对销售额有很大影响。要把门店做好,就需要使顾客尽可能多逗留、多购买,尽可能提高来店顾客数和购买单价。合理的动线使顾客很方便地进入或走完全商场,使店员服务更加方便。

1）卖场动线的形式

①漫走式。不利用设施强行规定顾客的动线,比较随意、自由、宽松,投资小。

②强迫式。利用设施强迫规定顾客的动线,不尊重顾客,投资大。

③引走式。利用各种手段引导顾客走遍全场,该方式需要对卖场进行详细的布局,从电梯、主副通道和收银等方面进行设计。

2）动线规划重点考虑以下因素

按照商品的种类、顾客购买的时限和商品的生命周期,设计引导消费者在卖场的活动方向路线。

①消费者在卖场内的停留时间。卖场的动线设计,要让顾客在你的店内尽量多停留。

②停步部分和移动部分的通道范围。顾客停步的空间要大,方便选择商品。移动部分货品的陈列要具有吸引力,多放置模型机。

③顾客流动的方向。顾客流动的方向(自动梯、电梯),最好直接通向主通道的入口,并陈列具有魅力的卖点商品,以吸引更多顾客。

④环境舒适,不给人疲劳厌倦的感觉。设施和壁面距离是否适合顾客的正常行走活动;地面材料不要太单调或太复杂;地面和商品的颜色要对称。一般地面的颜色和商品的颜色要有较大的反差以强调商品。

⑤安全防灾设施要完善。

3）顾客动线设计类型

商场的动线设计取决于顾客到店的购买目的,一般而言,顾客有3种购买动机:①有购买目的主动顾客,具有较强的目的性;②无购物目的的顾客;③随机购买,以逛为目的,在"逛"中发现商品,激发购买欲望,主要以女性为主的感性消费。

根据建筑结构的不同超市客流"动线"也有许多种形状,一般单层超市"动线"常为:U型、L型、F型、O型、一型和曲线型等。常见的适合单层面积 1 000 m² 以上超市的 3 个动线是:U,L,F 曲线型动线;适合面积 1 000 m² 以下的超市则是 O 型和一型动线,这两款动线比较直接单一,超市布局设计也较简单。

①U 型动线。适合建筑是方形或接近方形的超市,因超市主通道形状像 U 型故称 U 型动线,如图 8.6 所示。顾客从超市入口进入超市,在宽大的主通道指引下,不用刻意的商品引导,顾客就能自主按照设计路线到达超市每个商品区域,方便顾客的购买。

②L 型动线。适合建筑形状是长方形的超市,主通道像倒放的 L 型,如图 8.7

外租区	入口	外租区		外租区	出口	外租区

客服中心

收银线

| 图书 音像 办公用品 | 服饰 床上用品 | 个人清洁 冲调干杂 散货粮油 | 酒水饮料 休闲食品 水果 |

| 日用百货 | 生鲜熟食加工 |

| 办公区 | 仓库 |

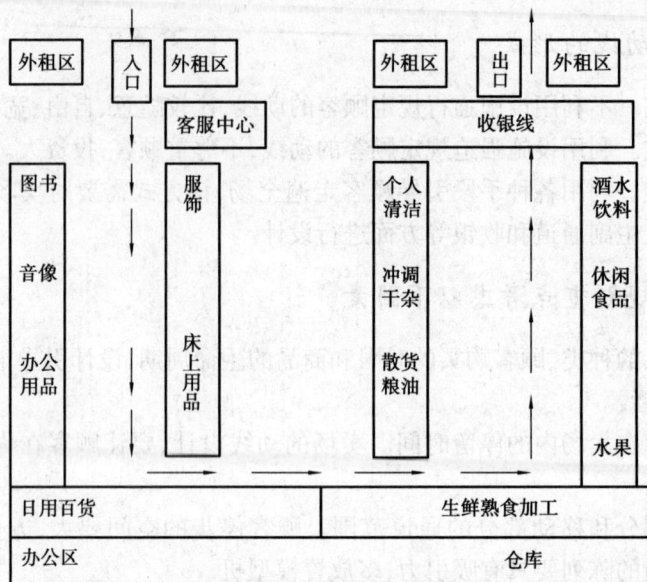

图 8.6 某超市 U 型动线

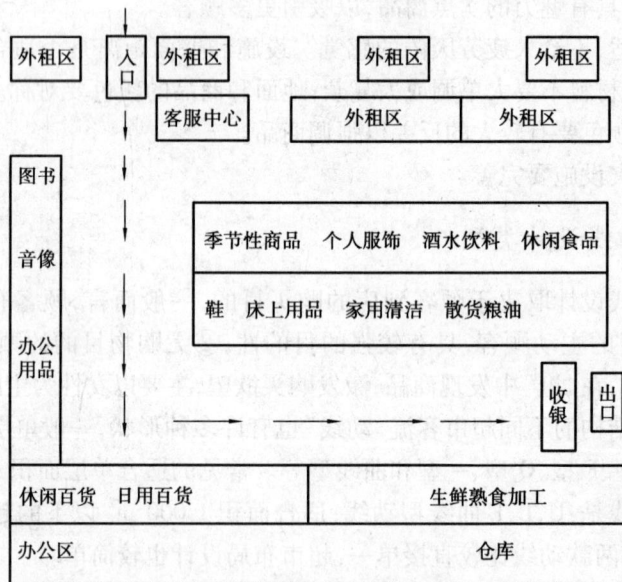

外租区	入口	外租区		外租区		外租区

客服中心

| 外租区 | 外租区 |

| 图书 音像 办公用品 | 季节性商品 个人服饰 酒水饮料 休闲食品 鞋 床上用品 家用清洁 散货粮油 |

收银 | 出口

| 休闲百货 日用百货 | 生鲜熟食加工 |

| 办公区 | 仓库 |

图 8.7 某超市 L 型动线

所示。长方形超市横向长,一般很难把顾客引导到超市内部,而使用 L 型动线可以引导顾客到达超市内部,分散到每个商品区域和货架间过道,顾客停滞店中的时间也使之拉长,进而也可借此提高客流量。但是如果长方形建筑的纵深较长,L 型动线的长 L 过道对于部分区域商品就会存在死角,顾客难以到达每一个长的过道,影响商品销售。一般纵深较浅、横向较长的超市使用 L 型动线会非常合适。

③F 型动线。针对长方形超市纵深的问题,综合 U 型动线和 L 型动线的优点,设计出适合这类超市的 F 型动线,如图 8.8 所示,通过功能性商品的引导及增加的一条通道,使顾客可以看到和轻易到达所要商品区域,解决了 L 型动线的弊病。

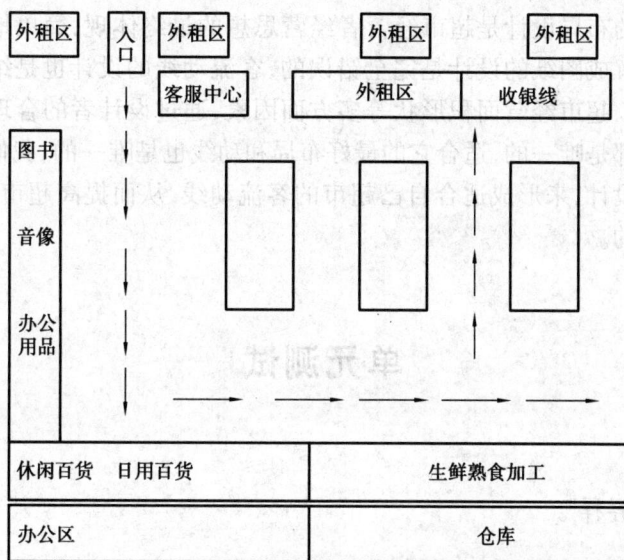

外租区	入口	外租区		外租区		外租区
		客服中心	外租区		收银线	

图书

音像

办公用品

休闲百货　日用百货	生鲜熟食加工
办公区	仓库

图 8.8　某超市 F 型动线

顾客走在 F 型通道里,可以近距离到达任何一个过道和看到过道货架上陈列的商品,使超市里的商品更通透,让更多的顾客买到需要的商品。

在超市实际运营过程中,使用 U,L,F 型动线时需要按照商品区块的自然衔接或关联商品来设计过渡商品售卖区域,比如:百货"软品"或"硬品"做关联布局。"软品"包括:服装鞋帽、家纺、床上用品、婴儿用品等。"硬品"包括:文体用品、家电用品、家居用品、DIY 用品等。如非食品等高毛利商品在超市入口及顾客必须经过区域,通过一些装饰和特殊的陈列吸引顾客,增加顾客眼球接触时间,促进顾客冲动性购买;食品属于低毛利商品,是顾客每次必买商品,就位于超市最里端;洗化类商品属于功能性商品,也是顾客的生活必需品,一般布局在死角或顾客不容易到达的区域,起到引导客流的作用。

还有一种动线是国内超市比较少见的,就是曲线型动线。这类动线属于强制性动线,顾客进入超市必须按照超市经营方设定的路线购物,没有折返的线路。这类曲线动线布局在设计时只要按照商品属性划分来安排区块即可,国内见到使用的有宜家和韩国每家玛超市。宜家属于家具装饰行业,不同于超市零售业,这里就不赘述了;每家玛店也是根据超市总的布局来使用曲线动线的,生鲜、熟食、蔬果、鲜肉、散货等都在超市外做岛状销售,小型商品不占面积,用货架可以搭建组合成曲线。这样的动线设计比较浪费超市面积,不适合一般超市使用,因此超市卖场布局设计和客流动线与超市经营商品的品种、经营方式以及经营场地都有密切关系,不是简单的套用就可以的。

一个良好的布局设计是超市经营者经营思想的最终体现,简单地把超市布局设计和动线理解成图纸的设计是完全错误的,客流动线的设计也是结合顾客购物习惯、商品属性、超市经营面积形状等多方面因素,通过设计者的合理规划而产生的。每个超市都是唯一的,适合它的最好布局和动线也是唯一的,我们可以借鉴一些好的动线和设计,来形成适合自己超市的客流动线,从而提高超市的销售额,合适的才是最好的。

单元测试

一、名词解释

通道　　顾客动线　　磁石点

二、判断题

1.交易次数频繁、挑选性不强、色彩造型艳丽美观的商品,适宜设在门店最深处。　　　　　　　　　　　　　　　　　　　　　　　　　　　　（　　　）

2.超市内主副通道的设置是根据顾客的随意走动来设计的,不是根据超市内商品的配置与陈列来设计。　　　　　　　　　　　　　　　　　　（　　　）

3.副通道是指顾客在店内移动的支流。　　　　　　　　　　　　（　　　）

4.第三磁石点配置的商品包括主力商品。　　　　　　　　　　　（　　　）

5.小型超市的进出位置设置在中央是比较妥当的。　　　　　　　（　　　）

6.第二磁石点商品负责诱导消费者走到卖场最里面的任务。　　　（　　　）

三、选择题

1.卖场动线可以分为(　　　)几类。

A.慢走式　　　　　B.强迫式　　　　　C.开放式　　　　　D.引走式

2. 连锁专卖店的空间一般由(　　　)几部分组成。

A. 商品空间　　　　B. 店员空间　　　　C. 顾客空间　　　　D. 储存空间

3. 如果(　　　)太宽,则会影响到连锁企业门店本身的经济效益,如果太窄,则容易造成门店卖场内的人流阻塞,给门店的管理带来麻烦。

A. 主通道　　　　B. 副通道　　　　C. 顾客动线　　　　D. 销售人员动线

4. 超市商品配置过程中,特许商品、季节性强的商品一般配置在(　　　)。

A. 第一磁石点　　B. 第二磁石点　　C. 第三磁石点　　D. 第四磁石点

5. 超市通道的设计应保持足够的宽度,如果某超市的卖场面积为 1 500 m² 左右,则其主通道的宽度可设计为(　　　)。

A. 1.5～1.8 m　　B. 1.8～2.1 m　　C. 2.0～2.7 m　　D. 2.0～3.0 m

6. 第一磁石点主要展示的商品是(　　　)。

A. 主力商品　　　　　　　　　　B. 新上市的商品

C. 礼品装　　　　　　　　　　　D. 购买频率高的商品

四、简答题

1. 连锁超市卖场通道设计的基本原则是什么? 通道设计时应注意哪些问题?

2. 卖场布局设计的作用与原则是什么? 为什么要进行连锁店卖场布局的设计?

3. 如何配置卖场磁石点的商品?

情景小结

　　合理的卖场布局利于商品销售,卖场布局是一个商品、设施和操作三者最佳配合的问题。连锁门店应做到合理的卖场布局,选择合适的货架。百货商店、专卖店、便利店和超级市场具有不同的布局方式,门店卖场通道更要遵循相应原则,设计较好的磁石点,运用对应的顾客动线。成功的门店卖场布局,是无声的推销员,有效的商品陈列是从卖场布局开始的。

实训项目　门店卖场布局与通道设计

一、实训情景资料

著名的北京赛特购物中心在环境设计中十分强调以"人"为中心的设计思路,明确了卖场明朗通透的风格。为确保这一风格,在卖场黄金区域购物中心,仍坚持通道的宽敞,主通道不小于2.3 m,自选区货架间的距离也在1.3 m以上;为形成视野宽敞的商品展示,所有陈列设施高度在1.4 m左右;柱面设施简单处理,整个卖场非常宽阔,具有强烈的通透感;赛特还采用多层次的立体照明,组合光线柔和明亮,进一步确保了殿堂明亮的格调。在这种环境下,顾客能从卖场内每一位置纵观卖场整体布局。宽广的视野令顾客精神愉悦,进而增强其购买欲望。

二、实训任务

请大家按5人1组就情景资料进行分组讨论,完成讨论后由各组推荐代表到讲台上向大家解释:

1. 为什么北京赛特将主通道设置成不小于2.3 m?
2. 北京赛特的店面布局的主要特点是什么?

三、实训评价(表8.5)

表8.5 "卖场布局与通道设计"实训效果评价表

项　目	表现描述	得　分
参与性		
知识应用		
情况据实分析		
合理建议		
合　计		

得分说明:
1. 找出错误,分析不胜任的原因,提出改进措施的情况分为:很好(25 分)、好(20 分)、一般(15 分)、差(10 分)、较差(5 分)。
2. 全部单项分值合计为实训总得分:优秀(90～100 分)、良好(75～89 分)合格(60～74 分)。
3. 低于 60 分为不合格,须重新训练。

案例 A服装店卖场布局现状

A服装店铺,130 m² 面积,月销售额2万元,顾客进店浏览的面积在店铺门口附近20 m² 的区域,具体平面图如8.9所示。

基本情况:①主通道宽1.3 m,次通道宽1.5 m;②左右两边分别经营不同的男装品牌;③展台1与门口距离3.5 m;④试衣镜在柱子两侧;⑤店面宽度8 m,柱子宽度2.4 m;⑥店铺进深16 m。

此类店铺是典型的进深长、横宽相对窄的卖场,从人流量来看,最不容易的是吸引顾客深入店铺内部行走;现在的店铺布局顾客主要是沿着黄色箭头方向行走,而店铺后面区域的120 m² 的卖场几乎没有顾客进入,可见此店铺的"陈列成本"相当高。

主要问题分析及改进措施:

1.要让顾客沿着主通道,进入店铺的后区,并按大循环的方式行走(黑色箭头方向),必须拓宽主通道的宽度约1.8 m,将次通道的宽度缩小至1 m,这样无形中给顾客这样的感觉:从次通道行走比较窄,很不方便。

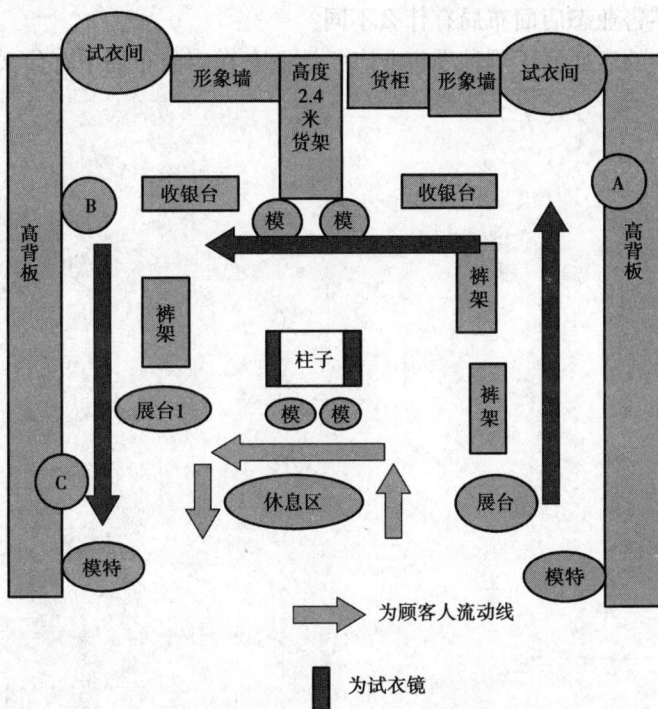

图8.9 某服装店铺布局

2.将试衣镜分别设置在高度2.4 m的后区货架处,引导试衣服的顾客在后区站立,以便将人气集中在后区。

3.将收银台与岛中裤架间的距离拓宽,保持约1 m的距离,以方便顾客从后区的左右互通,实现行走路线的大循环(黑色箭头方向)。

4.展台1与门口的距离约占整个店铺进深的22%,此距离让站在门口的顾客感到展台的商品实在太远,想触摸商品的欲望会减小,因此,距离与进深的比例保持在15%左右比较理想,即距离门口2.5 m左右。

5.将休息区调整到柱子的后区,以吸引休憩或试衣服的顾客在后区,以便提升后区的人气,当后区的人气逐步旺盛以后,就形成潜在的氛围影响进店的顾客向后区行走和浏览商品。

6.在A,B,C点分别陈列色彩明度高、亮丽并且畅销的款式,以便吸引顾客按黑色箭头方向的大循环行走(但A,B,C各点要分别注意商品价格线组合的统一性)。

案例分析与讨论:

1.案例中哪些地方没有遵循货位布局的原则?

2.主要零售业态店面布局有什么不同?

3.案例中的店面属于哪种零售业态?该业态在店面布局中有什么特点?

情景四　连锁门店商品陈列与维护

学习单元9 连锁门店内商品配置

学习目标

了解连锁卖场商品品项、商品结构及其归类;熟悉商品位置分配的标准;掌握商品结构的类型、技巧、分类标准,商品位置配置优化的方法。

学习内容

- 商品的品项与定位归类,商品结构;
- 商品配置的面积分配;
- 商品的位置配置。

学习重点

- 商品的结构、商品的面积和位置配置。

教学方法和建议

- 通过任务驱动法实施教学;
- 本学习单元可组织成"商品品项与商品结构的收集分类""商品的面积分配与位置配置现状与改进"两个学习任务;
- 教学过程中体现以学生为主体,教师进行适当讲解,并进行引导、监督、评估,每个工作任务按"六步法"组织教学,方案的制订和设计;
- 教师应提前准备好各种媒体学习资料、任务单、教学课件,并准备好教学场地和设备。

学习任务

以学习小组为单位,选择2~3家你所熟悉的连锁企业,调查门店商品的分类情况,分析比较各门店商品结构的特征和品类配置情况。

品类管理及其实践

品类管理(Category Management)的概念1993年由美国食品协会提出,目前在欧美等国的推广已有10年的历史。中国从1997年开始,由中国连锁经营协会和宝洁公司等供应商共同推出,目前也已经度过了培育期。关于品类管理的理念,无论是零售商还是供应商,都多多少少有所耳闻。大型零售商和供应商已纷纷开始实践。品类管理软件供应商的加入,更是使品类管理变成可能。如果说一两年前,品类管理的实施还有很多内部障碍和外部环境的不成熟,那么这两年的发展,已为零售商创造了从理念到工具到合作伙伴的客观条件。品类管理,势在必行!

1. 沃尔玛

沃尔玛从20世纪80年代开始已有了品类管理的雏形。品类领队(category captain)体制的建立更是使品类管理变成了日常必需的工作。宝洁公司是洗发水品类的领队,高露洁棕榄公司是口腔护理品类的领队,联合利华是洗衣粉品类的领队,强生是婴儿用品品类的领队……每个品类的领队都是该品类的市场领导者,对该品类目前的市场状况和未来的发展前景有着广泛和深入的理解。品类领队负责该品类的数据分析、商品优化、货架陈列、定价策略、促销建议等。沃尔玛的采购经理/品类经理得以从烦琐的数据分析中解脱出来,但这并不意味着沃尔玛的员工不用看数据。实际上,沃尔玛的员工对数据是非常敏感的,他们经常对品类领队的计划书提出深入的问题,这确保了沃尔玛策略和方向的一致性与准确性。

很多零售商暂时不能做到像沃尔玛这样拥有各个品类经理的程度,一些零售商作了小小变通,如由某店店长同时兼任某品类的品类经理,对该品类的所有业务指标负责,无论是店内销售指标还是总部采购指标。

2. 北京华联

北京华联婴儿护理中心(宝宝屋)是在超市品类管理的应用。在此,品类定义显得尤其重要。传统上来讲,婴儿的产品分散于不同的品类,如奶粉和成人奶粉放在一起,属奶制品品类,婴儿纸尿片和纸巾等放在一起,属纸制品品类。但消费者调查发现,抱着婴儿的妈妈或者即将成为妈妈的孕妇需要辛苦地走上1~2小时才能购齐所需妇婴物品,她们最大的希望是花较短的时间一次性购齐所有物品。于是,新的品类——妇婴用品品类应运而生。这时,品类结构就需要重新定义。早期,婴儿奶粉等需要在奶制品区域和妇婴用品区域双边陈列,并作消费者引导。1~2个月后,购物者便习惯性地步入华联的宝宝屋来购买妇婴用品了。宝宝屋的设立,使北京华联婴儿品类的生意增长了33%,利润增长了63%。该案例曾作为品类管理成功案例在亚洲第五届ECR协会和中国首届ECR协会上分享。

　　品类定义是品类管理的基础,品类定义出错,直接影响到购物者的满意程度和后面的诸多步骤。例如多数购物者习惯于到婴儿用品区购买婴儿纸尿裤,如果将纸尿裤归入纸品类,作品类评估时,其表现多半不如卷纸、面巾纸等,而且,与纸品共同陈列,必然造成多数购物者不易找到纸尿裤或花更多的时间才能找到。

(资料来源:中国创业联盟,2009-01-07)

问题思考:
连锁门店进行品类管理的重要性?

　　统一的商品陈列模式是连锁商店确立统一企业形象的一部分。在卖场内进行商品陈列之前,首先必须确定各类商品按什么样的结构比例进行配置,每种商品应配置在卖场中什么位置。简单地说,即首先应解决卖场中商品配置问题,它直接关系到连锁企业经营的成败。卖场商品配置不当,会使顾客感觉到他所需要的商品找不到或根本没有,而不想要的商品却太多的假象,这样,不仅商品白白占据了陈列货架,也积压了资金,导致连锁经营的最终失利。

9.1　商品的品项与定位归类

　　面对成千上万种的商品,连锁企业首先应对所经营的商品进行归类,将其划分为若干个商品群,也可考虑把几种归类方法结合起来,对卖场的商品配置与陈列进行整体规划。这是连锁企业总部对卖场进行统一商品配置的前提。

1)按商品的最终用途归类

　　许多连锁商店根据商品的特性和一般最终用途进行归类,并加以有效的选择和组合进行商品陈列,从而显示出商品的魅力和价值感。例如:连锁男子服饰店可以将商品归类为:衬衫—领带—领带夹;T恤衫—休闲裤—薄型袜子;运动装—休闲装;皮鞋—鞋油;等等。

2)按细分市场归类

　　按商品的具体目标市场来归类。例如:商圈范围较大的大型女性服饰连锁店可分为婴儿部、少女部、淑女部和中老年部等部门。

3）按存放要求归类

根据商品所必需的存放条件进行分类。这是连锁卖场最常见的一种分类方法。例如：连锁经营的生鲜区可分为室温存放部分、冷藏部分、冷冻部分等。

4）按消费者的购买习惯和选择条件归类

根据顾客购买频率和愿意花费的购买时间进行分类。

（1）方便性商品

方便性商品即人们日常必需的功能性商品，如香烟、糖果、化妆品之类的商品，大多数消费者都希望成交快捷方便，而不会花费太长时间进行研究比较。

（2）选购性商品

选购性商品即能使消费者产生快感或美感的商品，例如服装、佩件、饰品等商品，通常消费者对于这类商品的选购多属于冲动性购买，往往比较注重其款式、设计、品质等方面的心理效用，通常把商品的属性与自身的欲望综合考虑后，最后作出购买决定。

（3）特殊性商品

特殊性商品指消费者花费较长时间进行周密考虑或与家人、朋友协商后，才采取购买行动的商品，如彩电、空调、电脑、古董等物品，因此这类商品往往是功能独特、名贵的商品。

9.2 商品的结构

9.2.1 商品结构

商品结构即商品定位，是指符合公司市场定位及商圈内顾客需要的"商品组合"。商品结构应明确定义各采购部门的大分类描述、中分类描述、小分类描述、品项数、品牌数、最小规格包装、畅销价格带、直线陈列米数及陈列层板数等，如表9.1所示。对于零售企业来说，商品的数量、品种已不再是货源的主要问题，问题的关键是如何对它们进行合理的筛选，使企业的销售能力资源（如资金、场地等）得到合理的配置、发挥最大的潜力，取得最佳的经济效益。

表9.1　某企业非食品区商品结构与分类

课编号	大分类	中分类	分类名称	课编号	大分类	中分类	分类名称
31			个人护理部	33			日杂用品部
	311		美发用品			333	一次性用品
		3111	美发、整发用品			3331	一次性碗、碟子
	312		女性饰品			3332	一次性杯子
		3121	饰品			3333	一次性纸餐巾
	313		个人护理			3334	西式一次性餐具
		3131	化妆用品			3335	中式一次性餐具
		3132	美容用品			3336	吸管
		3133	口腔清洁用品			3337	其他一次性用品
		3134	刮胡用品		334		锅类
		3135	急救用品			3341	煎锅/炒锅/炸锅
		3136	消毒水			3342	蒸锅
	314		护肤品			3343	汤锅
		3141	护肤类			3344	奶锅
	315		洗发水、沐浴露			3345	高压锅
		3151	洗发和护发			3346	焖烧锅
		3152	浴洗用品			3347	火锅
	316		卫生巾、香皂			3348	陶瓷煲
		3161	卫生棉			3349	锅盖/锅配件

9.2.2　影响商品结构的因素

　　商品配置制约门店的来客数,商品结构配置应以顾客的购买需求结构来设计。影响商品结构差异的因素多种多样,归纳起来主要有以下几种:

1)零售业态

　　零售业态是商品结构的决定性因素,不同的零售业态在商品结构上有不同的组合策略。例如便利店实行窄而浅的商品组合策略,大型百货商店、大型综合超市实行宽而深的组合策略,超市实行窄而深的组合策略,而像沃尔玛实行的是宽广度、中深度的商品组合策略。不同的商品组合策略都是与其业态的特点相吻合的，如表9.2所示。又如沃尔玛的山姆俱乐部，其定位于为消费者提供"一站式购物"需要，消费者日常起居生活用品一应俱全，这样就要求经营的品种覆盖面广，同时，又要求每个品种下有一定数量的商品品牌以及不同的花色、档次、规格、包装。这样顾客就有较大的挑选余地，但是所经营的品牌也不能太多，否则将增大顾客挑选商品的难度，增加购物时间。

表9.2　主要零售业态及其商品结构特点

零售业态	顾客	主力商品构成	单品规模	商圈范围
大卖场	家庭1或2次每周	基本生活用品一次购足	>1.5万	30万人5 km
超市	主妇3或4次每周	生鲜快速消费品、日常所需	5 000～8 000	3万人步行1 km
便利店	青年学生或主妇每天	饮料、即食品、方便品	2 000	4 000人300 m
百货店	新家庭、白领	高档、耐用品品牌	>3万	10 km

2）消费结构和消费习惯

消费结构和消费习惯的变化也会对商品结构造成影响。随着顾客购买力的提高，顾客的需求不断变化，这种变化既反映为顾客对商品数量需求的增长，也更多地表现为消费结构和爱好习惯上的变化。因此，门店经营者应预测这种变化越势，制订和调整迎合消费者的商品结构。

3）同行业的竞争者

要根据邻近商圈内其他竞争者门店的布局及其商品构成的特点和变化，选择最佳的商品结构，以此来树立超市的经营特点，避免恶性竞争。例如附近没有大型百货商店，并且百货商店的商品档次较低，针对这种情况，超级市场就可能适当增加中高档商品的比重。知己知彼，方能百战百胜，要充分了解竞争对手对商品的定位情况并结合本企业的经验特点和实力，通过不同的商品策略来提高市场的竞争力。

9.2.3　商品结构的类型及商品的分类

1）商品结构类型

零售店经营的商品结构，按照不同标准可分为不同类型。按经营商品的构成可分为主力商品、辅助商品和关联商品。

（1）主力商品

主力商品指那些周转率高、销售量大，在零售经营中，无论是数量还是销售额均占主要部分的拳头商品。一个企业的主力商品体现它的经营方针、特点和性质。主力商品的经营效果决定着企业经营的成败。经营者不仅要掌握所经营门店主力商品的发展趋势、增长状况和竞争能力，同时还应了解消费者的需求变化和购物习惯，以便企业在选择主力商品时作出正确的的选择，一旦经营中发现问题能及时采取措施对商品结构进行有效的调整。

（2）辅助商品

辅助商品指在价格、品牌等方面对主力商品起辅助作用的商品，或以增加商品宽度为目的的商品。经营者在选择辅助商品时，应特别考虑商品的季节性和周期性。如在不正确的时节选择辅助商品，不但不能对主力商品形成有力的补充，增加销售，反而会造成商品的积压，影响自己的周转。

（3）关联商品

关联商品指同主力商品或辅助商品共同购买、共同消费的商品。关联商品具有方便顾客购买，争强门店商品的销售量的作用。卖场在选择关联商品的时候，应注意商品的配备要能够迎合顾客图便利的购物习惯。随着市场竞争的加剧，主力商品在销售时往往利润微薄，而关联性商品却成为利润点的主要来源，在竞争中，企业也越来越重视对关联商品的管理。

2）商品的分类

零售企业商品品类繁多，科学的商品分类是门店管理中最基础的工作。一般来说，门店管理中采用综合分类标准，将所有商品划分成大分类、中分类、小分类和单品4个层次，如表9.3所示，目的是为了便于管理，提高管理效率。虽然超市各种业态经营品种存在较大差异，如小的便利店经营品种不到3 000个，而超大型综合超市有30 000多种，但商品分类都包括上述4个层次，且每个层次的分类标准也基本相同，只不过便利店各层次类别相对较少，而大型综合超市各层次类别相对较多而已。

表9.3　商品分类表

大　类	中　类	小　类	细　类
01 食品干货	01 烟	01 烟	01 国产盒烟
			02 外烟盒烟
			03 国产条烟
			04 外烟条烟
		02 戒烟产品	01 戒烟产品

大　类	中　类	小　类	细　类
01 食品干货	02 酒	01 啤酒	01 瓶装啤酒
			02 听装啤酒
		02 白酒	01 白酒
			02 其他
		03 果酒、洋酒杯	01 红葡萄酒
			02 白葡萄酒
			03 香槟酒
			04 威士忌
			05 白兰地
			06 伏特加
			07 其他洋酒
	03 饮料	01 碳酸饮料	01 可乐
			02 雪碧
			03 果味
			04 其他
		02 水	01 纯净水
			02 矿泉水
			03 其他
		03 茶饮	01 乌龙茶
			02 红茶
			03 绿茶
			04 其他
		04 果汁	01 一般果汁
			02 浓缩果汁
			03 其他

续表

大　类	中　类	小　类	细　类
01 食品干货		05 奶饮品	01 纯牛奶
			02 其他饮品
			03 酸奶饮品
		06 其他	01 其他
	04 保健品	01 保健品	01 洋参
			02 燕窝
			03 壮骨粉
			04 乌鸡桂圆精
			05 卵磷脂
			06 脑白金

（1）大分类

大分类是超级市场最粗线条的分类。大分类的主要标准是商品特征,如畜产、水产、果菜、日配加工食品、一般食品、日用杂货、日用百货、家用电器等。为了便于管理,超级市场的大分类一般以不超过 10 个为宜。

（2）中分类

中分类是大分类中细分出来的类别。其分类标准主要有:

①按商品功能与用途划分。如日配品这个大分类下,可分出牛奶、豆制品、冰品、冷冻食品等中分类。

②按商品制造方法划分。如畜产品这个大分类下,可细分出熟肉制品的中分类,包括咸肉、熏肉、火腿、香肠等。

③按商品产地划分。如水果蔬菜这个大分类下,可细分出国产水果与进口水果。

（3）小分类

小分类是中分类中进一步细分出来的类别。主要分类标准有:

①按功能用途划分。如"畜产"大分类中、"猪肉"中分类下,可进一步细分出"排骨""肉米""里脊肉"等小分类。

②按规格包装划分。如"一般食品"大分类中、"饮料"中分类下,可进一步细分出"听装饮料""瓶装饮料""盒装饮料"等小分类。

③按商品成分分类。如"日用百货"大分类中、"鞋"中分类下,可进一步细分

出"皮鞋""人造革鞋""布鞋""塑料鞋"等小分类。

④按商品口味划分。如"糖果饼干"大分类中、"饼干"中分类下,可进一步细分出"甜味饼干""咸味饼干""奶油饼干""果味饼干"等小分类。

（4）单品

单品是商品分类中不能进一步细分的、完整独立的商品品项。如上海申美饮料有限公司生产的"355 mL 听装可口可乐""1.25 L 瓶装可口可乐""2 L 瓶装可口可乐""2 L 瓶装雪碧",就属于 4 个不同单品。

9.2.4　商品结构的优化与调整

优化商品结构的前提是在完全有效地利用了卖场的管理后采取的方法。优化商品结构应从以下指标进行考核:

1）商品销售排行榜

大部分门店的销售系统与库存系统是连接的,后台电脑系统都能够整理出门店每天、每周、每月的商品销售排行榜,从中就可以看出每一种商品的销售情况,调查其商品滞销的原因,如果无法改变其滞销情况,就应予以撤柜处理。在处理这种情况时应注意以下两点:

①对于新上柜的商品,往往因其有一定的熟悉期和成长期,不要急于撤柜。

②对于某些日常生活的必需品,虽然其销售额很低,但是由于此类商品的作用不是赢利,而是通过此类商品的销售来拉动门店的主力商品的销售。如:针线、保险丝、蜡烛等。

2）商品贡献率

单从商品排行榜来挑选商品是不够的,还应看商品的贡献率。销售额高、周转率快的商品,不一定毛利高,而周转率低的商品未必就是利润低。没有毛利的商品销售额再高,这样的销售又有什么用。毕竟门店是要生存的,没有利润的商品短期内可以存在,但是不应长期占据货架。因此,要找出门店中贡献率高的商品,并使之销售得更好。

3）损耗排行榜

这一指标是不容忽视的,它将直接影响商品的贡献毛利。例如:日配商品的毛利虽然较高,但是由于其风险大,损耗多,可能会使赚的还不够赔的。对于损耗大的商品减少订货,同时应由供货商承担一定的合理损耗,对于因商品的外包装问题引起的损耗应当及时让供应商修改。

4）周转率

商品的周转率也是优化商品结构的指标之一,谁都不希望某种商品积压流动资金,因此周转率低的商品不能滞压太多。

5）新近商品的更新率

门店应周期性地增加商品的品种,补充商场的新鲜血液,以稳定自己的固定顾客群体。商品的更新率一般应控制在10%以下,最好在5%左右。另外,新近商品的更新率也是考核采购人员的一项指标。需要导入的新商品应符合门店的商品定位,不应超出其固有的价格带,对于价格高而无销量的商品和价低无利润的商品应适当地予以淘汰。

6）商品的陈列

在优化商品结构的同时,也应该优化门店的商品陈列。例如:对于门店的主力商品和高毛利商品的陈列面的考虑,适当地调整无效的商品陈列面。对于同一类的商品的价格带的陈列和摆放也是调整的对象之一。

7）其他

随着一些特殊的节日的到来,应对门店的商品进行补充和调整。例如:正月十五和冬至,就应对汤圆和饺子的商品品种的配比及陈列上进行调整,以适应门店的销售。

优化门店的商品结构,有助于提高门店的总体销售额。它是一项长期的管理工作,应当随着时间的变化而及时地变动,这样才会使自己立于不败之地。

9.3 商品配置的面积分配

零售业现代化、规模化最直接的途径就是连锁经营,在连锁企业的商品规模下,连锁门店的商品品种多、门类多。大量副食品引入国内超市,连锁超市已逐步替代原来的菜场、粮油店、杂货店等,担负起供应新鲜蔬菜、豆制品以及粮油制品等职能。因此,确定各类商品所需的面积势在必行。各类商品的面积分配可以有两种方法,现代连锁企业往往结合这两种方法进行商品的面积分配。

1）陈列需要法

陈列需要法即连锁店根据某类商品所必需的面积来定。服装店和鞋店比较适宜采用此法。

2）利润率法

利润率法指商店根据消费者的购买比例及某类商品的单位面积利润率来定。连锁超市和书店比较适宜采用此法。连锁超市的商品面积分配如表9.4所示。

表9.4　连锁超市的商品面积分配

商品部门	面积比例/%
水果蔬菜	10～15
肉食品	15～20
日配品	15
一般食品	10
糖果饼干	10
调味品与南北货	15
小百货与洗涤用品	15
其他用品	10

这一商品面积配置是考虑到我国居民消费支出的大致比例，也考虑了在恩格尔系数降低的情况下，我国居民食品消费质量的提高在主副食品结构调整上的变化。需要说明的是，这个面积配置不是绝对的公式，中国幅员辽阔，每个地区消费水平差异较大，消费习惯也不尽相同，因而每个经营者必须根据自己所处商圈的特点及竞争的状况，作出商品面积配置的抉择。

9.4　商品的位置配置

针对各业态的连锁商店商品种类繁多的特性，商品位置的配置按消费者的购买习惯来确定较好，并且相应地固定下来，方便消费者寻找。对于所有连锁门店则可以保持基本统一，这样不仅方便连锁店总部的标准化管理，而且能以此加强消费者记忆，增强整个连锁体系在消费者心目中的地位。对于多层建筑的连锁店来说，商品位置的配置包括确定各楼面经营内容和进行每一层的布局，而单层商店仅需考虑后者。

1)各楼层经营内容的安排

各楼层经营内容的安排应遵循自下而上客流量依次减少的原则。一般大型的连锁百货商店都是大致按这样一个原则安排的,这样的安排可以依次分散客流量,减少不必要的拥挤。例如:一个大型的连锁经营的百货商店可按表9.5所示安排各楼层经营商品的类别。

表9.5　大型连锁商店各层商品配置

层数	配置原则	经营商品类别
1	宜布置购买频率高、选择商品时间相对短的商品	化妆品、日用品、休闲食品、生鲜食品等
2,3	宜布置商品选择时间较长、价格稍高一些的商品	服装、鞋帽、纺织品、眼镜、钟表等
4,5	运用综合配套陈列方法来布置多种专业性的柜台	床上用品、照相器材、家具、餐具等
6	宜布置购买频率相对低、存放面积较大的商品	彩电、组合音响、电脑、运动器材等

2)商店每一层次商品位置的配置

一般来说,长期的行走习惯使消费者在逛商店时也不自觉地沿着逆时针方向行走。因此,在一个有许多支道的商店里,根据一般日用品挑选性弱和男性购买商品求速求便、不愿花时间进行研究比较的心理要求,日用品和一些男性用品通常应摆放在卖场的各个逆时针方向的入口处;而根据某些商品挑选性强和女性购买商品较挑剔、一般花较多时间的特点,这类商品和妇女用品通常应摆放在距离逆时针入口处较远的地方;而玩具商品一般陈列在儿童易见易活动的地方;畅销或有特色的商品陈列在卖场显眼的地方。不过在西方,也有些连锁商店把热门商品放在一般的货架上,而把那些一般商品放在顾客最容易看到的地方。试验证明,销路差的商品移到同顾客眼睛平行的货架上,销量可以增加20%。当然,如果为了加速资金周转和获得更多利润,则需要把那些价格贵、利润高的商品放在卖场中最显眼的地方。

对于连锁超市的商品位置的配置,应该按照消费者每日所需商品的顺序作出动线的规划,也就是说,按照消费者的购买习惯来分配各种商品在卖场中的位置。一般来说,每个人一天的消费总是从"食"开始,因此连锁超市可以考虑以菜篮子为中心设计商品位置的配置,如图9.1所示。通常消费者到超级市场购物的顺序是这样的：

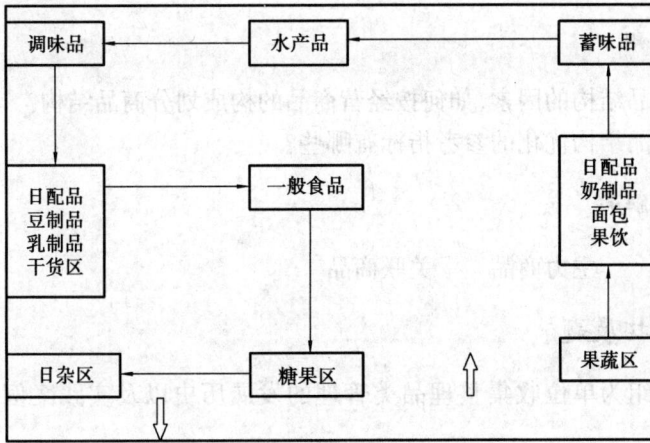

图9.1　超级市场商品位置配置

蔬菜水果→日配品→畜产、水产类→冷冻食品类→调味品类→饮料→速食品→糖果饼干→日用杂品。

因此，采用敞开式销售方式的连锁商店，在进行商品陈列前，首先应该对商品的排列位置进行科学分配，即如何在有限的营业面积上陈列较多的商品，从而提高货架的使用率。而这就需要有商品配置表，使商品陈列的排面在货架上作最有效的分配，并以书面表格形式画出来。

单元测试

一、团队讨论题

品类管理概念进入中国已经有了很长的一段时间，在这段时间里，随着零售业竞争的加剧，单店赢利能力差，越来越多的公司希望通过品类管理来扭转这种被动的局面。通常的情况是跟某一两个"品类旗舰"企业（如宝洁、强生、高露洁等）合作，在接受他们的品类管理理念的同时，增加了该企业的经营品种、排面等。随着品类管理的深入，整个流程都需要跟着改变，某些零售企业由于推动品类管理的时间点把握不好，最终品类管理项目不得不夭折。

分析讨论：

1. 品类管理是不是大势所趋？品类管理是不是提升核心竞争力的一种途径？

2.零售企业必须实行品类管理吗？

二、简答题

1.影响商品结构的因素,如何按经营商品的构成划分商品结构？

2.进行商品结构优化的参考指标有哪些？

三、名称解释

商品结构　　　主力商品　　　关联商品

四、知识拓展题

以学习小组为单位收集整理品类管理的发展历史以及实践案例并在课堂上展示。

学习单元 10　连锁门店卖场商品配置表

学习目标

了解商品配置表的管理功能;掌握商品配置表的制作标准和步骤、商品配置表的修正程序。

学习内容

商品配置表的管理功能、制作、修正。

学习重点

商品配置表的制作与修正。

教学方法和建议

- 通过任务驱动法、团队讨论法等实施教学;
- 本学习单元可下达一个学习任务即"商品配置表的制作与修正";
- 教学过程中方案的制订与设计体现以学生为主体,教师进行适当讲解,并进行引导、监督、评估;
- 教师应提前准备好各种媒体学习资料、任务单、教学课件,并准备好教学场地和设备。

学习任务

以学习小组为单位,选择一家你所熟悉的连锁门店,以"烟酒饮料部"为背景制作一份商品配置表并按照其进行商品陈列实训,实训之后,组织小组成员进行讨论并对商品配置表提出修正。

案例导入

新开店的商品配置表的制作

新开店的商品配置表的制作,是加盟店卖场商品管理全新内容的开始,直接涉及加盟店的初期业绩与人员的士气,因此,加盟店的组织与管理者应予以高度重视,并予有效地实施。

(1)新开店商品配置表的一般制作程序

①商圈与消费者调查。商圈调查主要是弄清新店属地的市场容量、潜力和竞争者状况。消费者调查主要是掌握商圈内消费者的收入水平、家庭规模结构、购买习惯、对加盟店商品与服务的需求内容等。经过这两项调查,新店的经营者就可开始构思新店要经营什么样的商品。

②商品经营类别的确定。在进行了对消费者的调查后,就要提出新开设的加盟店的商品经营类别。由公司总部与加盟店的经营负责人,共同讨论所配商品的档次,以及是否需要外购配货和商品货场配置等问题。当经营商品类别、档次与是否配货确定后,就可以制作出加盟店的初期配置。

③商品配置表的制作。商品配置表是决定单品项商品在货架上的排面数,这一工作必须遵循有关商品陈列的原则,运用好商品陈列的技术。商品配置表的制作是一项艰苦的工作,也是一项实践性和操作性很强的工作,需要加盟店的工作人员认真钻研。所以制作商品配置表时,加盟店工作人员应先作货架的实验配置,达到满意效果后,才最后制作商品配置表。只有在实验达到最佳的效果,将商品配置陈列好后才能开店营业,以利在营业之初、新张之时,就使加盟店给进店顾客一个鲜明的卖场形象。

(2)商品配置表制作的技术要领

我们所开设的加盟店有别于其他商店,它的经营方向性强,并且它所需要达到的最终目标除了提高销售外,还有一个最重要的目的,就是使企业的整体形象、品牌形象得以飙升。现借鉴日本动漫店的经验,将加盟店的商品配置表制作的技术要领,简述如下:

①体现企业文化与产品设计理念的卖场环境。在规划整体商品的配置时,除了考虑商品的客观因素外,还应将公司的企业文化与达卡产品的设计理念等主观因素全方位考虑进去。有了这样的概念,可以在商品配置表制作时,有大的文化卖场概念,这样才能更好地进行重点商品(单品项商品)的配置。

②商品陈列的标准化。商品陈列的标准化指商品货柜(公司已设定)的标准化。这一要领是许多经营大师从实践中总结出来的经验。在做配置表时,先规范好商品陈列的统一标志,并且按这一标志进行配置规划,只要在总体配置上有了方向性的标志,无论在何时,我们需要对配置进行调整时,工作就会轻松很多。

③单品项商品的资料卡设立。每一个单品项都要设立资料卡,如商品的品名、规格、尺寸、重量、进价、供货量等,这些资料对制作商品配置表是相当重要的。

(资料来源:http://www.daakaa.cn/guide/2009/0422/306.html)

问题思考：
一个面积 500 m²,经营 10 000 个左右单品的超市,做商品配置表有用吗?

在零售业相对发达的美国、日本等国家,商品配置表运用得非常广泛,几乎每家连锁店的每一个分店都规划有商品配置表。商品配置表是管理控制商品最基本的工具,因此一个店在开业陈列商品之前,应先把商品配置表规划好,再进行一切硬件的设置与进货陈列。

10.1 商品配置表的管理功能

10.1.1 商品配置表的定义

商品配置表即把商品的排面在货架上做一个最有效的分配,以书面表格规划出来。商品配置表是门店经营与管理商品最基本的工具。因此一个门店在开始营运之前,应先把商品配置表规划好,再进行一次硬件的配置与进货陈列。

10.1.2 商品配置表的管理功能

1)有效控制商品品项

每一个连锁企业的门店面积、所能陈列的商品品项都是有限的,需要有效地控制商品的品项数。商品配置表应用能获得有效控制商品品项的效果,使卖场效率得以正常发挥。

2)有利于商品定位管理

卖场内的商品定位,就是要确定商品在卖场中的陈列方位、在货架上的陈列位置以及所占的陈列空间。商品配置表是商品定位的管理工具。有了商品配置表,才能做好商品定位,如不事先妥善规划商品配置表就贸然进行商品陈列的工作,便无法协调一致,如不事先画好商品配置表,无规则地进行商品陈列,就无法保证商品持续一致、有序、有效的定位陈列。

3)强化商品排面管理

商品排面管理是指提出商品配备和陈列的方案,从而规划好商品陈列的有效货架空间范围。在连锁企业门店所销售的商品中,有的商品销售量很大,有的销售量则很小,因此可用商品配置表来安排商品的排面数。通常,畅销商品给予多的排面数,也就是占的陈列空间大,而销售量较少的商品则给予较少的排面数,即其所占的陈列空间较小。对滞销商品则不给排面,可将其淘汰出去。商品陈列的排面管理对于连锁企业提高卖场的商品销售效率,具有相当大的作用。

4)有效保护畅销商品

在连锁企业门店中,往往畅销商品的销售速度很快,若没有商品配置表对畅销商品排面进行保护管理,则会发生畅销商品卖完而得不到及时补充,导致较不畅销商品甚至滞销品占据畅销商品的排面,逐步形成了滞销品驱逐畅销品的状况。这种状况既影响门店对顾客的吸引力,又使门店失去售货的机会,从而降低门店的竞争力。同时,畅销商品排面的空缺和不足是连锁企业总部检查门店商品补货与商品陈列质量的"重点",是连锁企业不断发现和分析畅销商品断档原因并加以改进的"关注点"。

5)商品利润的控制管理

门店经营的商品中,既有利润高的商品,也有利润低的商品。任何店铺都希望把利润高的商品配置在好的陈列位置,多销售一点,提高整体利润;把利润低的商品配置在差一点的位置,以控制销售结构。而要达到这一目的,就需要通过商品配置表来对各种商品进行妥当的配置。

6)连锁经营标准化管理的工具

连锁企业有众多的门店,达到各门店的商品陈列的基本一致,促进连锁经营工作的高效化,是连锁企业标准化管理的重要内容。有了一套或几套标准化的商品配置表就能使整个连锁体系内的陈列管理比较易于开展;同时,商品陈列的调整和新产品的增设,以及滞销品的淘汰等管理工作的统一执行,就会有计划、有蓝本、高效率地开展。

10.2 商品配置表的制作

10.2.1 商品配置表的制作原理

每一个商品都应给予一个相对稳定的空间,既要考虑该商品在商品结构中的地位,又要考虑商品配置会影响商品的销售效果,同时也应注意商品的关联性配置对销售效率的影响。制作商品配置表最重要的依据是商品的基本特征及其潜在的获利能力。应考虑的因素为:

①周转率。高周转率的商品一般都是顾客要寻找的必需的商品,其位置应放在商品配置图较明显的位置,尤其要与低周转率的商品有关系。

②毛利。毛利高的商品通常也是高单价的商品,其位置应放在较明显的位置。

③单价。高单价商品的毛利可能高也可能低;高单价又高毛利的商品应放在明显位置。

④需求程度。在非重点商品中,具有高需求、高冲动性、随机性需求特征的商品,一般陈列在明显位置。销售力越强的必需品,给顾客的视觉效果应越好。其主要能见因素为:顾客的视线移动,一般由左到右;视线焦点一般在视线水平的商品;不容易注意到最底层商品。

⑤空间分配。运用高需求或高周转商品来拉顾客的视线焦点,纵横贯穿整个商品配置图;避免将高需求商品放在视线第一焦点,除非该商品具有高毛利的特性;高毛利且具有较强销售潜力的商品,应摆在主要视线焦点区内;潜在的销售业绩越大的商品,就应该给予最多的排面。

10.2.2 商品配置表的制作权责

商品配置表可以分为商品平面配置图和商品立体陈列表,具体包括:货架决定、卖场内各类商品的部门配置、各部门所占面积的划分、商品价格、商品排面数、最小订货单位、商品空间位置、商品品项构成等决定以及实际陈列和配置表的印制。主要由采购人员来主导,其他部门充分配合。各种权责工作具体如表10.1所示。

表10.1 商品配置表的制作权责分配表

人员 / 作业项目	采购人员	采购部门	营业部	企划部	开发部	总经理
货架决定	△	□	→	→	→	○
部门配置	△	□→	→	→	→	○
商品价格	△	○				√
商品排面数	○					
最小订货单位	○					
商品位置配置	△	○				
商品品项构成	△	○	→		→	√
实际陈列作业	☆		☆			

(符号说明:△提案;√核准;□复核;○决定;→审查;☆执行)

10.2.3 商品配置图的制作程序

步骤一,根据商圈调查及消费者的需求,来确定店铺的最佳经营范围,即对商品的构成予以确定。

步骤二,根据营业面积分配大类商品的经营配置图。

步骤三,将部门中的每一个中分类安排到中分类的配置表中。

步骤四,收集中分类中可能经营的单品品项,并将商圈调查及顾客需求作为商品选择的依据。

步骤五,确定了商品品项后,根据市场调查得来的商品畅销度和附近竞争店的商品结构作一个综合比较,初步形成商品配置的设想。

步骤六,将初步设想落实到货架上去,实地绘制商品配置表。

步骤七,将商品配置表落实到店铺经营中去,按表执行商品的上架陈列。

步骤八,按照实际的经营状况,可对商品配置表进行变更或修正。

步骤九,对商品配置表进行定期修正、调整。已进入正常经营店铺的商品配置也不能一成不变地执行下去,要根据经营状况定期一个月一个季度变动一次,一年大变动一次。这样才能确保店铺具有活力,增加店铺的新鲜感。

总体来说,店铺内有效、合理的商品陈列离不开全面、标准的商品配置表的指导。

10.3 商品配置表的修正

任何一家新开的超市,商品配置并不是永久不变的,必须根据市场和商品的变化作出调整,这种调整就是对原来的商品配置表进行修正。商品配置表的修正一般是固定在一定的时间来进行,可以是一个月、一个季度修正一次,但不宜随意进行修正,因为随意进行修正会出现商品配置凌乱和不易控制的现象。商品配置表的修正可按如下程序进行:

1)统计商品的销售情况

连锁企业必须对下属门店每月商品的销售情况进行统计分析,现代连锁企业都配备 POS 系统,它会根据商品的进货量和库存量很快统计出商品的销售情况。统计的目的是要找出哪些商品是畅销商品,哪些商品是滞销商品。

2)滞销商品的淘汰

经销售统计可确定出滞销商品,但商品的滞销原因很多,可能是商品质量问题,也可能是商品的定价不当、商品陈列的位置不理想,或是受销售淡季的影响,更有可能是某些供应商的促销配合不好等原因。当商品滞销的真正原因弄清楚以后,要确定该滞销的情况是否可能改善,如无法进行改善就必须坚决淘汰,不能让滞销品占住货架而产生不出效益。

3)畅销商品的调整和新商品的导入

对畅销商品的调整,一是适当增加其陈列的排面;二是调整其卖场位置及在货架上的段位。对由于淘汰滞销商品而空出的货架排面,连锁企业应导入新商品,以保证货架陈列的充实量。

4)商品配置表的最后修正

在确定了滞销商品的淘汰、畅销商品的调整和新商品的导入之后,这些修正必须以新的商品配置表的制订来完成。修改一品项有时可能会牵动整个货架陈列的修改,但为维持连锁企业好的商品结构,虽然烦琐也得做,这是不可避免的。有些连锁店经营时间已久,商圈人口、交通、竞争情形都发生了变化,这时必须大幅度地修改商品配置表,甚至连部门配置都要改。而新的商品配置表的下发,就是连锁企业各门店进行商品调整的依据。

单元测试

一、团队讨论题

以"校园小超市有没有必要编制商品配置表"为题,结合所学知识,以学习小组为单位展开充分讨论,并给出"有必要"或"没有必要"的理由。

二、简答题

1.商品配置表定义是什么?商品配置表的管理功能有哪些?
2.商品配置表的制作与修正的一般程序是什么?

三、知识拓展题

结合所学知识,以学习小组为单位总结出商品配置表制作的关键要领。

学习单元 11　　连锁门店卖场商品陈列

学习目标

了解商品陈列的基本要求;掌握商品陈列的八大原则,商品陈列的常用方法、基本技巧。

学习内容

商品陈列要求、原则、方法、技巧。

学习重点

商品陈列原则、方法与技巧。

教学方法和建议

● 通过任务驱动法、案例引导法、团队讨论法等实施教学;

● 本学习单元可下达一个学习任务即"商品陈列分析与修正",并结合相关实践案例组织学生充分讨论;

● 教学过程中工作任务按"六步法"组织教学,方案的制订与实施,体现以学生为主体,教师进行适当讲解,并进行引导、监督、评估;

● 教师提前准备好各种媒体学习资料、任务单、教学课件,并准备好教学场地和设备。

学习任务

以学习小组为单位,选择 2~3 家你所熟悉的连锁门店,采集商品陈列的图片,并在课堂上作交流并分享心得。

案例导入

超市发:奥运主题陈列吸眼球

北京奥运是 2008 年全世界最关注的焦点,这一刻,是中国向世界展示自己的绝好机会。作为零售行业中的商品陈列设计恰恰是一种展示行为。为了迎接奥运，各家零售门店都盘点了自己的家底，从人员服务到门店管理都做了充足的准备，对于门店中细节管理方面的商品陈列，各商家更是八仙过海、各出心裁，门店商品陈列设计也更加到位、更加精美，陈列设计在这时已远不止于商业展示，还在为人们传达一种精神，一种文化。为此，本刊记者亲临门店，将其精华提取出来，供业内人士参考、借鉴。超市发玉泉路店的奥运主题陈列如下（图 11.1）：

抓住顾客：黄金地段陈列

在零售门店中，入口和收银处被定为商品销售的"黄金地段"，奥运期间，超市发玉泉路店把这两处地段均让位于奥运商品的陈列。

根据该店入口处与收银处在一条水平线上的卖场布局特点，"燕京啤酒""奥运特许商品""伊利奶制品""北京特产商品"的大型堆头，均陈列在了这条"黄金线"上，无论是进店的顾客还是结账的顾客都必须从它们的身边经过。

图 11.1　超市发奥运商品主题陈列

当顾客乘电梯走上二楼时，首先会看到该店为在奥运期间结婚的人们准备的床上用品专区，该区的斜对面是糖果专区。这种大陈和专区形式的陈列使整个卖场的主题分外突出，时刻提醒顾客在这段时间内该店的营销重点。

感染顾客：氛围塑造浓厚

对于零售门店而言，色彩在打动顾客方面有它独有的优势。超市发玉泉路店是一家善于运用色彩和灯光烘托卖场氛围的门店。在平时，该店以绿色作为卖场的基色，奥运期间，该店在坚持绿色为卖场基色的同时，又合理地组合了红色和黄色这两种原色。因为绿色为间色（即第二色），所以当原色与间色组合在一起的时候，就起到了在和谐中突出的效果。比如入口处"啤酒节"的大陈，背板的绿色占了 90%，且有柳条、冰块的暗影作为修饰。背板上"冰爽"两旁"啤酒节"的字体底色为红色，而字为黄色，啤酒罐图案突出于背板，加之灯光的衬托，使整个背板看上去清爽、动感，而这样的背景又直接服务于商品的陈列。

而在"北京特产区"和"糖果区"，除了字的颜色为黑色或黄色外，主题色则为红色，在灯光的衬托下，这种节日色彩把整个专区烘托得喜气洋洋，一派浓烈的节日气象，直接地刺激着消费者的感官。

为了增加节日气氛，"北京特产区"里"北京特产荟萃"6 个字的广告板被做成了具有中国元素的"红灯笼"的形状；在"糖果区"里，"甜蜜蜜"3 个字的底板被包装成了"糖果"的形状;伊利奶制品更是别出心裁,把大陈做成了"鸟巢"的形状,"鸟巢"里面的商品上还摆放着体育运动员们的各种动作造型,让人一看,就觉得新颖。

在色彩、灯光、造型的组合作用下,顾客会跟着这种卖场氛围走到陈列柜前,走进专卖区里,去选购自己喜欢的商品。

打动顾客:精美陈列达成购买

如果说色彩、灯光、造型都只是"绿叶",那么,陈列就是这些"绿叶"中的一朵"红花",也就是商品展示的核心。超市发玉泉路店的商品陈列大部分采用堆头式陈列。堆头式陈列的优点一是便于调整、便于组合,二是四周无遮无拦,便于顾客选购。

在"啤酒节""北京特产"的专区里,该店都是把几辆红色花车拼在一起,组成了一个大型堆头,花车上或者把商品平铺或者把商品根据不同颜色分别陈列出梯形、矩形,使整个堆头上的商品呈现出立体感,顾客站在任何一个位置都可以对所有商品一览无余。

在糖果区里,该店采取了堆头陈列、靠墙端架组合式陈列,以充分体现出商品丰富的量感,走进糖果区,顾客会感觉到置身于一间糖果屋中,其中丰富的糖果品类足以满足顾客的各类需求。

奥运特许商品则采用专柜陈列的形式,灯光打在商品上,其质感和贵重感都表露无疑。

随着人们生活水平的提高,人们正在趋向一种艺术性的生活,而陈列在零售卖场中也早已成为一门艺术。在商品同质化严重的今天,艺术性的陈列更能打动顾客。

(资料来源:超市周刊,2008-07-30.)

问题思考:
连锁门店商品陈列方法与技巧有哪些?

商品陈列是指以产品为主体,采用一定艺术方法和技巧,借助一定的道具,将产品按销售者的经营思想与要求,有规律地摆设、展示,以方便顾客购买,提高销售效率的重要手段。

11.1 商品陈列需考虑的基本因素

11.1.1 价格

商品陈列时应依照售价的高低顺序来陈列,并形成顾客容易辨别的价格带。

按照客流方向,所陈列的商品依次形成从低到高的价格带;按照从上到下的顺序,同系列商品,依次形成从低到高的价格带。

11.1.2 包装与规格

陈列方式为上小下大,上轻下重,上组下箱。垂直陈列时,将同一商品上下排列整齐,清楚呈现,使排面美观。

11.1.3 颜色

以颜色区分形成色带来吸引顾客视觉,使顾客停留并购买。

11.1.4 吸引力

充分将现有商品集中堆放以凸显气势;正确贴上价格标签;完成陈列工作后,故意拿掉几件商品,一来方便顾客取货,二来造成商品销售良好的迹象;陈列时将本企业商品与其他品牌的产品明显地区分开来;配合空间陈列,充分利用广告宣传品吸引顾客的注意;可以运用整堆不规则的陈列法,既可以节省陈列时间,也可以产生特价优惠的意味。

11.1.5 稳定性

商品陈列在于帮助销售而不是进行"特技表演"。在做"堆码展示"时,既要考虑一个可以保持吸引力的位置,也要考虑到堆放的稳定性。在做"箱式堆码"展示时,应把打开的箱子摆放在一个平稳的位置上,更换空箱从最上层开始,以确保安全。

11.2 商品陈列的原则

11.2.1 显而易见原则

要使顾客一眼能看到商品并且看清商品,必须注意陈列商品的位置、高度、商品与顾客之间的距离以及商品陈列的方式等。要做到商品陈列使顾客显而易见,就必须符合以下要求:

①所陈列的商品要保持将商品的"正面"呈现给顾客。

②每一种商品不能被其他商品挡住视线。

③商品价签与商品相对应,位置正确。

④商品摆放要从左到右,标价签固定在第一件商品左下端,作为商品位置起点标记和隔邻商品的分界线。

⑤标识必须填写清楚,产地名称不能用简称,以免顾客不清楚。

⑥货架下层不易看清的陈列商品,可采用倾斜陈列。

⑦颜色相近的商品陈列时应注意色带色差区分。

⑧陈列器具、装饰品以及商品 POP 不要影响店内购物顾客的视线,也不要影响店内照明光线。

11.2.2 容易挑选原则

连锁企业经营的商品品种越来越多,如何给顾客带来方便,如何使得顾客很容易地判断什么商品在什么部位,是商品陈列时首先要解决的问题,这就要求我们在陈列商品时,必须做到以下几点:

①按照适当的商品分类进行商品陈列。

②同类商品按照其花样、颜色、尺寸的不同进行分开陈列,方便顾客进行有比较性选择。

③商品陈列的价格标签、商品 POP 牌摆放要正确,要明确显示商品的价格、规格、产地、用途等。

④特价陈列时,必须利用特价标签等标志其与原价的区别处。

11.2.3 易于判断的原则

易于判断原则即分区分定位原则,它要求每一类、每一项商品都必须有一个相对固定的陈列位置,商品一经配置后,其陈列的位置和陈列面就很少变动,除非因某种营销目的,而修正配置图表。这既是为了商品陈列标准化,也是为了便于顾客选购商品。应注意以下两个方面:①设置各商品品类的标志牌,且标志应与其商品品类相符;②商店醒目位置标志店内商品的分布图,并根据商品的变化及时修改。

11.2.4 丰满陈列原则

图 11.2 丰满陈列

丰满陈列可以给顾客商品丰富的好印象,既吸引顾客注意力,又可以减少内仓库存,加速商品周转,如图 11.2 所示。如货架不丰满陈列,对顾客来说是商品自己的表现力降低了。据美国的心理学调查显示:陈列丰满的超市比不丰富的超市销售额平均增长 24%,因此,保持商品陈列的丰满,可以尽可能地提高商品的销售率。为保障丰满陈列的原则,需要做到以下 3 点:

①货架每一格至少陈列 3 个品种,以

保证其量感。

②避免使顾客看到货架层板及货架后面的背板。

③确定每种商品的安全库存,低于其安全库存时应及时补货。

11.2.5 伸手可取原则

商品陈列要让顾客能够自由方便地选择、拿取商品,否则会影响顾客挑选的兴趣。贯彻商品陈列伸手可取原则,需做到以下几点:

①注意商品陈列的高度。货架上陈列的商品与上方层板至少应保持 5 cm 的距离,以便于顾客的手能伸进去取放商品。

②考虑到顾客的身高,商品陈列时不要把商品放在顾客无法拿到的位置。

③货架上瓶装商品陈列时,不能叠放得太高,以方便顾客取放商品,并兼顾到其商品的安全性。

11.2.6 货架位置的区分及货架各段位陈列商品的原则

1)货架位置的区分

①货架高层:推荐品、需培养的商品、小商品、利益商品。

②眼睛平视层:高利润高销售商品,自有品牌、独家商品,差别化商品,高价位商品,育成商品。

③伸手高度层:低利润商品、补充商品、衰退期商品。

④货架底层:体积大、重量重、毛利较低、高周转率商品,如图 11.3 所示。

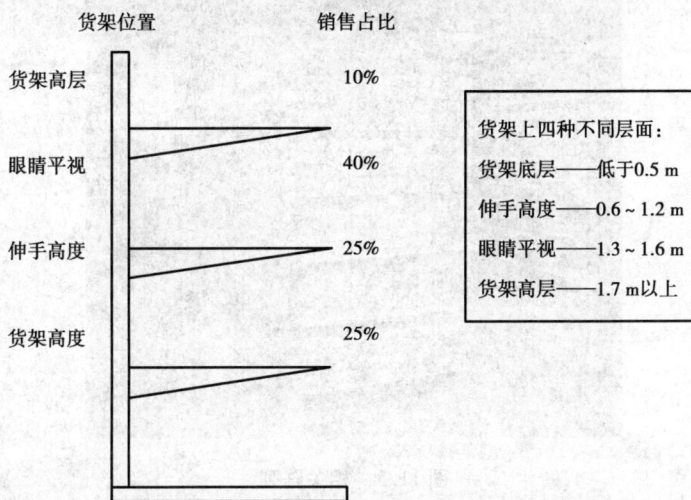

图 11.3 货架位置区分

2) 货架区各段位陈列商品的原则

图11.4　商品纵向陈列

（1）纵向陈列原则

敞开式销售方式的兴起,使得连锁商店内相当一部分商品运用货架进行陈列,这就要求货架上同类的不同品种商品做到垂直陈列,而避免横式陈列。同类商品垂直陈列的好处是:第一,人的视线上下移动方便,垂直陈列会使同类商品呈一个直线式的系列,体现商品的丰富感,会起到很强的促销效果。第二,同类商品垂直陈列会使得同类商品平均享受到货架上各个不同段位(上段、黄金段、中段、下段)的销售利益,而不至于使同一商品或同一品牌商品都处于一个段位上,提高或降低其他类别的商品所应承担或享受的货架段位的平均销售利益,如图11.4所示。在进行商品纵向陈列时特别注意以下两点:①相同品类的商品纵向陈列,让每个商品平均享受到货架上各个不同段位的销售;②相同品牌的系列商品进行纵向陈列。

（2）关联性原则

运用格子式货架布局的连锁商店,相当强调商品之间的关联性。关联性商品,应陈列在通道的两侧,或陈列在同一通道、同一方向、同一侧的不同组货架上,而不应陈列在同一组双面货架的两侧,如图11.5所示。

图11.5　相关陈列

另外,把不同分类但有互补作用的商品陈列在一起,也体现了关联性陈列的原则。其目的是,使顾客在购买商品 A 后,也顺便购买陈列在旁边的商品 B 或 C。例如,在连锁超市中陈列的肥皂旁边也可同时陈列肥皂盒等。关联陈列法可以使得门店卖场的整体陈列活性化,同时也大大增加了顾客购买商品的卖点数。关联陈列的商品之间必须有很强的关联性和互补性,要充分体现商品消费者使用或消费时的连带性。如消费者使用录音机也必须要使用录音带。关联陈列要打破商品分类之间的区别,要尽可能再现消费者在生活中的原型。如浴衣服装类,可以与洗澡的用具和用品陈列在一起,因为这正是消费者生活的原型。

(3)先进先出的原则

商品在货架上陈列的先进先出,是保持商品品质和提高商品周转率的重要控制手段,对于运用敞开式销售方式的连锁商店应该尤为重视这个要求。商品陈列时体现先进先出原则应做到以下几点要求:①将原先的陈列商品取下后擦净货架;②检查保质期,将过期商品清理下架;③将新补充的商品放在货架的后排,原先的陈列商品放在前排;④每两个星期须清理一次所陈列的商品,将先出厂的产品放在外面。

11.3　商品陈列的方法

在潮流的推动下,大多零售业都采用开放式货架,以消费者自己的喜好去选择商品。因此,如何使门店销售的商品凸现出来,使消费者在短暂的购物时间中去注意它,进而购买它,这便要依赖良好的陈列方法与技巧了。

11.3.1　纸箱陈列

方法:将进货用的纸箱按一定的深度进行裁剪,然后将商品放入其中陈列。

陈列的商品:	陈列效果:
• 广为人知,深受消费者欢迎的品牌。 • 预计可廉价大量销售的商品。 • 中、大型商品。 • 裸露陈列,难以往高堆积的商品。	• 价格低廉的形象易被传扬出去。 • 给顾客一种亲切感、易接近感。 • 量感突出,易补充、撤收商品。 • 节省陈列操作的人力、物力。 • 可布置成直线、V型、U型等。

11.3.2　突出陈列

方法:超过通常的陈列线,面向通道突出陈列。

陈列的商品：
• 新产品、推销过程中的商品、廉价商品等希望特别引起顾客注意、提高其回转率的商品。
• 冷藏商品应尽量避免选用此种陈列方法。

陈列效果：
• 商品的露出度提高，增加商品出现在顾客视野中的频率。
• 突出商品的廉价性、丰富感，可实行单品量贩。
• 可布置成直线、V型、U型等

11.3.3　投入式陈列

　　方法：这种陈列方法给人一种仿佛是将商品陈列筐中一样的感觉。

陈列的商品：
• 中、小型商品，一个一个进行陈列处理很费工夫的商品。
• 商品本身及其价格已广为人知的商品。
• 嗜好性、简便性较高的商品。
• 低价格、低毛利的商品。

陈列效果：
• 商品不易变形、损伤。
• 价格低廉的形象易被传扬出去。
• 即使陈列量较少也易给人留下深刻印象。
• 可成为卖场或某类商品销售区的焦点。
• 陈列时间短、操作简单。
• 陈列位置易变更，商品易撤收。
• 可布置成直线、V型、U型等。

11.3.4　线状陈列

　　方法：将商品陈列成线形的陈列。

陈列的商品：
• 罐装饮料等筒型、长方形的商品。
• 小型、中型商品，轻量商品。

陈列效果：
• 所陈列商品的效果显著提高。
• 方便补充商品、修改陈列形状。

11.3.5　瀑布式陈列

　　方法：此种陈列方法给顾客一种仿佛瀑布下流的感觉。

陈列的商品：
• 圆形细长的商品。
• 预计可单品大量销售的商品。

陈列效果：
• 易突出季节感、鲜度感，并使商品看上去就给人一种味道鲜美的感觉。
• 以裸露陈列为中心，易给顾客一种廉价感。

11.3.6　翼型陈列

方法:在平台的两侧陈列关联商品。

陈列的商品:	陈列效果:
•通过平台进行销售的商品和相关联商品。 •通过特卖销售的少量剩余商品。	•商品的露出度提高,增加商品出现在顾客视野中的频率。 •突出商品的廉价性、丰富性,并使店铺给顾客一种非常热闹的感觉。 •可实行单品量贩。

11.3.7　阶梯式陈列

方法:将箱装商品、罐装商品堆积成阶梯状(3层以上)的陈列。

陈列的商品:	陈列效果:
•箱装、罐装堆积起来也不会变形的商品。	•易产生感染力。 •易使顾客产生既廉价又有高级感的印象。 •在陈列上节省工夫。 •不仅可用在货架端头,还可用在货架内部。

11.3.8　层叠堆积陈列

方法:将商品层叠堆积的陈列。

陈列的商品:	陈列效果:
•罐装等可层叠堆积的筒状、箱装商品。 •中、大型商品,具有稳定感的商品。	•使商品的陈列量不大,也可给人一种量感。 •可在保持安全感的同时将商品往高陈列。 •可突出商品的廉价性及高级感。

11.3.9　搬运容器陈列

方法:直接利用容器进行陈列。

陈列的商品：	陈列效果：
• 价格广为人知的商品。 • 可以直接用搬运容器陈列的商品。 • 预计商品回转率较高的商品。	• 陈列作业上节省人力、物力。 • 方便商品种类数的管理。 • 易突出廉价感。

11.3.10 扩张陈列

方法：超出一般的陈列线，向前延伸陈列商品的方法。

陈列的商品：	陈列效果：
• 新产品、重点商品、特卖品等希望引起顾客特别注意的商品，小、中型商品。 • 希望加深顾客印象并为顾客提供制作菜谱的商品。	• 提高商品注视度。 • 使陈列商品易被识别。

11.3.11 挂式陈列

方法：将小商品用挂钩吊挂起来的陈列。

陈列的商品：	陈列效果：
• 小、中型轻量商品。 • 往常规货架上很难实施立体陈列的商品。 • 多尺寸、多颜色、多形状的商品。	• 商品易被顾客找到。 • 比较容易购买。 • 修改陈列方便。

11.3.12 货车陈列

方法：用带滑轮的货车进行陈列。

陈列的商品：	陈列效果：
• 大中型商品。 • 重量商品。 • 预计可单品大量销售的廉价商品。 • 具有稳定感的商品。	• 可突出商品的廉价性。 • 属可动式陈列，可使陈列更加及时。 • 操作上节省人力物力。 • 排列的位置可随意改变。

11.3.13 交叉堆积陈列

方法：一层一层使商品相互交叉堆积的陈列。

陈列的商品:	陈列效果:
•中大型商品，放入箱、袋、托盘中的商品。 •预计毛利低，回转率、销售额高的商品。 •希望充分发挥展示效果的商品。 •陈列量的商品。	•商品的露出度提高。 •增加感染力。 •具有稳定感。

11.3.14 空间陈列

方法:利用展柜、货架上方等通常情况下不使用的空间进行陈列。

陈列的商品:	陈列效果:
•具有一定关联性的非冷商品。 •中、小型商品，在陈列上具有稳定感的商品。 •能够提高店铺形象的商品。	•商品的效果可显著提高。 •可提高店铺的整体形象。 •提高顾客对货架、展柜的靠近率。 •易向顾客传达信息。

11.3.15 墙面陈列

方法:用墙壁及墙壁状陈列台进行陈列。

陈列的商品:	陈列效果:
•葡萄酒等瓶装商品。 •可吊挂陈列的商品，中、小型商品。	•可有效地突出商品。 •商品的露出度提高。

11.3.16 样品陈列

方法:让顾客观看、触摸的陈列。

陈列的商品:	陈列效果:
•不易变味腐烂的商品。 •颜色、形状、容量易理解的商品。 •通过陈列，商品的价格易传扬的商品。	•有效地突出商品。 •鲜度、味美感可直接通过视觉传达给顾客。

11.3.17 斜型陈列

方法:将商品相对着陈列台斜陈列。

陈列的商品：
• 高额商品。
• 推销商品、畅销商品。
• 陈列量小的商品。

陈列效果：
• 商品的注视率提高。
• 即使商品的陈列量小，也会提高商品的存在感。

11.3.18 扇型陈列

方法：接近半圆形的陈列方法。

陈列的商品：
• 陈列量较少的商品。
• 预计商品的回转率不会很高的商品。
• 希望主要通过陈列效果促进销售的商品。

陈列效果：
• 突出商品的高级感、鲜度感。
• 即使商品的陈列量不是很大，也会提高商品的存在感。
• 使顾客对商品的注视率提高。

11.3.19 箱型陈列

方法：往陈列柜中摆成三角形、四角形的陈列。

陈列的商品：
• 葡萄酒、果汁等瓶装商品。
• 小商品、在通常的货架中难以陈列的商品。
• 高价格、希望突出其高级感的商品。

陈列效果：
• 品种数量管理方便。
• 易突出高级感。
• 使顾客对商品的注视率提高。

11.3.20 在库陈列

方法：在卖场内设置库存的陈列。

陈列的商品：
• 补充用的常规商品。

陈列效果：
• 提高补充作业的效率，容易确认库存情况。

11.4 商品陈列的技巧

11.4.1 一般商品的陈列技巧

陈列的技巧就是要根据陈列目的选择适合的陈列方式。从顾客的角度出发，要便于引导顾客选购商品;从店铺的角度出发,要使店铺经营者省时省力地销售等。

1)分类陈列

分类陈列指先按商品的大类划分,然后在每一大类中,再按商品的价格、档次、产地、品质等不同分类方法,进行二次划分。分类陈列方法便于顾客集中挑选、比较,也有利于反映商店经营特色,适应大多数顾客的一般购物心理,特别是理性认识占主导的顾客。但感性认识占主导的顾客站在大量同类商品面前,往往有"挑花眼的感觉"。

2)敞开陈列

敞开陈列指商店采用自选售货形式。顾客可以直接从敞开展示的商品中,选择所需购买的商品。这是一种现代的无柜台售货形式,把陈列与销售合二为一。商品全部悬挂或摆放在货架和柜台上,顾客不需反复询问,便可自由挑选。这种方式既方便顾客,使其感到自然和随意,又容易激发顾客的购买情趣。

3)专题陈列

专题陈列即主题陈列,是结合某一特定事件、时间或节日,集中陈列展示应时适销的连带性商品。这种陈列方式针对普通顾客即时购买心理,大多能形成某种商品的购物热潮。但这种陈列形式必须突出"专题"或"主题",且不宜搞得过多、过宽,否则容易引起顾客的反感,认为商店是在搞"借机甩卖",造成顾客的逆反心理。

4)季节陈列

季节陈列指根据气候、季节变化,把应季商品集中起来搞即时陈列。这是经营季节性商品的商店或部门最常用的方式。四季服装经营、夏季纳凉商品、冬季御寒商品等季节性特征突出的商品一般采用这种陈列方法,它主要是适应顾客应季购买的习惯心理。在我国,季节商品陈列销售中,儿童和青少年的穿着类商品最具特殊意义,因为少年儿童成长较快,隔年甚至隔季的服装、鞋帽大多不能再穿用,对于大多数独生子女家庭来说,又无弟妹可以接着穿或换穿,所以每逢换季,商店搞好少年儿童商品的季节陈列展销都能收到较好的效果。

11.4.2 生鲜商品的陈列技巧

1）果菜陈列

（1）圆积型

图 11.6　圆积型

圆积型常用于柚、苹果等圆形的水果、高丽菜、莴苣等蔬菜的陈列。陈列方法如图 11.6 所示：首先要决定底面最下层的前面部分，接下来排边面，然后排中央面第一层的部分。第二层要排在第一层商品与商品的中心点。接下来再排第三层、第四层。

（2）圆排型

在并排或堆积圆形的蔬菜和水果时，可用隔物板等来支撑邻接的商品，将容易松垮的圆形叠成不容易松垮的形态。凤梨、莴苣、高丽菜等常采用此种陈列形态，但务必记住凤梨的叶子要朝内侧，高丽菜的叶子、莴苣的芯要朝下。

陈列方法如图 11.7 所示。排好前面的部分，决定底面的第一层。因为有隔物板等来固定边面，所以商品与商品之间不要留有空隙。

图 11.7　圆排型

（3）茎排型

将葱等长形的果菜朝一定的方向排列时，边面的地方就会形成一条直线。这种陈列称为"茎排型"。

陈列方法如图11.8所示。决定了果菜的根或叶子的排列方向后,就可以整齐紧密地堆起来。圆积型陈列时要注意让商品互相重叠。边面的部分若摆得整齐,商品就可保持一定的长度。

图11.8　茎排型

(4)格子型

葱、红萝卜等长形的商品或装入袋子里的商品,彼此交错组叠成类似格子的陈列,称为"格子型"。

陈列方法如图11.9所示。先决定第一层商品的排列方向,然后陈列底面的部分,接着排前面和边面的部分。排第二层的商品时,要与第一层的商品保持直角,形成格子状。红萝卜,要将根或叶子的部分保持一定的方向,交互堆积成格子状或"井"字状。

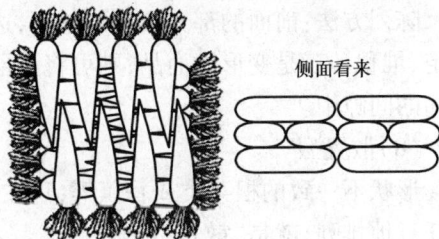

侧面看来

图11.9　格子型

(5)段积型

这是商品陈列完成后,顶面的线会呈现阶梯状的一种陈列形态。可用来陈列包装品或装入纸盒的商品以及零散的、形状较固定的果菜。

陈列方法如图11.10所示。决定好前面和底面后,接着排中央面的部分,做好第一层的陈列。陈列第二层的商品时,要比第一层的商品后退约1个或1/2个,从前面的部分陈列起,随着商品软硬程度的不同,第二层以上的位置也会随着改变。

(6)投入型

比较小的果菜(如高丽菜心、红辣椒等)或形状不一致的果菜(如四季豆、豆芽菜等),利用容器或隔物板将前面及边面固定后,就可将此类商品任意地投入,这种陈列形态就是"投入型"。陈列的顺序及不容易松散的方法:以隔物板来固定周围,可将商品堆放到不会掉出的高度为止。四季豆等比较长的变形果菜,多装入一

图 11.10　段积型

些也不容易松散。

（7）堆积型

将包装过的商品、袋装的商品、变形的商品、长型的商品等非圆形的商品先排好前面和边面的部分，然后往上堆到一定的高度，即为堆积型陈列。

陈列方法：前面的部分要排列整齐，边面的部分则可利用隔物板或商品本身来固定、堆积。若是变形的商品，则可将上层的商品摆在下层商品本身的凹处或商品之间的间隙中。

（8）散置型

形状不一致的根菜类或香蕉等，只在前面和底面的部分排列整齐，中央面的部分任意地排列，就是"散置型"陈列。

陈列方法如图11.11所示。先在底面的前面部分排好商品，接着再排边面的部分。在陈列第二、第三层时，前面和边面的部分都要注意使商品的面排列整齐。中央面的部分，不论在上段或底面，没必要留出空间，就可任意堆积。

图 11.11　散置型

（9）搭配型

搭配型即利用两种以上的商品来提高对比色彩的效果，以特殊的组合方式来加以陈列的形态。所谓对比色彩的效果，指的是将两种以上的颜色互相调和，让彼此的色彩能显得更鲜明、更引人注目。

陈列方法：根据目的来决定商品的配置和每种商品的最佳陈列形态。从前面的部分开始检查是否按计划陈列出特殊的效果。也可利用隔物板来达到边面的整齐排列。

（10）组合型

组合型即将同系统的品种组合起来制造一个卖场。一般多用于陈列水果和根菜类。若要造成大量陈列的效果，可将 2～3 个展示平台组合起来陈列。如同一系统而品种很多的水果（如苹果）就可采用此种大型的陈列方式。

陈列方法：同一系统有两种以上商品的颜色与形状不同时，首先要决定配置的顺序。从前面和边面排列起，接着再填好中央面，以配合每个品种的陈列形态，继续往上堆高。

2）肉品陈列

肉品种类很多，食用的肉品主要有猪肉、牛肉及鸡肉、鸭肉 4 种。不过，每个人对肉品的喜爱会随着地域与供需的不同而有相当大的差异。

肉品的陈列仍要遵守系列化原则，体积大且重的商品要置于下层，以使顾客易选、易拿、易看，并应按家禽、猪肉、牛羊肉三大类来陈列，其陈列方式如下：

（1）家禽类

家禽类的单品计有 36 种之多，以 3 m 的展示柜而言，其底层以陈列体积大、较重的全鸡及全鸭为主，如全土鸡、半土鸡、乌骨鸡、全仿土鸡、半肉鸡、土生鸭 6 种单品。第二层则以切块或切半的鸡、鸭为主，如土鸡八块、土鸡大腿、肉鸡八块、肉鸡大腿、鸡腿排、乌骨鸡、乌骨八块、土生鸭八块及 1/4 土生鸭 9 种单品。第三层则陈列小部位肉品：翅小腿、三节翅、二节翅、鸡里脊、鸡胸肉、鸡胸骨、鸭翅、火鸡腿、火鸡翅及鸡肉丝等 12 种单品。最上层则以陈列包装量小的内脏为主，如鸡肝、鸡肫、鸡肠、鸡脚、鸭掌、鸭心、鸭肫、鸭肠、鸭血 9 种单品。

（2）猪肉

猪肉经商品化处理后的单品有 42 种之多，因我国民众较喜爱猪肉，因此其陈列面要比家禽类宽。一般用 3.6 m 长的展示柜来陈列较能促进其销售。其中猪肉火锅片及梅花肉片属于火锅类，与牛肉火锅片及羊肉火锅片并排陈列较为合适，其他的单品则依陈列原则来摆设。底层陈列龙骨、大骨、小骨、猪肉丝、绞肉、猪小排、前腿红烧肉块、后腿红烧肉块 8 项单品；第二层陈列前腿肉、后腿肉、后腿猪排、五花肉片、五花扣肉、五花肉、猪肉丁等10项单品;第三层则陈列猪脚、小里脊、小里脊切块、里脊肉、里脊肉片、里脊猪排、猪耳等9项单品;最上层则陈列猪内脏类,如猪肝、猪血、猪心、猪腰、猪肚、猪大肠、猪小肠、粉肠、猪尾、蹄筋、大肠头、猪舌等13种单品。

(3)牛、羊肉类

牛、羊肉的单价比其他肉类高,但在生活品质日渐提高、消费日趋多样化的时代中,牛、羊肉的需求量显然有提高的空间,值得超市业者开拓,因此在陈列上就需多加留神,以开发新客源。以1.8 m长的展示柜为例,其下层可摆设火锅类的肉片,如猪肉火锅片、梅花肉片、牛肉火锅片、羊肉火锅片等单品;第二层则陈列红烧类的红烧牛腩块、红烧里肌、红烧牛肋块、长条牛腩、羊腱块、带骨羊肉块等单品;第三层则陈列牛排类,如纽约牛排、沙朗牛排、薄片牛排等单品;第四层则陈列牛腩、牛尾、毛肚、牛筋、牛腱肉、羊肉丝、牛肉丝7种单品。

3)水产陈列

随着经济的发展,居民收入水平不断提高,水产品由于其自身的富有不饱和脂肪酸的特点,也日益受到消费者的青睐。这类产品已成为超级市场中最具市场潜力的产品之一。超级市场中的水产品可以分三大类:新鲜的水产品、冷冻的水产品以及盐类水产品。新鲜的水产品又可以分为活着的水产品和非活着的水产品。不同类型的水产品其陈列方式各不相同。

(1)鲜活的水产品陈列法

活鱼、活虾、活蟹等水产品要以五色的玻璃水箱进行陈列,水中游的鱼虾常常备受消费者的喜爱,它们的价格明显高于死去的水产品。

(2)新鲜的非活着的水产品陈列法

新鲜的非活着的水产品指其死亡出水时间较短,新鲜度比较高的水产品。这种水产品一般用白色托盘或平面木板进行陈列。陈列时在水产品的周围撒上一些碎冰,以确保其质量和新鲜度。摆放时整鱼鱼头朝里,鱼肚向上,碎冰覆盖的部分不应超过鱼身长的1/2,不求整齐划一,但要有序,给人一种鱼在微动的感觉,以突出鱼的新鲜感。

(3)段、块、片鱼陈列法

一些形体较大的鱼无法以整鱼的形式来陈列,则可分段、块、片来陈列,以符合消费者的消费量。如北京某家超级市场出售的小型鲨鱼,就采取了这种陈列方法。对这种鱼,应该用白色深度托盘来陈列,盘底铺上3~5 cm厚的碎冰,冰上摆鱼。

(4)冷冻水产品陈列法

冷冻水产品食用时需要解冻,一般陈列在冷冻柜中。产品的外包装应该留有窗口,或者用透明的塑料纸包装,使消费者能够透过包装清楚地看到产品实体。冷柜一般应是敞口的,并连续制冷,以确保冷柜内必要的温度水平,如图11.12所示。

(5)盐干类水产品陈列法

盐干类水产品用食盐腌制过,短期不会变质。例如盐干贝类、壳类等。这类水产品应使用平台陈列,以突出其新鲜感。由于地域的差异,我国北方许多消费者不

图11.12　冷冻水产品陈列

习惯食用贝壳类水产品,因此超级市场应提供调味料,提供烹饪食谱,必要时还可以提供烹饪好的食物照片,以增加产品的销售。

单元测试

一、团队讨论题

一家便利店老板,进了一批酒瓶启子。虽然这种商品利润相对较高,但他原本并不想卖这个产品,可总是有人到店里来问,不能没有呀! 开始他将这些酒瓶启子放在一个角落里,有人问了,就指给别人看,卖得十分缓慢,他也不大在意。后来,酒瓶启子的业务员巡视终端,看见了该老板的陈列,给他出了个主意:你把酒瓶启子放在你出售的酒旁边试试,我敢保证你的酒瓶启子的销售量肯定会是以前的几倍,而且根本就不会占多少地方。该老板不信,但又觉得企业的业务员有些道理,试试又何妨。

分析讨论

请以学习小组为单位组织讨论,如果按业务员的办法进行陈列,其结果估计会如何? 并陈述理由。

二、简答题

1. 商品陈列的八大原则是什么? 商品陈列的常用方法有哪些?
2. 生鲜超市肉类商品如何陈列?

三、名称解释

显而易见原则　　丰满陈列原则　　关联陈列原则　　突出陈列　　挂式陈列
专题陈列

四、知识拓展题

请结合所学知识,以学习小组为单位收集整理其他零售业态如专卖店、百货店、便利店商品陈列的方法和技巧并在课堂上展示。

学习单元 12　连锁门店商品陈列的维护

学习目标

了解商品陈列的四大标准、基本规范与检查要点；掌握商品陈列维护的 5 个控制点。

学习内容

- 商品陈列的标准与检查要点；
- 缺货的控制、排面量、陈列道具、POP、销售时段。

学习重点

- 商品陈列的标准与检查要点；
- 缺货、销售时段的控制。

教学方法和建议

- 通过任务驱动、案例引导法教学法实施教学；
- 本学习单元学习前，可下达一个学习任务即"商品陈列的日常维护"并结合相关实践案例按"六步法"组织教学，教学过程中教学方案制订和实施体现以学生为主体，教师进行适当讲解，并进行引导、监督、评估；
- 教师应提前准备好各种媒体学习资料、任务单、教学课件，并准备好教学场地和设备。

学习任务

以学习小组为单位，结合上一学习单元所学知识，并将先前采集的商品陈列图片，在课堂上作交流并分享心得。

案例导入

卖场杀手——缺货

2003 年中国连锁协会(CCFA)与罗兰贝格咨询公司合作开展了一次中国商品缺货调查。该调查选择了国内 5 家大型的连锁企业,涉及 12 个大卖场、13 个快速消费品品类,在 14 天内对 2 000 个单品的货架缺货状况进行了扫描记录,结果显示:5 家企业的平均缺货率(OOS)在 10%左右。

同时,一项来自美国的研究也显示,OOS 每年带来 60 亿美元的销售损失,特别是一些动销快、消费者经常购买的日常商品缺货更加严重,其余那些消费者可以储备的商品相对好些。调查显示,缺货使消费者的满意度降低:

①31%的消费者会到别的商店购买同一个单品,直接造成了零售商的损失;

②26%的消费者会购买别的品牌的替代品,生产商的销售额因此受损;

③19%的消费者会购买同一品牌的不同规格商品,表面上生产商和零售商都保住了生意,但顾客的满意度有所降低;

④15%的消费者选择暂时不买此商品,于是零售商错失了销售良机;

⑤最糟糕的是,有 9%的消费者干脆什么都不买了。

问题思考:

连锁门店商品陈列与维护的标准?门店进行缺货与销售时段控制要点?

在零售市场竞争日趋激烈的今天,科学化管理是连锁企业生存的必要条件,目前国内较多的连锁企业的商品陈列还是以经验化管理为主。随着时间的变化,超市的商品陈列也随着超市店长的替换而变动,逐渐形成连锁企业的每一家门店都有自己的陈列"特色",货架管理没有一套规范性、统一性的管理方法。这不仅影响连锁企业的对外形象,更重要的是影响连锁企业内部的"软"管理,给连锁企业经营管理带来很大困难。因此,连锁门店应严格按照总部所要求的陈列规范与细则进行操作,以实现门店商品的陈列与维护。

12.1　商品陈列的标准

12.1.1　堆头陈列标准

1)堆头

堆头指超市中商品单独陈列所形成的商品陈列,有时是一个品牌产品单独陈列,有时会是几个品牌的组合堆头,如图12.1所示。一般都是放在花车上或箱式产品直接堆码在地上。供货商要向超市缴纳一定的费用才能申请到堆头,对于最佳的堆头地段,供货商需要通过激烈的竞争,付出最高价才能争取得到。

图12.1　堆头陈列标准图

2)堆头标准

①一个堆头原则上陈列一种单品,最多不超过两种,且价格低的商品陈列在最前面。

②堆头陈列的商品,其高度应在1.4 m左右。

③堆头要和前架对齐,主通道陈列的堆头应成一条直线。

④清仓、负毛利商品不宜作堆头商品陈列。

⑤堆头陈列的商品要有卡板(栈板)垫底,商品不能直接接触地面。

⑥堆头陈列的罐装商品码放不超过两层,纸箱正面朝上,两箱之间不能留空隙。

⑦堆头陈列的商品应以卡板尺寸为准,不能超出。

⑧堆头与堆头之间的距离要保留相当于一个卡板左右的尺度。

⑨DM商品必须有POP配合。

⑩整箱打底的商品要交叉码放,可以采用空箱的方法进行陈列。

⑪特卖商品是因货架销量满足不了顾客的需求而特别陈列为端架、堆头的商品。

⑫特卖商品是应季性强、货量充足、价格低、毛利高的商品。

12.1.2 货架陈列的标准

图 12.2 货架陈列标准

超市货架主要针对产品多、分类多而作出的特殊设计,在超市货架陈列的时候把产品的种类用通道空间进行隔断,超市货架陈列商品的目的就是要把商品布置得井井有条,使顾客一目了然,把商品信息最快地传递给顾客,以方便顾客进行选购商品,达到购买的目的。连锁门店在进行货架陈列时应遵循以下标准(图12.2):

①商品在货架上陈列必须符合商品分类的原则。

②商品在货架上的陈列必须与陈列图一致。

③任何一种商品在货架上都只能有一个陈列区域。

④商品陈列遵循先进先出的原则。

⑤商品陈列后必须安全。

⑥商品陈列的位置必须有正确的价格标志,且位置正确。

⑦所有货架上不得出现任何超过保质期的商品。

⑧货架上不得出现任何包装破损的商品或配件缺少、品质损坏商品。

⑨商品在货架上应是满货架陈列,数量充足。

⑩商品在货架上应保持干净、整齐、位置正确。

⑪所有缺货的商品应标出暂时缺货标签,保持空缺,不能用其他商品填充排面。

⑫货架两侧的端架顶不能放存货,只能以商品展示方式来陈列端架商品。

12.1.3 端架陈列的标准

端架是指货架两端的架子,特殊陈列的一种,主要用来陈列促销产品,能起到集中陈列、吸引顾客的目的。其陈列标准(图12.3):

①同一系列、同一品牌、同一价位的商品可以同时陈列在端架上。

②端架商品要与层板保持二指高的宽度,将多余的空间留在下层放存货商品,但端架底不能有开天窗现象。

图 12.3 端架陈列标准图

③端架陈列的商品原则上不超过两种单品,罐装商品码放不超过二层。
④端架陈列必须符合安全性的原则。

12.1.4　清仓陈列的标准

清仓陈列的商品:
①商品要集中陈列,并有清仓区域的标志。
②商品的价格必须与系统的价格一致。
③商品必须有明确的价格标志。
④过期、变质、包装破损的食品,被污染的卫生用品,不得清仓陈列。

12.2　商品陈列的日常维护与控制

12.2.1　商品陈列的基本规范与检查要点

1)商品陈列的基本规范

理货人员在进行商品陈列的日常维护中,需做到"4 个要点"和"8 条直线":

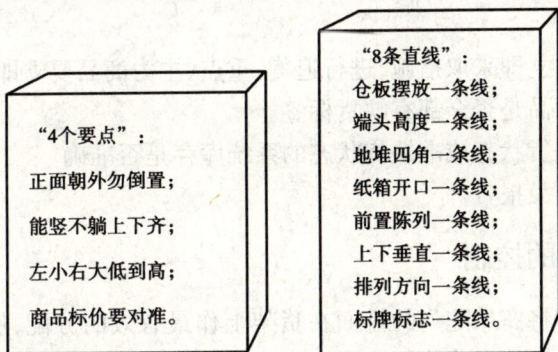

"4个要点":

正面朝外勿倒置;
能竖不躺上下齐;
左小右大低到高;
商品标价要对准。

"8条直线":

仓板摆放一条线;
端头高度一条线;
地堆四角一条线;
纸箱开口一条线;
前置陈列一条线;
上下垂直一条线;
排列方向一条线;
标牌标志一条线。

2)商品陈列的检查要点

①价格标签是否正面向着顾客,有无标价不明显的商品。
②商品有无被遮挡,无法"显而易见",是否做到取商品容易,放回也容易。
③商品上是否有灰尘或杂质。
④商品群和商品部门的区分是否正确。
⑤商品布局图是否正确、清楚。

⑥每一层商品与上层板之间是否留有一定的空隙。

⑦陈列区是否还有空位置。

⑧补货时是否将原有的商品先移出来。

12.2.2 缺货的控制

终端缺货是门店日常经营常常碰到的一个表象问题,但是其所引发的是连锁零售企业的内部运作问题。而缺货问题所引发的影响也无异于是一场商业流通行业的剧烈地震。缺货问题不仅仅是门店的理货人员的问题,它还和采购买手、门店店长、配送中心、财务甚至人事部都有关联,可以说"牵缺货而动整个企业"。而缺货还会直接影响顾客对于企业的信任,从而导致门店销售业绩的下降,长期的缺货,也会导致货架空间的浪费,间接增加成本。

连锁门店应注重对缺货的控制,门店店长在这方面还要加强对员工的专业培训,增加对商品陈列维护的认识,让他们真正了解实施商品陈列维护的重要性。门店对缺货的控制主要体现在以下几点:

①楼面管理层必须对所有正常商品的订货进行审核。

②楼面主管、经理必须对所有的缺货进行审核,确定是否为真正的缺货。

③查找缺货的原因。

④若重点商品缺货,对可以替代的类似商品补货充足或进行促销,以减少缺货带来的损失。

⑤对商品缺货立即采取措施,进行追货,重点、主力商品要立即补进货源。

⑥所有缺货商品是否全部有缺货标签。

⑦所有处于缺货状态或准缺货状态的系统库存是否准确。

⑧处理缺货商品报告。

12.2.3 排面量的控制

排面管理是指将商品陈列的排面在货架上作最有效的分配,然后在零售信息系统中以二维或三维的形式表现出来,并进行有效的分析。排面管理是现代大型连锁超市的一项基础性管理,它不仅是指维护排面的清洁、美观及饱满度,而且对我们的补货、标价签的规范上起到重要的作用。

货架上商品的排面量是每种商品在货架上横向陈列的数量,此数量是根据商品的销售情况来确定的,单一商品的销售占总销售的百分比是与该商品陈列面占全店货架面积的百分比相符的。只有这样才能够使畅销商品更醒目地呈现在顾客面前,并能保证畅销品不断货,有效地避免畅销品不断缺货、不断补货的弊病,而滞销品又能有效控制库存,充分利用货架,提高坪效(每平方米货架创造的效益),

为门店创造更高的利润。

12.2.4　陈列道具的控制

商品陈列的优劣决定着顾客对门店的第一印象,卖场的整体看上去整齐、美观是卖场陈列的基本思想。连锁企业总部所制订的商品配置表,往往能充分地将这些基本思想融入到货架、端头、平台等各种陈列用具的商品陈列中去,另外陈列柜、陈列台、柜台,这些陈列小道具和其他陈列用品,不仅使商品突出而对顾客具有吸引力,而且便于商品的管理和整理场地。由于陈列设备的配置决定店内的通道,因而门店对于陈列道具的控制也尤为重要。擅自增减陈列器具,同样会造成销售损失。因此,很好地利用陈列设备是非常重要的,门店在保证商品有效陈列的同时,必须加强对陈列道具的控制。在使用陈列用具时,必须注意下列各点:

①需要裸露陈列的商品,不能放在陈列柜里。

②陈列用具必须同商品的性质、形状、颜色相符合。

③商店进门的地方,不能摆太大陈列柜和高柜台,否则顾客就看不见商店内部。

④陈列柜等一般是放在商店里边,要留一条使顾客容易进入的通道。

⑤陈列用具不要单一,要有高、低、大、小等各种式样。

⑥陈列用具一定不要过多。

12.2.5　POP 的控制

通过视觉提供给顾客的视觉信息是非常重要的。顾客主要从陈列的商品上获得信息,除了陈列的高度、位置和排列之外,广告牌、POP 等提供的信息也非常重要,它往往给予顾客非常直接的感受。比如:这是特价商品;这是新商品;现在是特别的日子;这是我需要的商品;等等。因此,连锁企业各个门店在接到总部下达的指令后,应及时将总部设计的 POP 展示出来,迅速地将各类信息传递给顾客。POP悬挂展示时应遵循以下原则:

①整个店内 POP 及其他卖场装饰物的悬挂、张贴、摆设、装饰等涉及店面形象,一切均需在店内美工部专业人员指导下进行。由美工人员作出各种装饰规范,并进行现场指导后,各"商品组"方可按规范张贴、悬挂。

②POP 纸(价格 POP)原则上只可挂在 L 架及 T 型架上。

③悬挂时要整齐、规范,不得出现夹挂不平、歪斜的现象。

④对不能挂在 L 架上的价格 POP 单,由美工部人员进行设计。如:如生鲜区、日配区、特价区商品。

⑤对挂在端架头处的 POP 纸,一律规定为以端架层板左侧对齐。最多挂两张

占两层。

⑥粘贴 POP 及其他装饰物时,一律使用透明胶条,禁止使用带色不透明胶条。

12.2.6 销售时段的控制

销售时段的控制指密切注意商品的销售动态,把握好商品补货的时间或商品的促销时间。在尽可能多的销售时段上,获得最大销售额。如表 12.1 所示,该门店的销售主要集中在上午、傍晚及晚上 21:00 以前这 3 个时间段,门店管理人员在统计分析之后,根据门店自身的特点作出人力、物力的调配和控制,保证及时补货和促销的组织与实施,从而实现门店销售额的最大化。

表 12.1 某超市门店一天的销售分段统计

销售时段	销售净额/元	折扣折让	销售数量	来客数	件单价/元	客单价/(元·人$^{-1}$)
07:00—08:00	1 508.76	0	452.489	118	3.334 4	12.786 1
08:00—09:00	11 688.74	5.43	2 920.658	741	4.002 1	15.774 3
09:00—10:00	19 441.96	7.68	5 546.767	1 312	3.505 1	14.818 6
10:00—11:00	20 272.39	11.46	5 461.617	1 384	3.711 8	14.647 7
11:00—12:00	21 905.65	3.19	5 523.835	1 365	3.965 7	16.048 1
12:00—13:00	8 878.61	1.33	2 948.432	854	3.011 3	10.396 5
13:00—14:00	7 665.57	1.44	2 665.319	515	2.876	14.884 6
14:00—15:00	9 257.73	0.51	2 047.274	672	4.522	13.776 4
15:00—16:00	16 941.31	10.56	5 869.804	947	2.886 2	17.889 5
16:00—17:00	15 804.11	2.36	4 514.143	1 266	3.501	12.483 5
17:00—18:00	24 243.23	46.2	7 494.088	1 879	3.235	12.902 2
18:00—19:00	29 657.21	7.52	8 099.29	2 061	3.661 7	14.389 7
19:00—20:00	30 542.27	2.92	10 216.07	2 593	2.989 6	11.778 7
20:00—21:00	32 832.59	10.38	10 500.55	2 996	3.126 8	10.958 8
21:00—22:00	5 342.95	7.97	1 833.322	785	2.914 4	6.806 3

单元测试

一、团队讨论题

以学习小组为单位,到就近的超市门店收集门店缺货的现状,讨论缺货给门店经营带来的危害并分析门店缺货的原因和解决方案。

二、简答题

1. 堆头、端架商品陈列的标准是什么?
2. 商品陈列的检查要点有哪些?
3. 商品陈列维护的关键控制点是什么?

三、名称解释题

堆头   端架   排面管理

四、填空题

1. 商品陈列的基本规范中"4 个要点"是指:_____,_____,_____,_____。

2. 商品陈列的基本规范中"8 条直线"是指:_____。

情景小结

本学习情景主要围绕连锁门店商品陈列与维护展开,主要学习连锁门店内的商品配置、连锁门店商品配置表的制作与修正、连锁门店商品陈列以及连锁门店商品陈列的日常维护等。商品配置是整个门店经营的重要指标,是门店体现差异化经营的主要方式,商品的结构、面积分配等都是商品陈列的基础工作;商品配置表的制作与修正是进行商品陈列的"计划书";商品陈列是连锁经营企业门店的"门面",是顾客购买的"向导",是促进门店销售的"无形之手",它能将真实的商品通过艺术性的处理(商品陈列的方法和技巧)直接展现在顾客的面前;商品陈列是一个动态修正的过程,必须根据门店经营的实际环境进行适当的修正和控制,才能保证商品陈列对于门店经营的有效性。

实训项目

实训一 商品结构的分类

一、实训目的

通过实训,根据所学知识对门店某一区域商品进行科学组合和归类,并针对不同的消费群体确定部门的主力商品、辅助商品和关联商品,会编制部门商品分类细分表。

二、实训内容

区分部门主力商品、辅助商品和关联商品;编制部门商品分类细分表。

三、实训步骤

1.训练前,教师详细讲解实训内容。

2.将学生分成学习小组练习,确定部门主力商品、辅助商品和关联商品,编制部门商品细分表。

3.在训练中加强对学生的指导。

四、实训评价

商品分类符合商圈定位和消费者喜欢,商品分类细分表科学、合理。

实训二 商品配置表编写

一、实训目的

通过实训,认识和熟悉商品配置表的功能,掌握商品配置表的制作过程,并学会商品配置表的制作和修正。

二、实训内容

商品配制表的制作——根据某一家卖场的某货架的商品陈列制作一份商品配置表;实训室根据商品配置表进行商品的陈列,并修正商品配置表。

三、实训步骤

1. 训练前,教师详细讲解实训内容。
2. 将学生分成学习小组进行现场调研,并制作商品配置表。
3. 在训练中加强对学生的指导。
4. 学习小组在实训室通过商品配置表进行商品陈列,并对商品配制表的修改提出修改方案。

四、实训评价

商品配置表设置科学、合理,商品陈列符合陈列原则,修改方案体现持续改进原则。

实训三　商品陈列

一、实习目的

通过实训,了解商品陈列的八大原则,按照商品陈列表陈列商品,会运用商品陈列的方法和技巧陈列商品。

二、实训内容

商品陈列的原则,商品陈列的方法,商品陈列的技巧运用。

三、实训步骤

1. 训练前,教师详细讲解和演示实训内容。
2. 将学生分成小组练习,根据前一单元绘制的商品陈列表,选择正确的商品陈列方法,按照商品陈列表陈列商品。
3. 在训练中加强对学生的指导。

四、实训评价

选择的陈列方法正确,符合商品陈列的原则,商品陈列美观、大方、合理。

实训四　堆头、端架商品陈列

一、实训目的

通过实训,了解或掌握商品进行堆头陈列和端架陈列的要领和技巧,根据卖场促销需求将商品进行堆头和端架陈列。

二、实训内容

商品的堆头陈列、端架陈列方法。

三、实训步骤

1. 训练前,教师详细讲解和演示实训内容。
2. 将学生分成小组在实训室练习堆头陈列和端架陈列。
3. 在训练中加强对学生的指导,分小组进行堆头陈列大赛。

四、实训评价

堆头陈列方式多样,体现创意和生动感,符合卖场促销主题;端架陈列商品选择科学,陈列丰满、美观、有生动性。

案例　可口可乐的"生动化世界"

可口可乐公司创始于 1886 年,是世界上最成功的消费品公司之一。1981 年进入中国,在中国市场的运营中,可口可乐凭借其一流的产品质量、先进的营销管理模式、成功的品牌管理使其市场占有率牢牢保持着业界领先地位。

随着市场竞争的加剧,"制胜终端"已经成为谋夺市场的重要手段,而终端"生动化"恰恰是终端运作中最为核心的部分。同时,商品生动化作为一种提升销量、制胜终端的营销利器更是功不可没。尤其是诸多的跨国公司在拓展市场的过程中,对生动化理论与实践不断的丰富充实,使它更具可操作性,更具市场竞争力。一些有关终端"生动化"的文章,论述较为空洞,单一的文字堆砌也缺乏形象感,使人觉得无章可循而倍感遗憾。

可口可乐的生动化模式,在快速消费品行业中可以说是堪称业界典范。下面,我们就针对可口可乐的生动化系统作以全面的展示,以期能够更加详实、形象地完善商品生动化的理论与实践,从而为更多的企业提供有益的借鉴。

1) 关于生动化的基本理论

准确地了解生动化的定义,有助于我们对生动化的理论产生一个比较清晰的认识。在可口可乐,生动化是指:在售点对我们的产品、广告品、市场设备和冷饮设备的陈列与管理所做的一切工作。由于可口可乐拥有着比较庞大的产品线(可口可乐、雪碧、芬达、醒目、天与地、酷儿等),同时又有诸多类型的冷饮设备(展示柜、现调机等),因此针对不同的渠道类型与市场设备有着不同的生动化要求。因此,可口可乐的生动化技巧相对于其他公司而言要复杂得多。那么简单地概括一下生动化的定义就是:在零售终端内为使产品对消费者更具有吸引力而所做的一切工作。明确了生动化的概念,将有助于我们对下列内容的全面认知:

(1) 实施生动化的利益

一提起生动化的利益是什么,大多数的人都会回答:"提高产品的销量。"这种观点虽然正确,但还是比较片面。可口可乐则比较全面地阐述了生动化将会为商品流通领域中的不同角色所带来诸多的利益:

①给消费者带来的利益:

◇使消费者很容易发现可口可乐的商品。

◇可以使消费者更方便地购买。

◇使消费者在选择商品时赏心悦目。

◇标准的商品陈列使消费者采购更舒适。

◇无断货情况,提高顾客满意度。

②给客户(零售商)带来的利益:

◇缩短货架周转周期。

◇降低存货积压成本。

◇减少断货情况。

◇可以辨别出滞销商品。

◇在消费者心中树立良好的形象,提高对零售商的忠诚度。

③给可口可乐公司带来的利益:

◇增加产品销量。

◇刺激消费者"冲动性购买"的特性。

◇通过提高货架的空间占有率而增大产品的市场占有率。

◇通过凸出陈列位、加大陈列面以阻击竞争对手。

④给销售人员带来的益处:

◇更加容易达成销售配额。

◇增加资金与收入。

◇高密度的市场显现率,增强销售经理的自豪感。

◇对市场的绝对占领。

◇赢得客户信任。

综上所述,生动化可以从4方面,给不同的营销角色带来不同的利益,使这种价值链形成良性循环,以达成一个各方都满意的共赢局面,从而更加凸显了生动化在终端营销中的重要地位。

(2)可口可乐生动化的10项基本原则

可口可乐生动化的10项基本原则,将以更简洁、更通俗易懂地方式将生动化的精粹全面演绎:

①同类产品集中摆放。可口可乐公司的产品分为几大类:碳酸饮料、水饮料、果汁饮料、茶饮料。这样就要求每一类的产品均与同类在一起陈列,不能跨类别陈列。

②同一品牌垂直陈列,包装由轻到重。可口可乐与可口可乐可垂直对齐陈列,雪碧同雪碧对齐。按包装容量的大小,由轻到重摆放。

③同一包装平行陈列。可口可乐的包装主要由 pet,can,rib 构成,同种材质的包装平行陈列,不可混合排放。

④中文商标面向消费者。有促销图案的包装,中文商标和促销图案间隔摆,面向消费者。

⑤最明显的位置,消费者最易见到的地方。

⑥售点中,在饮料区以外至少有一个多点陈列,即跨区陈列,以提高被购买的比率和消费者购物的方便性。

⑦明显的价格标志。

⑧做到产品循环,先进先出。过期产品须立即收回。

⑨正确使用广告用品和冷饮设备,使用现调机要保持卫生。

⑩确保最小库存量,保证存货周转。

(3)在产品陈列中品牌与包装的优先顺序

由于可口可乐公司是采取多品牌(可口可乐、雪碧、芬达等)运作策略的企业,因此其生动化模式详细规定了,在任何一处售点统一的品牌/包装的陈列标准。即对于各个品牌在货架上应该摆放在什么位置,不同的包装应该排在什么样的位置都有明确的规定。

2)关于生动化的实际操作

生动化最典型的应用渠道是以超市、大卖场为主体的零售终端。因为这些渠道拥有巨大的空间,而且地段优越,占据天时、地利、人和等优势,同时由于商品众多可以吸引更多的顾客,因此可口可乐的"生动化世界"也就在超市渠道向消费展现了自己的无限魅力。

在超市可口可乐的生动化陈列主要分为以下3类:日常陈列、特殊陈列与促销陈列。其中,日常陈列又包括正常货架陈列、公司专有货架陈列、展示柜陈列;特殊陈列包括地堆陈列、端头陈列、乱堆陈列等。通过对可口可乐"生动化世界"的细致描述,相信我们已经充分领略到了世界软饮料第一品牌的奕奕风采,及其制胜终端的营销利器——终端生动化。举一反三、触类旁通,相信你很快也可以营造出属于自己的"生动化世界"。

(资料来源:中国营销传播网,2003-09-19)

案例分析与讨论:

1. 根据案例内容,阐述可口可乐实施"生动化世界"的背景及内容分别是什么?
2. 根据你的理解,可口可乐实施"生动化世界"能为公司带来什么样的价值提升?
3. 在本案例中可口可乐生动化陈列是如何体现商品陈列的原则与技巧的?

情景五　连锁门店作业化管理

学习单元 13　收银员作业管理

学习目标

了解收银人员的工作职责、礼仪服务规范、作业纪律；掌握收银作业流程、POS 机的操作规程、收银重点作业环节的工作内容及要点。

学习内容

收银基础知识、操作规范、主要工作职责、作业流程、管理的重点与技巧、收银错误的作业管理。

学习重点

- 收银作业流程、POS 机的操作规程；
- 收银重点作业环节的工作内容及要点。

教学方法和建议

- 通过角色扮演、任务驱动法实施教学；
- 本学习单元可组成"收银操作技巧""收银作业流程"两个学习性工作任务，每个工作任务按照"六部法"来组织教学，在老师指导下制订方案、实施方案，最终评估；
- 教学过程中体现以学生为主体，教师进行适当讲解，并进行引导、监督、评估；
- 教师提前准备好各种媒体学习资料、任务单、教学场地和设备。

学习任务

以学习小组为单位，组织学生按工作任务要求到校企合作实习门店进行收银作业模拟操作，体验实际的收银工作过程，通过实训，提升学生收银岗位职业技能素养。

案例导入

收银台一幕

某天上午,某购物广场迎来了顾客流的高峰期。一位顾客推着一车物品,在收银台前排队结账。当商品条码扫描进行到一半时,收银台前来了两位佩戴红色工牌的商品部门课长。只见这两位课长跟收银员说了几句什么,收银小姐立即放下了手中扫描了一半的商品,跟那两个课长核对起什么来。顾客没说什么,继续等着。然而5 min过去了,他们3个人的核对工作仍然没有结束,顾客还是没说什么。10 min过去了,核对没有结束,顾客与他的家人无奈地交换着表情。15 min过去了,顾客实在忍无可忍发了火:"你们有完没完,能不能把我的东西结完账再说。"顾客边说边向其他等待买单的顾客说:"连个招呼都没有,就把我们晾到一边去了。"其他顾客连连点头表示赞同。3个人这才结束了核对,收银员又继续开始工作,自始至终,没有人对该顾客说一句"对不起",最后顾客很不满意地离开了。

(资料来源:http://www.boraid.com/,2006-08-24.)

问题思考:

列举本案例中收银员所犯错误?对此情况你会怎样处理?

13.1 收银基础知识

现代零售业的快速发展和电子货币的使用,促进了连锁企业收银业务的现代化。收银作业已成为一项新的经济业务,收银岗位也随之成为一个现代化、智能化的工作岗位。

13.1.1 收银的概念

收银是商业零售企业在营业一线收取货币资金的专门业务。收银员(cashier),指超市、专卖店、宾馆等经营场所给顾客结账的雇员,一般在收银台工作,并使用收银机辅助工作,如图13.1和图13.2所示。

图13.1 大型连锁综合超市收银情境　　　　图13.2 连锁便利店收银情境

13.1.2 收银作业设备

1) POS 机

门店收银作业大多采用计算机、POS 机、条码扫描器、消磁器,以及信息网络和 POS 销售管理系统等现代化的操作设备和工作系统。

POS 机(point of sales 的中文意思是"销售点"),是一种配有条码或 OCR 码 (optical character recognition,光字符码)终端阅读器,适用于大中型超市、便利店、专卖店、快餐店及一切高水平管理的零售企业,是连锁门店管理信息系统中的重要组成部分,如图 13.3 和图 13.4 所示。

图13.3 零售卖场常用 POS 机　　　　图13.4 触摸式 POS 机

POS 机主要功能:

①IC 卡功能,可使用会员卡和内部发行 IC 卡及有价证券。

②可视客显,语音客显。

③可外接扫描器、打印机等多种外设。

④前、后台进、销、存、配送等连锁超市管理功能。

⑤餐饮型具有餐饮服务功能,可外接多台厨房打印机、手持点菜机等各种外设。

⑥可实现无人看管与 PC 机远程通信,下载资料。

⑦太网通信功能,通过 ADSL 宽带构成总、分店网络即时管理系统。

当顾客拿着商品向收银台结账时,需使用 POS 收银系统,才能阅读商品条形码,并记录商品的销售情况。

2)POS 系统

(1)POS 系统

POS 系统即销售时点信息系统,是指通过自动读取设备(如收银机),在销售商品时直接读取商品销售信息(如商品名、单价、销售数量、销售时间、销售店铺、购买顾客等),并通过通信网络和计算机系统传送至有关部门进行分析加工以提高经营效率的系统。POS 系统主要用于前台销售,实现收款、退货、换货、价格查询、折扣、取消交易、简单的数据统计分析等功能,支持多种支付方式。其最重要的功能是适时采集各种商品的销售信息,对经营商品实施单品管理。它由 POS 终端(或电子收款机)、POS 系统软件、系统服务器及相应的通信软件和互联网络硬件组成。典型的 POS 系统的基本结构如图 13.5 所示。

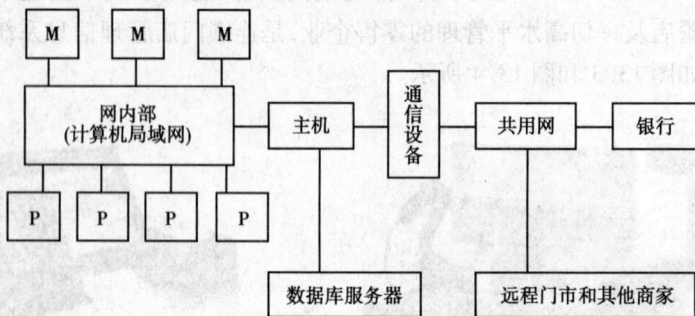

注:M—后台管理工作站;P—前台销售终端。

图 13.5 POS 系统的基本结构

(2)POS 系统特征

①具有单品管理、营业员管理、顾客管理功能。单品管理即掌握店里陈列的每件商品的销售动向。营业员管理,通过 POS 系统的销售时刻来掌握各营业员或收款员的工作状况、营业成绩(依销售额评价)等,进而以其结果评估其工资奖金。顾客管理,通过使用 POS 系统,由信用卡结账,可以准确把握每位顾客的消费额、购物倾向等,为确定合理的商品结构提供及时、准确的科学依据。

②即时转账结算。POS 系统利用信用卡销售直接即时入账、直接进行电子转账和结算,加快了交易速度和准确性,对商业企业、银行和顾客都有利。

③在销售点输入信息,自动读取商品销售信息和顾客信息。POS 系统最大的特征是在销售过程中,能够把每个商品的销售信息及相关信息进行详细、完整、实时地收集整理。

④很强的网上实时处理能力。经由上述各 POS 系统收款机所收集的信息,可实时或批次上传到店内或本部的电脑,再将其他部门传送过来的信息,进行实时综合处理、统计、分析,为决策者提供及时的综合分析信息。

3)条形码知识

(1)条形码

商品上可以看到由一组宽度不同、平行相邻的条和块按一定的规则组合起来的符号,来代表一定的字母、数字的信息,通常颜色是黑白的,这些记号就是条形码。条形码技术就是将商品信息数码化,使计算机能够读取和处理,以达到识别不同商品的目的。

(2)条形码系统

①国际通用商品代码系统。我国目前在国内推行采用的是 EAN 商品条形码系统。EAN 条形码系统中条形码共有两种版本,即 EAN-13 和 EAN-8。EAN-13 是完整的商品条形码,由 13 位字符组成;EAN-8 是缩短条形码,由 8 位字符组成。

EAN-13 条形码:

第1—3 位字符(国别码):代表商品的国家、地区。

第4—7 位字符(厂商码):代表商品的生产厂家。

第8—12 位字符(产品码):代表商品的代码。

第13 位字符(校验码):扫描成功的依据。

如6901234567896,690 为国家码,1234 为厂商码,56789 为产品码,最后的6 为检验码,这样的条形码为标准码。

EAN-8 条形码共有8 位数,只有国家码、产品码和校验码,没有厂商码。

第1—2 位字符(国别码):代表商品的国家、地区。

第3—7 位字符(产品码):代表商品的代码。

第8 位字符(校验码):扫描成功的依据。

除此之外,还有内部流通的自编码。使用条形码有利于商品的流通和商品的自动化,提高服务品质和竞争力,同时对于一些劣质商品也能从其条形码的可读性进行区别。

②店内码系统。在商品销售中,有些商品(如烤鸭、水果、蔬菜、熟肉制品、乳

酪、鲜鱼等)是以随机重量销售的,这些商品的编码不由生产企业承担,而由零售商完成。由零售商编制的商品条形码系统,只能应用于商品内部自动化管理。因此这种条形码称为店内码,而 EAN 又称自然码。

(3)条形码的特点

①商品的条形码在世界范围内是唯一的。

②国家不同,商品的条形码不同。如百事可乐,中国生产的与美国生产的,尽管商品一样,但条形码不同。

③生产厂商不同,商品的条形码不同。如百事可乐,广州生产的与哈尔滨生产的,尽管商品一样,但条形码不同。

④商品不同,商品的条形码不同。如同一企业生产的电视机和洗衣机,因商品不同,条形码不同。

⑤条形码与价格无关。如饮料,整箱包装的与单瓶装的,因包装不同,条形码不同。

(4)条形码系统的作用

①输入速度快,准确度高,操作简便,使销售过程更畅通、迅速。

②条形码编码所包含的商品信息,相当于商品的"身份证",用于商品、原产地、生产厂家的识别。

③销售者利用条形码系统进行库存更新、销售分析、商品订货与商品管理。

④商品标准化程度高,与国际市场接轨。

⑤使用成本低、可靠性强,有利于扩大商品的销售市场。

4)条码扫描器

条码扫描器即商品条码阅读机。其原理是利用光线反射回来的光源转译成可辨识的数字,以确认是否为已建档商品代号。常用的扫描器有 3 种形式:手持式条码扫描器、固定式条码扫描器、平台式条码扫描器,如图 13.6、图 13.7 和图 13.8 所示。

图 13.6　手持式扫描器　　图 13.7　固定式条码扫描器　　图 13.8　平台式扫描器

13.1.3 消磁系统知识

1）电子商品防盗系统

电子商品防盗系统(electronic article surveillance，EAS)是利用声电、声磁原理所设计的专门用于商场防盗的设备，主要通过系统的特定标签在通过检测装置时相互作用发出报警而达到防盗的作用。

电子商品防盗系统在连锁商业系统的应用十分普遍。它是一种为零售商业减少开架售货时商品失窃，进而增加销售和利润的电子防盗产品。EAS系统被用来侦测当有未经柜台授权的商品离开指定区域时，发出提示和告警信号，以提醒工作人员进行相关处理。

2）防盗标签及消磁

防盗标签分软标签和硬标签两种。软标签主要用于保健品、酒类、化妆品、磁带、CD、电池、糖果等，其特点是一次性，不能循环使用，具有隐蔽性。消磁方法，付款后，通过收银机消磁系统消磁，报警功能消失。硬标签主要用于服装、内衣、皮具、皮鞋、酒类、高档食品等，其特点是永久性，可循环使用，不具备隐蔽性。消磁方法，付款后，收银员手工用特定工具将标签取下收回。

3）消磁的重要作用

消磁是商场一道无形的防盗大门和重要的防盗措施，收银人员必须充分重视。正确消磁是收银人员的工作之一。消磁工作的要求是100%的准确性。

4）消磁商品

(1)原则
快速消磁：以快捷的速度将每一件已经扫描成功的商品进行消磁。
无漏消磁：保证每一件商品都经过消磁，且消磁成功，包括熟悉商品消磁的正确方法和有效的消磁空间，掌握重点消磁的商品。
(2)方法
机器消磁：用消磁器进行消磁的方式，适用于软标签。人工消磁：用手工进行消磁的方式，适用于硬标签。

13.1.4　常用术语

1）"孤儿"商品

"孤儿"商品即 go-back 商品,顾客挑选后已离开陈列位置,而未结账的商品。

2）空车扫描

空车扫描指将顾客购物车及购物筐内所有商品全部拿到收银台。

3）开箱/盒检查

开箱/盒检查指遇有包装箱/盒的商品要开箱/盒进行检查。

4）唱收唱付

如您好,欢迎光临,请出示您的会员卡,逐一扫描、报价,您还有其他商品吗?应收您××元,收到您××元,找您××元,请收好您的清单等,用于出门及售后服务,欢迎下次光临。

5）收银差异（short/over）

收银差异指收银员所收的现金金额与电脑系统中记录的金额总数之间的差异。收银差异有正差异和负差异两种,当现金金额大于电脑系统的金额时,为正差异;当现金金额小于电脑系统的金额时,为负差异。无论是正差异还是负差异,都是工作失误。

6）仪容仪表

收银员的仪容标准包括:①发型:头发整齐,染浅发或黑发,无碎发遮盖眼睛或眼镜。②仪容:仪容清爽,女同事上淡妆。③口腔/牙:牙齿清洁、口气清爽。④手/指甲:手清洁,指甲不涂指甲油或涂无色指甲油,指甲修剪整齐。⑤首饰:可戴钉状耳环一对、一枚戒指、一条简洁项链。⑥工牌:正面向外,位置正确,干净整洁。⑦制服:符合公司标准,干净整洁,无明显皱纹,无污迹、起皱。⑧鞋/袜子:符合公司标准或舒适平底皮鞋,干净整洁,如图 13.9 和图 13.10 所示。

图 13.9　专卖店收银员　　　　图 13.10　超市收银员

13.2　收银操作规范

　　由于收银作业在连锁店铺经营中的特殊作用,有必要将收银员的工作细化到每一个操作环节,乃至每一个动作,尽量使其规范化,以增加顾客的满意度,树立良好的店铺形象。

13.2.1　收银操作标准

收银作业各步骤操作标准如表 13.1 所示。

表 13.1　收银作业各步骤操作标准

步骤	步骤名称	标准用语	标准动作
1	欢迎顾客	欢迎光临	①面带笑容,与顾客的目光接触 ②等待顾客将购物篮或是购物车上的商品放置收银台上 ③将收银机的活动屏幕面向顾客

续表

步骤	步骤名称	标准用语	标准动作
2	商品扫描、消磁	您要结账的是这些吗?	①将商品按种类正确扫描 ②左手拿取商品,并确定该商品的售价及类别代号是否无误 ③右手扫描,听到扫描完成的"滴"声后,判断收银机显示的售价品名是否与商品相符或符合常识 ④扫描成的商品必须与未扫描商品分开放置,避免混淆 ⑤检查购物车底部是否还留有商品尚未结账 ⑥采用硬防盗标签的商品,要在不损坏商品的前提下消磁
3	结算商品总金额并告知顾客	总共×元	①将空的购物篮从收银台上拿开,叠放在一旁 ②可趁机将商品入袋,但是在顾客拿现金付账时,应立即停止手边的工作
4	收取顾客支付的金钱	收您×元	①确认顾客支付的金额,并检查是否为伪钞 ②将顾客的现金放入钱箱 ③若顾客未付账,应礼貌性地重复一次,不可表现不耐烦的态度
5	找钱给顾客	找您×元	①找出正确零钱 ②大钞放下面,零钱放上面,双手将现金连同小票交给顾客 ③待顾客没有疑问时,立刻关上钱箱
6	商品入袋		根据入袋原则,将商品依序放入购物袋内
7	感谢	谢谢! 欢迎再次光临	①一手提着购物袋交给顾客,另一手托着购物袋的底部,确定顾客拿稳后,才可将双手放开 ②确定顾客没有遗忘的购物袋 ③面带笑容,目送顾客离开

13.2.2　商品扫描操作规范

1）操作方式

商品扫描包括机器扫描和人工扫描。机器扫描指用扫描器或扫描枪进行准确快速扫描的方式。人工扫描指对机器扫描多次无效的条码手工输入。

2）操作规范

(1)快速扫描

以最快的速度将商品进行扫描,包括熟悉一般商品的条形码印刷的位置、保持印有条形码的包装面平整、条形码正对着扫描器或扫描枪等。快速扫描是提高收银速度、衡量收银员工作素质的重要指标。个别快速流通型零售卖场,要求收银员的扫描速度达到每分钟18件以上。

(2)无多扫描

无多扫描即保证每一件商品有效扫描一次。多扫描会导致顾客的多付款及引起顾客投诉。

(3)无漏扫描

无漏扫描即保证每一件商品都被有效扫描过,在顾客已付款的商品中,无商品漏扫描或扫描不成功。漏扫描直接造成商场损失,是收银区域防止损耗的重点之一。

13.2.3　商品消磁操作规范

1）操作方法

商品消磁包括机器消磁和人工消磁。机器消磁指用消磁器进行消磁的方式,适用于软标签。人工消磁指用手工进行消磁的方式,适用于硬标签。

2）操作规范

①快速消磁。以快捷的速度将每一件已经扫描成功的商品进行消磁。

②无漏消磁。保证每一件商品都经过消磁且消磁成功,包括熟悉商品消磁的正确方法和有效的消磁空间,掌握重点消磁的商品。

③保护商品。进行硬标签手工消磁时,不能损坏商品,应轻取轻拿。

13.2.4 商品装袋操作规范

1）操作方法

（1）正确选择购物袋

购物袋的尺寸有大小之分,根据商品的多少来选择正确大小、数量的购物袋。究竟用一个大的购物袋还是用两个小的购物袋,由商品的类别和承重来决定。

（2）将商品分类装袋

商品分类是非常重要的。正确科学的分类装袋,不仅提高服务水平、增加顾客满意度,也体现尊重顾客、尊重健康的理念。一般分类的原则如下：

①生鲜类食品(含冷冻食品)不与干货食品、百货食品混合装袋。

②生鲜食品中的熟食、面包类、即食商品不能与其他生鲜食品混装,生熟分开。

③生鲜食品中,海鲜类不能与其他生食品混装,避免串味。

④化学用剂类不能与食品、百货类混装。

⑤服装、内衣等贴身纺织品,一般不与食品类食品混装,避免污染。

⑥其他比较专业的、特殊的商品一般不能混装,如机油、油漆等。

⑦装袋后达到易提、稳定、承重合适：掌握正确的装袋技巧,做到又快又好,既避免重复装袋,又达到充分使用购物袋、节约成本、顾客满意的效果。

（3）商品分类后,确定购物袋的数量和尺寸以及混装方法

①考虑商品易碎程度,易碎商品(方便面、膨化食品、薯片)能分开装最好,不能的则放在购物袋的最上方。

②考虑商品的强度,将饮料类、罐装类、酒类商品放在购物袋的底部或侧部,起到支撑的作用。

③考虑商品的轻重,重的商品放底部,轻的商品放上面。

④考虑商品的总重量不能超出购物袋的极限,商品的总体积不能超出购物袋,如果让客人感觉不方便提取或有可能超重,最好分开装或多套一个购物袋。

2）例外处理

如商品过重、不能装袋、袋子破裂等。

13.2.5 接受付款操作规范

1）操作方法

如唱收、正确输入、选择付款方式、辨别假币、银箱维护。

2）现金付款操作方法

现金付款的操作方法如表13.2所示。

表13.2 现金付款操作方法

1	种 类	人民币、外币,其中外币只接受公司规定的外币
2	付款步骤	唱收现金—清点现金—鉴别现金是否残损钞、伪钞—输入所收金额—选择正确的付款键—唱付打零—关闭银箱
3	伪钞鉴别	检查图案、肖像:查看纸币两面的图案清晰程序,熟悉纸币的图案,真钞的图案应比伪钞更漂亮、清楚 检查肖像水印、防伪线:钞票正确的位置有头像水印或防伪线,从任何一面对着光线能看到清晰、位置正确、有凹凸感的头像,伪钞的头像或直接印在上面,或褪色,或位置较偏,或根本不存在 用手指触摸:根据手感钞票材质来帮助识别钞票的真伪 用伪钞识别机:收银主管及收银员都应熟练掌握伪钞识别机的使用
4	残钞确定	半张纸币:一张纸币沿中线或靠中线的地方垂直撕下的左部或右部,它包含一张纸币的一半,银行只退纸币一半面值 两种不同的纸币粘合:两张不同的纸币,其中每张必须包含被垂直或水平撕下的纸币的一半,黏合在一起成为一张纸币;缺角、缺边纸币,银行应按纸币的票面价值退还 残钞是不能用来消费的

3）信用卡付款操作方法

信用卡付款操作方法如表13.3所示。

表13.3 信用卡付款操作方法

1	种类	国内信用卡:国内银行发行并只能在国内使用 国际信用卡:在发行国和世界其他国家国际通用
2	特点	各个银行的信用卡外观应有显著不同;每张信用卡应写有年、月、日,持卡人姓名和有关银行标志;信用卡在指定的银行刷卡上或在特邀的商家消费

续表

3	审核步骤	查证银行标志和卡号的前几位,检查信用卡是否完整无损,检查发行和到期年月
4	付款步骤	验证信用卡的正确和有效—把信用卡放在刷卡机的槽口刷卡—请顾客输入密码—输入金额,并检查销售单上打印的内容是否完整、清楚—请顾客在销售单上的相应位置签名—将销售单上的签名与信用卡的签名相比,确保其真实性、正确性—选择付款键,打开银箱,完成交易—将信用卡和销售单的顾客联交还给顾客,保留商场联,并放入银箱—并闭银箱

13.3 收银员的主要工作职责

收银员要求具有诚实的品德和良好的身体素质,能长时间站立服务;具有高中以上学历,并经过专业训练和实践;能熟练操作 POS 机及其他辅助设备;仪容端正,言语清晰,友善待客。作为收银员有如下主要工作职责:

13.3.1 基本要求

1)快速收款

快速是指收银的整个操作过程速度快,包括收银员收银的扫描、装袋、刷卡、找零等细节,现金操作、收银管理人员的现场运营实务过程,都必须快速。

2)准确收款

准确是要求收银工作每一个细节的准确度要非常高。大到处理几十万元的现金,小到收一块口香糖的几角钱,都必须准确无误。准确是衡量工作的重要指标之一。

3)安全收款

保证资金的安全、保证顾客的安全、保证商品的安全。安全是收银工作的重要保证条件。任何操作流程都必须有必要的安全防护措施。

4）热情服务顾客

热情服务顾客即要微笑、礼貌、主动、真诚,树立客人至上、客人优先的服务原则。收银台是一个卖场向顾客展示优质服务形象的窗口,每一位员工都应该时时处处通过自己的语言、动作、表情向顾客展示良好的精神风貌和企业形象。

13.3.2 主要工作职责

1）主要职责

①了解各类商品的价格,及时纠正各类商品的不准确标价;了解收银设备的性能及排队常见故障的办法。

②熟练掌握收银机的操作技术,向顾客提供快速、准确、友善的货款结算及装袋服务;熟悉各支付工具的结算办法,以及各类结算业务的作业程序与要领。

③做好营业前的各项准备工作;保证充足的零用金。

④确保收银动作的规范化、标准化,提高收银速度和准确性;识别伪钞,规范化消磁,避免同顾客产生冲突。确保顾客所购的每一件商品均已收银,不得遗漏。

⑤做好各种票据和文件的收集、保管和传递;确保现金安全。

⑥及时拾零(go-back),避免影响正常收银,并将商品存在的问题作好记录。

⑦及时上交销售款,及时做出差异报告。

⑧做好收银结束后的清理工作,收银责任区域内的环境、商品、设备的保洁工作。

⑨严格遵循礼貌规范用语,严格遵守收银作业的道德准则。

⑩作好 POS 机的维护和保养。

2）辅助工作

协助做好顾客服务;协助盘点和前区商品的理货、补货;提高警惕,注意防盗。

3）其他岗位工作职责

（1）总收室人员

按收银员填写的收银现金核算表发放备用金(500 元)。调剂正常营业,及时与银行取得联系,为前台收银员准备充足零钱。为收银员准备齐全的单据,做好收银员的后勤工作。审核收银员交来的货款、大宗单等是否与现金核算表一致,并鉴别钱币的真伪。

（2）收银总台人员

到总收室领取足够所需备用金及退货货款。协助领班发密码及其他用品。给收银员换取零钱。给顾客开具发票（增值税发票由财务开具）。

（3）收银主管

确保收银按收银流程操作。负责控制现金差异和现金安全。确保准确、安全地收回货款。负责监督收银的整体工作。

（4）收银领班

合理安排人力，保证员工工作效率。及时解决收银台缺零、商品扫描错误等问题（取消交易、重复打印、折扣等）。保持收银区域卫生及"孤儿"商品的归放与统计。

督促礼貌待客的优质服务，在结账区解决顾客的问题。做好大宗顾客的服务工作。合理安排收银员下机吃饭。查询当天收银密码、开机台，为收银员准备工作用品。班次结束后，负责打印班结、日结表。营业结束后，要进行收银区的全面检查。

（5）收银防损

监督收银员的不良情况。负责协助收银员将货款安全送到总收室。

13.4　收银作业流程

连锁门店收银流程一般针对每天来安排，每天作业流程可分为收银准备、收银操作、收银结束 3 个阶段。

13.4.1　收银作业准备

①领取机号。领取即将上岗收银机的号码。

②领取设备用具。领取相应的为每台收银机准备的专业设备和文具，收银机柜常备的有：海绵缸/干净抹布、订书机（钉）、收银小票带/银行信用卡纸带、购物袋、"暂停结账"牌/信号牌。收银员自身必备的有笔、便条纸，需要每日上岗前领取的有：验钞机、消磁取钉器、取钉器、现金布袋。

③收银区域清洁整理。整理收银机台面，清洁收银机设备，整理收银柜，清洁地板、垃圾桶，收银机前货架的理货工作等。

④准备购物袋、小票带、银行卡单等。检查所有规格的购物袋、小票带、银行卡单是否足够；将购物袋、小票带放置在正确的位置和设备上，保证存根联及收款联的正确装置；库存的小票带、银行卡单是否安全地收放在收银柜中。

⑤检查银行卡机、消磁系统。检查银行卡机联线是否正常,所有银行卡机是否全部都放置正确的银行卡单;消磁系统开机后是否可以正常工作。

⑥仪容检查。检查自身服装是否整洁、符合规定,身份识别证是否佩戴到位,个人头发、仪容是否整齐、清洁。

⑦开机/检查收银机。系统的日期、开机状态是否正常;机内的程序设计和各项统计数值是否正确,能否进行扫描、收银,如图 13.11 所示。

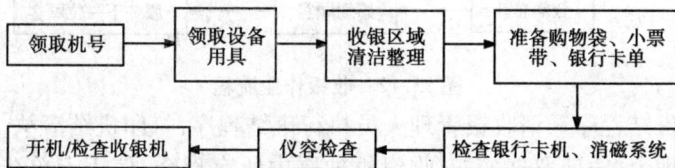

图 13.11　收银作业准备流程

13.4.2　收银流程

①输入密码。输入上岗收银员的密码,收银员只能用自己的密码上岗。

②欢迎顾客。按公司的服务标准问候顾客。会员制商店,需要输入顾客资料。

③扫描商品。逐一扫描顾客购买的商品。

④消磁商品。逐一将扫描后的商品进行消磁,包括消磁器消磁和人工消磁。

⑤装袋/车。将已消磁的商品根据装袋的原则与标准装入相应的购物袋或放入购物车中。

⑥金额总计。付款金额总计,并告诉顾客应付款总额。

⑦收款确认。唱收顾客的钱款,如现金要进行假币的辨认,如银行卡付款,则执行银行卡收款程序。

⑧找零。唱付顾客的零钱,或刷卡成功后将信用卡还给顾客,同时将收款小票递给顾客,提醒顾客拿好商品。

⑨感谢顾客。对顾客予以感谢。

⑩服务下一位顾客。重复以上程序,接待下一位顾客。

在收银中,工作人员要时刻保持收银台及周围环境的整洁,协助门店搞好安全保卫工作,收银空暇时间要整理顾客退货,并进行分类,如图 13.12 所示。

13.4.3　收银结束

①暂停收银。在快打烊时,如果还有顾客在机前,应该继续为其服务。放置"暂停结账"的告示,向附近的顾客说"对不起,先生/女士! 这个收银机很快就关上了,请到其他收银机付款"。

输入密码 → 欢迎顾客 → 扫描商品 → 消磁商品

找零 ← 收款确认 ← 装袋/车

金额总计 → 感谢顾客 → 服务下一位顾客

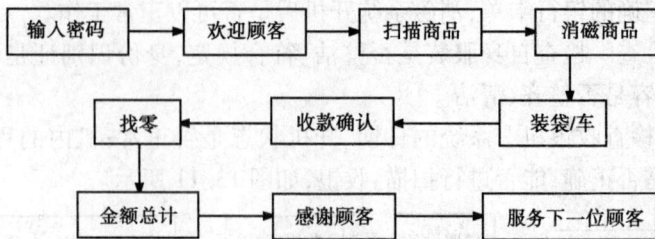

图 13.12　收银作业流程

②执行班结程序。请收银管理人员执行班结程序,打印班结清单。

③提交现金/凭证票据。如:收银机抽屉中所有现金;信用卡单/银行卡单;支票结算单;代金券;友情卡;其他公司许可充当现金的凭证;该收银机班结单。

④退出系统。退出收银机收款系统;收银机的抽屉则不必关上,将其打开,直到次日营业时间开始。

⑤将现金袋护送至现金室。予以登记。

⑥填写班结单。收银主管进行金额核实,无误后,在班结单上签字认可。

⑦归还设备用具。将借出的设备、用具归还现金室。

⑧归还回收物件。如硬标签、衣架等。

⑨关闭电源。切断收银机电源及消磁系统电源,如图 13.13 所示。

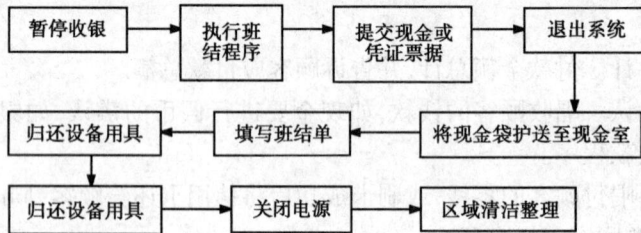

暂停收银 → 执行班结程序 → 提交现金或凭证票据 → 退出系统

归还设备用具 ← 填写班结单 ← 将现金袋护送至现金室

归还设备用具 → 关闭电源 → 区域清洁整理

图 13.13　收银作业结束流程

⑩区域清洁整理。清洁收银台面和收银机;清理收银柜,将所有购物袋、小票带放回指定地方;清洁收银机周围区域,使无垃圾;将收银机区域内的商品收回到指定的零星商品聚集地;将停留在收银机区域的车、篮放回到指定区域,如图 13.13 所示。

13.5　收银作业管理的重点与技巧

13.5.1　收银排班

在大中型连锁门店,收银的排班是非常重要的。收银的快慢是门店顾客服务的直接的体现。排班过多和排班不足会影响门店顾客务服质量和人力成本。因此,收银的排班不仅需要有丰富的经验,而且要根据系统的报告进行有效分析,使预计的排班能最大程度地与实际的销售额相匹配。

1)收银排班的原则

①三人原则。保证每一台收银机前排队等候结账的顾客不超过 3 人是较为理想的。

②匹配交易原则。开机数量应与不同时段的营业额、结账顾客数相匹配。一般而言,营业高峰期间开机数量多,营业低峰期间开机数量少。

③排班简单原则。尽量使收银员每周的班次简单易记。可以每周上同一班次,避免一个收银员一周内两三个班次轮换。

④成本原则。将总工时控制在公司要求的范围内,避免收银员闲置状况,有效减少人力开支,更好地体现超市低成本经营策略。

2)影响收银排班的要素

①商店全天的营业时间。例如,8:30—17:30。

②每个营业的时间段。每小时平均统计的结账顾客人数、交易金额、商品单品数。

③开机数量。各个时段要求的开机数量。

④工作餐时段。门店的就餐时段和不同班次的就餐时段。

⑤兼职与全职的收银员数。

⑥员工的休息天、补休。

⑦班次的时间段。

⑧节假日、大型促销时段。

3)收银排班的步骤

①收银排班前,首先根据过去一个阶段或上月、去年的排班进行参考,特别是

对上一阶段中排班不足或排班过多的情形进行调整。

②对本次排班的整个时间段的销售进行预估,包括对周末和正常日的销售的计算。

③对每一天各个不同阶段的销售进行分析,确定各个重要时间段所需要开机的数量或根据经验决定开机的数量。

④考虑影响排班的 8 个要素,并初步排出科学合理的班次。

⑤对排班作进一步的调整,并考虑员工不同班次的调整。

例如:某门店全天营业时间为 8:00—22:00。平日各营业时段的经验开机数量如下:8:00—11:30,3 台;11:30—13:00,10 台;13:00—15:00,6 台;15:00—18:00,15台;18:00—19:00,30 台;19:00—22:00,10 台。

工作餐时段:中餐 2 h,11:30—13:30;晚餐 3 h,17:00—20:00。班次:可以有兼职人员和全职人员,班次的就餐时间为 30 min,每个班次只有一次工作餐时间。则收银的排班如表 13.4 所示。

表 13.4　收银排班

班次代码	时　　间	人　员	人　数	备　　注
A1	8:00—12:00	兼　职	3	无工作餐时间
B1	10:30—19:30	全　职	10	有工作中餐时间 30 min
A3	15:00—19:00	兼　职	5	有工作晚餐时间 30 min
A3	15:30—21:00	兼　职	2	有工作晚餐时间 30 min
B2	17:00—23:00	全　职	10	有工作晚餐时间 30 min

以上是理想状态下的排班,实际的变化和考虑的因素要比例子复杂,这里只是通过简单的事例来说明排班的原理。要做好收银的排班,需要在实际的工作中不断地积累经验、掌握技巧,才能做得更好。

13.5.2　收银排岗与工作餐

1)收银员排岗

(1)排岗的概念及原则

收银排班决定某一时间收银机的最大开机数量和收银员的人数,排岗则确定收银机实际的开机数量和开机的具体位置。排岗的原则有:

①数量原则。收银 3 人原则:超过 3 名顾客排队,必须加开新机。

②满开机原则。营业高峰期间,开机的最大数量是开满所有的收银机,不是排

班上的最大开机数量。

③位置不选择原则。收银员在哪台收银机上机,必须服从收银主管的安排。

④方便顾客原则。便于顾客寻找,选择离顾客购物区域较近的收银机。

⑤平衡分流原则。分流顾客,避免过多的顾客集中拥挤在某几个或某一小区域内付款。

⑥匹配原则。排岗收银机的数量和位置与付款客流量最大程度的现场匹配。

(2)排岗的技巧

①客流法。根据付款顾客的人数的多少决定开机的数量和位置。某一时间段内,某一区域的客流量较多时,临近区域的收银机开机。如早晨超市中购买生鲜食品的顾客多,则临近该区域的收银机优先开机。某几个收银机客流较多时,选熟练、快速的收银员排岗。根据客人的流量,随时决定开机的位置和数量。

②区域法。特别区域必须保证全工作时间内的开机,如精品区域。排岗考虑较大的区域内要有开机,以保证分散客人的付款方便。某一收银区的付款客人较多,另一收银区客人较少时,在后者区域开机。开机时适当分散开机,尽量分散顾客。

2)工作餐的安排原则

①必须保证收银员能够在合理的工作时间内进工作餐,不能过早、过迟,甚至取消工作餐时间。

②安排工作餐时以不影响收银为最佳的安排原则。工作餐由收银主管统一安排,收银员可请求用餐,但不得未经安排擅离岗位。

③轮流。轮流指收银主管根据排班和排岗记录,轮流进行安排。

④换岗。换岗指将工作餐的收银员班结,另一收银员重新上机,收银机在开机状态。

⑤暂停。暂停指将工作餐的收银员暂停收银,收银机关机状态。

13.5.3　大钞预收

1)大钞预收定义与目的

大钞预收即当收银员银箱中的现金过多时,要在班结前提前收取大面额现金。大钞预收可减少收银机中现金的数量;防止偷窃、抢劫,保证资金安全;空出银箱便于收银员操作等。

2)大钞预收程序

领取现金钱袋—开收银机银箱—收取大钞现金—封好入钱袋—关闭收银机银

箱—钱袋入保险箱—作收取记录—收取下一收银机—回交现金库房。

3）大钞预收原则

①授权原则。大钞预收由公司的保卫人员和收银管理层或其他授权人员进行。

②安全原则。收取和押送的过程中保证资金的安全、银箱的安全。

③监督原则。保卫人员、收银管理人员以及收银员三方均在场时，打开银箱，收取大钞现金。

④对应原则。收取的大钞必须用专用现金袋装并放入保险箱，且现金袋号码与收银机号码一致。

④时间原则。大钞收取后，第一时间押送到现金室交接，中途不作任何停留。

⑤不交接原则。大钞收取时，收银员与大钞收取人员不作任何现金数额的确认与交接。

13.5.4　设零与兑零

1）设零/兑零的概念

设零是指收银员上岗前（每日开店前和营业间重新上岗前），必须设置收银机起始零用金，将之前放在收银机的现金放入抽屉内，每台收银机起始零用金相同。设零的目的是所有收银机在进行收银程序时，可以找零。兑零是指营业时间内为收银机提供的兑换零钱。兑零能保证每一台收银机在营业期间的任何时候都有足够的零钱找零。

2）设零/兑零的原则

（1）设零原则

①相同原则。所有收银机任何时间设置的起始零用金相同。

②起始原则。收银员在重新上岗前必须重新设置起始零用金。

③不交接原则。设置零用金者与收银员均不得清点银箱内起始零用金。

④授权原则。起始零用金只能由公司收银管理层设置并接受保卫人员的监督。

（2）兑零原则

①充足原则。必须有足够的零用现金以随时满足收银机的兑零需求。

②时间原则。兑零可随时进行，没有时间限制，在接到收银员兑零请求时应立即进行。

③地点原则。兑零必须在需要兑零的收银机岗位旁进行,不得远离岗位。

④现场核实结算原则。管理层与收银员现场确认现金数量、币种是否正确以及钱币的真伪,不得赊账或过后算账。

⑤授权原则。兑零只能由公司授权的收银管理层进行,收银员之间禁止进行兑零或帮助兑零。

13.6　收银错误的作业管理

在零售店铺经营过程中,发生收银错误是难免的,即便是使用 POS 系统进行结算,由于条形码的模糊、不平整以及系统故障等问题,也会发生收银错误。在具体经营过程中,关键是当发生收银错误时,应采取何种措施进行补救。常见的收银错误主要有以下 4 种:

13.6.1　顾客结算时发生收银错误的处理

1)消磁例外处理

消磁例外是指商品经过出口处防盗门时引起的报警。正确地消磁是非常重要的,否则容易引起顾客的不满,增加了收银稽核人员的工作量与工作难度。妥善地处理好消磁例外是收银管理人员的职责之一。收银管理中出现消磁例外应做如下处理:

(1)收银员

对返回的已结账未消磁的商品,第一时间进行消磁处理;对顾客或稽核员说"对不起",表示歉意。记住例外的商品,使下一次能正确消磁;对引起的报警向顾客作解释,并快速查找未消磁的商品;如确属于商品未消磁,则征得顾客同意后将商品带回结账收银台进行消磁。

(2)稽核员

提醒收银员要正确执行消磁程序;将已经消磁的商品还给顾客,并道歉;将未消磁商品进行记录,并即时报告收银主管。

(3)收银主管

接到报告后,提醒收银员做好工作并作记录,以便处理和分享信息;现场处理因未消磁引起的顾客投诉问题。

2）其他结算错误

（1）当收银员误将商品数量、价格多打时

可询问客人是否还要购买其他商品，如客人不需要，则应重新录入。在非高峰期，及时通知值班经理更正，在营业高峰期可以采取挂单处理，并保留挂起单，且应有防损员签票确认。如果收银单已经打出，应立即收回，并将正确的收银单双手递给顾客，并因耽误顾客时间而再次向顾客道歉；请顾客在作废的结算单上签字，并登记入册，请值班经理签字作证；向顾客的合作表示感谢。

（2）信用卡重复刷卡的处理

收银员应写清原因过程，交由收银主管、门店经理签名，由连锁经营管理部给予意见后，交财务部。在银行将款项划入我司账户，经财务部核实后给予退款。

不管怎样都应真诚地向顾客道歉，解释原因并立即予以纠正。

13.6.2　顾客携带现金不足或临时退货的处理

当顾客发现随身携带的现金不足以支付选购的商品时，应好语安慰，不要使顾客感到难堪，并建议顾客办理不足支付部分的商品退货。如果已经打好结算单，应将其收回，重新为顾客打一份减项的结算单。

如果顾客临时决定退货，应热情、迅速地为顾客办理退款手续；作废结算单的处理程序与上相同。

13.6.3　营业收入收付发生错误的处理

收银员在下班之前，必须核对收银机内的现金、购物券等营业收入的总数，再与收银机结出的累计总货款进行核对，两者不符时，收银员应将差额部分写出书面报告，以解释原因。

如果货款短缺，应根据收银员的工作经验，分析出是人为因素造成的还是非控制因素造成的，以决定收银员是部分赔偿或全部赔偿。

如果实收金额大于应收金额，说明收银员多收了顾客的货款，会在顾客中造成坏的影响，直接影响到零售店铺的形象，应责令收银员支付同等的多收金额，以示惩戒。

为了减少零售店铺收银工作中的舞弊行为，无论多收或少收，都应由收银员全面负责，以增强其责任心。严重的，不仅要通报批评，而且要辞退。

单元测试

一、名词解释

POS 收银系统　　设零　　兑零　　扫描例外　　消磁例外

二、判断题

1. 收银员工作时必须做到三点,即正确、礼貌和迅速。　　　　　　　(　　)

2. 收银员离开收银台时,可将"暂停收款"牌随意摆放。如临时有急事,收银员可以离开收银台处理相关工作。　　　　　　　　　　　　　　(　　)

3. 零用金管理中,兑零要求遵循时间原则,那么在时间紧迫的情况下,收银员之间可以进行相互兑零或帮助兑零。　　　　　　　　　　　　(　　)

4. 在收到大钞时,为避免收到假币,收银员应当着顾客的面仔细检查钱币。
　　　　　　　　　　　　　　　　　　　　　　　　　　　　(　　)

5. 在收银过程中,如发现商品有多重条码,收银员应在第一时间通知收银主管核实采用哪一条码金额收款。　　　　　　　　　　　　　　(　　)

三、选择题

1. 收银机的组成包括哪几部分(　　)。
A. 顾客显示器　　　B. 显示器、主机　　　C. 打印机　　　D. 键盘、钱箱

2. 收银机开机顺序(　　)。
A. 电源—打印机—主机　　　　　　B. 打印机—主机—电源
C. 打印机—电源—主机　　　　　　D. 主机—打印机—电源

3. 收银过程中应遵循的"三唱一复"原则中的"三唱"不包括(　　)。
A. 唱价　　　B. 唱收　　　C. 唱付　　　D. 唱零

4. 条形码阅读器有不同的种类,且各有优缺点,根据特性的不同,在小型超市中多使用(　　)条形码阅读器。
A. 笔型　　　B. CCD　　　C. 激光枪式　　　D. 固定式

5. 收银作业过程中常见的例外包括(　　)。
A. 扫描例外　　　B. 消磁例外　　　C. 找零例外　　　D. 装袋例外

四、简答题

1. 收银的工作职责与基本流程是什么？如何处理收银过程中的付款例外？

2. 当收银员有急事需离开收银台时，应如何处理？

3. 简单说明收银员应遵守哪些作业纪律？

4. 收银错误作业的种类有哪些？收银差异出现的原因有哪些？

5. 出现收银差异时，处理的原则和方法有哪些？

学习单元 14　门店商品进货和存货作业管理

学习目标

　　了解商品进货模式与原则;熟悉商品的验收与存货管理;掌握连锁门店商品进货、存货管理要点方法;能结合实际提高商品进货与验收管理能力。

学习内容

　　门店商品进货、验货、存货作业管理。

学习重点

　　连锁门店商品进货、存货管理要点、方法。

教学方法和建议

　　●通过角色扮演法、任务驱动等实施教学;
　　●本单元可组成"门店商品进货验货""门店存货作业"等学习任务;
　　●教学中,以"学习任务"的形式把学习内容分配给每个学习小组,每个学习任务按照"六步法"来组织教学,在老师指导下制订方案、实施方案、最终评估;
　　●教学过程中体现以学生为主体,教师进行适当讲解,并进行引导、监督、评估;
　　●教师提前准备好各种媒体学习资料、任务单、教学场地和设备。

学习任务

　　以学习小组为单位,模拟进货、验收、库存作业,体验实际的进货工作过程:订货计划—退换货作业—进货验收—库存管理。组织小组成员进行讨论、评价,提升学生进货与存货作业管理技能。

案例导入

上海华联股份有限公司进货管理

　　商品进货费用占整个商品成本比例的行业平均值为 4.5% ~ 5%。上海华联股份有限公司建立了探索采购集约机制。在进货管理上实行职权交叉,把握住了"四关":一是进货关,公司成立了进货管理委员会,商品进货必须经过进货管理委员会严格审核,坚决杜绝人情货,并根据优胜劣汰的原则,半年对商品的单品销售量和销售额进行排名,被列为倒数 1 ~ 3 名的自行淘汰;二是质量关,新增品种必须由计划业务部办理质检手续,通过产品质检后才可核价;三是核价关,计划业务部根据市场调研情况,结合公司的实际统一核定价格,业务员无权定价;进货过程中的食物折扣、现金折扣、厂方提供的销售奖金等,一律要求供货商换成应收账项的折扣,以求降低进货价格,公司的宗旨是用最低的进货成本采购到最好的适销对路的商品;四是付款关,就是货款由业务部付款小组根据"购货合同"上规定的付款日期,以及商品销售情况决定付款次数等,并输入电脑,实行计算机管理;付款的方式、时间由付款小组严格审批,业务员个人无权决定支付货款的时间和方式。此外,超市公司与经营业务人员还签订了一份"廉价协议",作为劳动合同的补充约定。约定规定,供应商在洽谈业务时带来的样品,业务员不得擅自赠送他人或挪为己有,要办理登记和集中处理。收到现金、实物、礼券等必须上缴组织统一处理。不准私自接受业务单位的邀请、旅游等,若违反约定,按情节轻重予以经济处罚,直到解除劳动合同。上海华联股份有限公司就是这样控制商品的进货费用。

(资料来源:中华零售网,2006-10-12.)

问题思考:
连锁经营企业得以生存和发展的关键点?

14.1　门店商品进货作业管理

14.1.1　进货作业概述

1)进货概念

进货是连锁企业从编制进货计划开始,经过供应商的选择及确定、合同的签订和执行到商品到货、验收入库的完整业务经营过程。门店的进货就是依据订货计划向总部、配送中心或总部指定的厂商及自行采购单位要货的活动。

2)进货模式

(1)连锁总部直接进货

连锁总部直接进货即总部集中采购。采购时,连锁企业设立专门的采购机构和安排专职采购人员统一负责企业的商品采购工作。连锁企业下属各门店只负责向总部提出商品订购计划,报告店内商品陈列以及内部仓库的管理和销售工作。

(2)分散进货

根据企业的规模及管理方式的不同,连锁企业将全部或部分采购权分散到分店,由各分店在核定的范围内,采用完全分散采购或部分商品分散采购两种方式直接向供应商采、订购商品。

3)进货作业管理内容

(1)商品需求预测

作为客户服务的直接接触者和服务的最终完成者,门店必须成为客户选购的支撑。门店进货作业人员要做好市场调查和预测工作,要了解消费者到底需要什么,想买什么:以有效地保证所订购商品适销对路,为门店创造持续的经济效益。在商品需求预测过程中要考虑气候变化、商品生命周期、未来市场的变化等因素。此外,随时把握流行商品的商机,并随时注意价格变化及库存数量。

(2)实现门店营运目标

即不折不扣、完整地把连锁公司总部的目标、计划和具体要求体现到日常的作业化管理中,实现连锁经营的统一化。概括起来就是:销售最大化、损耗最小化、降低门店营运成本。

14.1.2 进货作业管理

1)订货作业流程

门店的订货作业是指门店依据订货计划向总部配送中心或总部指定的厂商及自行采购单位要货的活动。订货作业流程如图 14.1 所示。

(1)门店订货工作原则

①订货要有计划性。注意适时与适量,门店在每天营业销售时段不可能随时订货。一般总部会对各个门店规定每天的订货时间,此外,各类别商品的订货周期、最小订货量等也都必须有事前计划。

```
            ┌─────────────────┐
            │   订货作业计划    │
            └─────────────────┘
                     │
            ┌──────────┐        ┌──────────┐
            │  存货检查 │───────▶│  充足停止 │
            └──────────┘        └──────────┘
                     │
  ┌──────────┐   ┌──────────┐
  │  库存不足 │◀──│ 填写订货单 │
  └──────────┘   └──────────┘
                     │
              ┌──────────┐
              │  总部汇总 │
              └──────────┘
                     │
        ┌────────────┴────────────┐
┌──────────────────────┐  ┌──────────────────────┐
│ 通知厂商(TEL, FAX, EOS) │  │ 通知配送中心(FAX, EOS) │
└──────────────────────┘  └──────────────────────┘
```

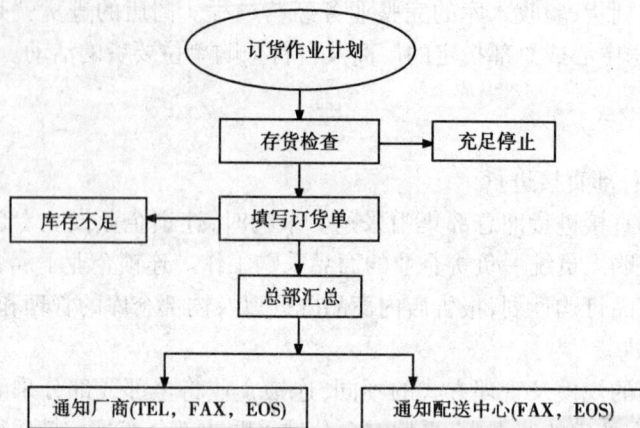

图14.1　订货作业流程

②订货方式要规范化。订货可采用人工、电话、传真、电子订货系统等多种方式,发展的趋势是采用 EOS 订货系统。

(2)门店在订货作业流程中应注意如下事项

①存货检查。门店店长应随时注意检查卖场及仓库的存货,若存货低于安全存量,或出现断码,或遇到门店搞促销活动,或节假日之前都必须考虑适量补货。同时,在进行存货检查时,还需检查该商品的库存量是否过多,这样就可以早作应对处理(如门店之间的调拨、降低订货量等)。除此之外,在检查存货时还应注意检查现有存货的有效期限和商品品质。

②适时补货。门店补货必须注意时效性,门店每天正常营业时间不可能进行随时补货,而且总部或供应商也不可能随时接到补货单就随时发货,一般都有固定的补货时间范围,只要过了这个时间就视为逾期,作次日订单处理。

③适量补货。补货量的决定也是比较复杂的过程,这就要求相关人员必须考虑到以下因素:商品每日的销售量,补货送达门店的前置时间、产品的最低安全存量、产品的规定补货单位等。在实际操作过程中,门店店长需要根据自己的经验和实际情况进行补货。

2)进货作业流程

进货作业是连锁门店依照补货单由公司总部、配送中心或供应商将产品送达门店的作业。进货作业对供应商或总部、配送中心来说就是"配送",对门店而言,其作业的重点应是验收。

(1)进货作业流程

连锁门店进货作业流程如图14.2所示。

```
物流配送中心          门 店          供应商配送

 送货单    →    送货单    ←    供应商配送

               核对进货记录

合格签收  ←   品质品项检验   →   不合格退回

               填写入库单

   入 库                    上架品类确认

  仓库保管                   填写出库单

                            出库上架
```

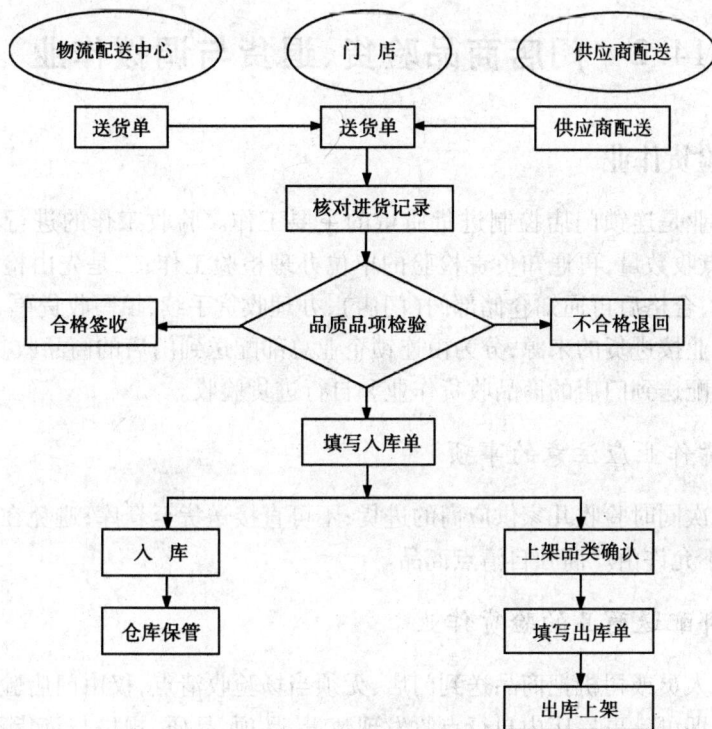

图 14.2　进货作业流程

（2）进货作业应注意以下事项

①进货要严格遵守时间。进货时间的确定应考虑厂商作业时间、交通状况、营业需要及内部员工出勤时间。

②验收单、发票需齐备。

③商品整理分类要清楚,在指定区域进行验收。

④先退货再进货,以免退调商品占用店内仓位。

⑤验收后有些商品直接进入卖场,有些商品则进内仓或进行再加工。

⑥拒收变质、过保质期或已接近保质期的商品。

14.2 门店商品验货、退货与调拨作业

14.2.1 验货作业

验货作业是连锁门店控制进货质量的主要工作。验收工作的进行有两种情形：一是先点收数量，再通知负责检验的单位办理检验工作；二是先由检验部门检验商品质量，合格后再通知仓储部门（门店），办理收货手续，填写收货单。

验货作业按进货的来源，分为由连锁企业总部配送到门店的商品收货作业、由供应商直接配送到门店的商品收货作业和自行进货验收。

1）验货作业应注意的事项

不要一次同时验收几家供应商的进货；不可直接送货至仓库；避免在营业高峰时间进货；不允许由厂商独自清点商品。

2）总部配送商品的验货作业

由业务人员或司机把商品送到门店，无须当场验收清点，仅由门店验收员加盖店章及签收即可。事后店内自行点收发现数量、品项、品质、规格与订货不一致时，可通知总部再补送。

3）供应商直接配送到门店的商品验货作业

①建立并公布一个既方便供应商也方便门店收货的进程表（按天和小时编制），同时规定所有供应商直送商品必须由门店指定的出入口进入。

②在验收时，不要一次同时验收几家厂商的进货，送货单位和货物必须有规律地排列，以便验收人员系统有序地核查所有订购的货物。

③要核对发票与送货单的商品品名、规格、数量、金额是否相符。

④认真核对发票与实物是否相符，具体的检查内容包括：商品数量、商品重量及规格、商品成分、制造商情况及标签、制造日期及有效日期、商品品质、送货车辆的温度及卫生状况、送货人员等。

⑤清点每一件商品，即使商品已经装箱密封；如订货数量较大，可按商品的一定比例抽查；对于散箱、破箱商品，必须进行拆包、开箱查验，核点实数。

⑥对于贵重商品，必须拆箱、拆包逐一验收；对于无生产日期、无生产厂家、无地址、无保质期、商品标签不符合国家有关法规的商品，一律拒收。

⑦对于变质、过保质期或已接近保质期的商品拒收。

⑧如果供应商的实际供货量少于进货单据上注明的数量,应要求供应商就这些短缺的货物给门店出具一个有供应商签名的补偿担保,进货验收人员要及时填写相应的记录表。

⑨验收合格后,验收人员方可在进货单据上签字、盖章。同时,验收人员也应及时把接收的货物按门店要求记录在册。

14.2.2 退换货作业

退货作业可跟公司总部、配送中心或供应商进货作业相配合,利用进货回程顺便将退货带回。退换作业一般定期处理(每周一次或每10天一次),以提高其工作效率。退换货时,首先要查明退换货的来源;其次要填清退换单;最后要告之被退换方,以便及时处理。

1)退换货原因

品质不良;订、送错货;顾客申请退换的产品或是总部明确规定的滞销品;过期商品。

2)办理退换货作业需注意的事项

①供应商确认,即先查明待退换商品所属供应商或送货单位。
②退调商品也要清点整理,妥善保存,整齐摆放在商品存放区的指定地点。
③填写退换货单,注明退换商品的数量、品名及退换原因。
④迅速联络供应商或送货单位办理退换货。
⑤退货时确认扣款方式、时间及金额。

14.2.3 调拨作业

调拨作业是连锁企业门店之间的作业,它是某门店发生临时缺货,且供应商或总部配送中心无法及时供货,而向其他门店调借商品的作业。

1)调拨发生的原因

门店销量急剧增长,存货不足;供应商送货量不足;顾客团购或临时加大订购量。

2)调拨注意事项

①若属于临时大量订单,门店在接单前最好先联系一下其他门店,确认可调拨

数量是否足够,不要随意接单而影响连锁企业的商誉。

②门店之间的商品调拨必须在双方店长同意的前提下进行。

③调拨车辆和工作人员、调拨时间需事先安排明确。

④必须填写调拨单,拨入、拨出门店的负责人均需签名确认。

⑤拨出或拨入均需由双方门店验收、检查并确认。

⑥调拨单一式两联,第一联由拨出门店保管,第二联由拨入门店保管。

⑦调拨单需定期汇总送至总部会计部门,以配合账务处理。

⑧拨入、拨出门店均需检查存货账与应付账是否正确。

⑨拨入门店应重新考虑所拨商品的最低安全存量、每次订货量以及货源的稳定性,尽量避免重复发生类似事件。

3)调拨作业流程

调拨作业流程如图14.3所示。

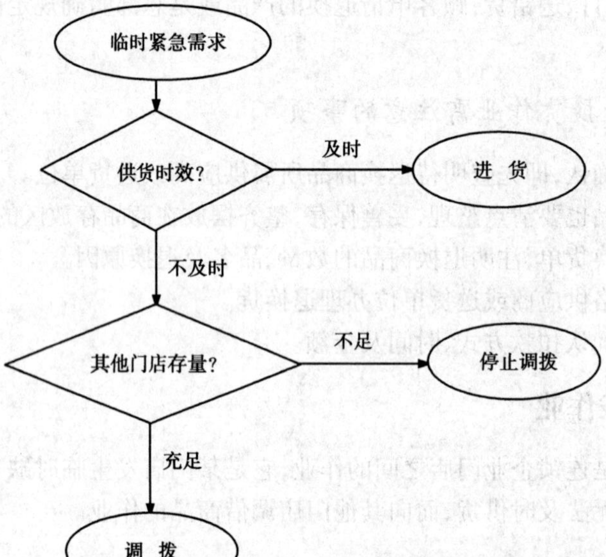

图14.3 门店调拨作业流程

14.3 门店商品存货作业管理

14.3.1 存货作业概述

1)存货作业重点

商品存货是流通的停滞和资金的占用,但又是必不可少的环节。市场变化莫测,生产又需要一定的周期,为不出现缺货现象,企业就必须有商品存货。由于库存要占用资金和场地,会给超级市场带来成本费用的增加,因此,科学的存货管理十分必要。

(1)存货数量管理

商品存货数量管理一般采用保险存量管理法。存货数量与商品流转相对应,是最佳效益点。存货量过大,会造成商品积压,影响效益;存货量过小,会造成商品不足,市场脱销,影响销售额。

(2)存货结构管理

对连锁企业门店来说,无论是仓库空间还是资金,通常都是有限的。如何利用这些有限的空间和资金获取更大的效益,加强商品库存结构管理是非常重要的。商品库存结构管理的最常用方法是 ABC 管理法。

(3)存货时间管理

加快商品周转等于加快资金周转,自然会提高商业运作效率,这是超级市场获得利润的关键,所以应加强存货的时间管理。

2)存货作业管理内容

门店存货管理主要包括仓库管理、盘点和坏品处理等。仓库管理是指对门店商品储存空间的管理;盘点则指对库存商品的清点和核查;坏品处理主要是指对仓库日常管理和盘点过程中发现的问题商品进行处置。

3)存货管理目的

门店存货管理与处于供应链的其他环节的存货控制管理有不同之处,主要表现在以下两个方面:

(1)配合进货、采购业务,防止缺货

为进货、采购提供有关现存货品信息。顾客到门店购买商品,如果遇到缺货,肯定会产生不满情绪。门店经营者必须对缺货原因作出正确的分析,为门店的商品进货和采购提供准确的信息。

(2)配合门店销售业务

为迅速配货、补货及促销决策提供相关信息。存货管理决策与商品销售速度有很大的关联性,尤其是不同种类的商品,其平均销售速度也有所差异。连锁门店商品分为畅销品、长销品与滞销品3种。畅销品容易出现缺货现象,如果畅销品脱销后,门店能够很快地补充货品,就可以极快地获取利润,并可以弥补由滞销品资金积压带来的损失,加速营运资金的周转。同时,门店经营者还要尽快地查找出滞销品及其滞销的原因。无论是何种原因,在查验出滞销品滞销的因素后,应立即采用削价的方式或促销活动来出清存货,加速资金的流转,并腾出空间,补充其他商品,调整门店的商品结构,以满足消费者的需求。

门店无论规模大小,最重要的是要有适当的存货以满足顾客的需要,同时应避免商品积压,导致必须通过减价的方式出清存货。

14.3.2 存货作业管理环节

1)库存管理基本概念

商品库存就是门店全部商品的未销售总数量和总金额。

库存管理是指对附属于门店的商品储藏空间的管理,包括对暂存区、货品内仓的管理。

实际库存是商品当前实际存在的库存数量和金额。

系统库存是电脑系统中记录的商品的库存数量和金额。

库存区,即用来存放商品的非销售区域,货架顶部以上空间、周转仓、内仓等都是库存区。

库存周转率是商品库存量与销售量相比较而体现出的周转次数的数据。

2)库存管理的重要性

目前,部分连锁门店根据需要设立了内仓,另有一部分门店由于没有封闭的仓库,而直接把货架上层作为储存空间,还有一部分门店把内仓和卖场都作为库存区域,因此库存区位较多。商品的销售及订货的变化、商品结构调整引发的商品进出、促销品项的变化等,都决定了门店库存的特点是动态库存。库存维护在门店的管理中是至关重要的,处于"牵一发而动全身"的关键位置。如果电脑系统中的库存数据不能与实际的库存数据一致,则会对几乎所有的运营环节产生连锁影响,甚至对电脑系统的准确性、预测性、分析性、预警性等功能产生重要影响,使运营部门在商品订货、补货、销售、库存周转、顾客服务、盘点等方面都很难做到有效控制。因此,库存管理是门店经营管理的重要控制点。

3)库存管理工作

(1)系统库存的维护

系统库存维护的原则是电脑系统中的库存数据必须与商品实际的库存数据一致。影响电脑系统库存的原因有:收货部门收点商品数量、品项错误;退货组未能及时扣除退货商品数量;商品被盗窃或被损坏而未被发现或发现后未执行商品库存调整程序;销售部门在盘点时错误点数;条形码错贴导致商品库存错误;收银人员结账时,在对多个同类商品进行扫描的过程中发生错误,或数量键使用错误等。

商品库存更正作业流程如图 14.4 所示。

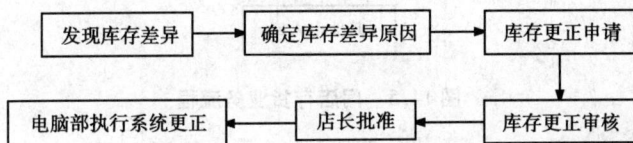

```
发现库存差异 → 确定库存差异原因 → 库存更正申请
                                        ↓
电脑部执行系统更正 ← 店长批准 ← 库存更正审核
```

图 14.4　商品库存更正作业流程

异常库存的处理:当发现商品库存存在异常时,相关部门必须对其进行处理,以解决由此而暴露的运营问题,并对系统中和盘点中的异常库存报告进行及时处理;对于一时不能发现原因的重大库存差异,必须上报到防损部门进行查证。

(2)周转库存的控制

库存控制的指标包括单品库存金额、库存周转以及部门库存金额、库存周转和整个库存金额以及年库存周转的控制。库存控制的措施:商品订货的控制,特别是要对不能退货的商品加强控制;要做好节假日商品销售的预算,特别是特价商品和节日商品,以避免存货量过大;要减少积压库存量和滞销商品的库存量;改变商品的陈列方式;对商品进行促销;加强对季节性商品的过季处理;对新商品采取谨慎订货的方式。

(3)高库存异常的原因

高库存异常的原因有:系统的库存数据不准确,导致订货不准确而造成库存量过大;销售部门人员对实物库存管理不当;未找到实物,造成重复订货;商品促销的预计数量与实际销售量差距较大,导致商品库存量过大;季节性商品过季后滞销;高库存商品属于滞销品;商品的陈列空间与商品的周转不成比例,导致商品的库存数量过大;商品的最小订货数量与商品的周转不成比例,导致商品的库存数量过大;商品的陈列存在缺陷,导致商品的库存数量过大。

（4）库存过大商品的控制

将所有库存过大的商品列出清单；对库存过大的原因进行分析，采取降低库存的措施，如退货、降价、改变陈列位置等。

4) 门店库存管理业务流程

门店存货业务主要完成仓库调拨、内部报损、内部领用、仓库盘点、库存自动报警、库存实时查询等业务，如图14.5所示。

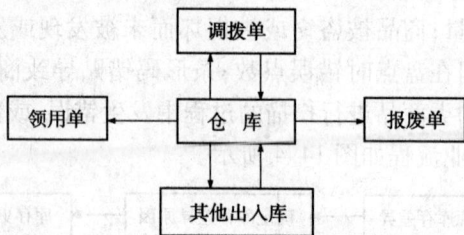

图 14.5   门店存货业务流程

5) 门店库存管理注意事项

①库存商品的定位管理。即将不同商品按分类分区管理的原则来存放（如放置在货架上）。仓库至少要被分为3个区域：第一，大量存储区，商品以整箱或栈板方式储存；第二，小量存储区，将拆零商品放置在陈列架上；第三，退货区，将准备退换的商品放置在专门的货架上。

②制作商品配置图，贴在仓库入口处，以便于存取商品时参照。小量储存区应尽量固定位置，整箱储存区则可弹性使用。若小量储存区空间太小或属冷冻（藏）库，也可以不固定位置而弹性运用。

③商品不可直接与地面接触。一是为了避免潮湿；二是由于生鲜食品的储存规定；三是为了堆放整齐。

④存储区的温湿度。保持通风良好、干燥、不潮湿。仓库内要设有防水、防火、防盗等设施，以保证商品安全。

⑤商品储存货架应设置存货卡，商品进出要遵循"先进先出"的原则，也可采取色彩管理法，如每周或每月使用不同颜色的标签，以明显识别进货的日期。

⑥仓库管理人员要与订货人员及时进行沟通，以便货到后有空间可以存放。此外，还要适时做出存货不足的预警通知，以防缺货。

⑦仓库存取货原则上应随到随存、随需随取，但考虑到效率与安全，有必要制订作业时间规定。

⑧商品进出库要做好登记工作，以便明确保管责任。但有些商品（如冷冻、冷藏商品）为讲究时效，也采取卖场存货与库房存货合一的做法。

⑨仓库要注意门禁管理,不得随便进出。

6)库存报警

存货管理可设置库存上下限报警和安全库存报警两种库存报警模式。库存上下限报警即设定仓库中各项货品的库存上下限,当库存量小于或大于库存预设的上下限时,经过盘点提示库存状况,向相关人员报警。安全库存报警即对库存量低于安全库存量的商品,进行库存报警。报警条件:现有库存 < 日均销量 × (到货周期 + N 天)。

7)商品报损与领用

①商品报损。库存商品会因为包装问题或其他原因损坏,需要申请报损。报损单审核后,方可确认商品报损出库,程序一般为:选择报损商品所属仓库;记录报损商品数量。

②商品领用。内部需要领用商品时,需填写领用单,经审核后方可领用出库。

单元测试

一、名词解析

进货　　进货作业　　订货作业　　商品库存　　库存管理　　实际库存

二、选择题

1.连锁总部会对各个门店统一规定每天的订货时间,以保证订货作业的计划性。一般采用的订货方式有人工、电话、传真、(　　)等多种形式。

A.固定间隔期　　　B.不定期　　C.电子订货　　　D.书面联系

2.仓库有些商品会因为包装问题或其他原因损坏,需要申请(　　)。

A.调拨　　　　　B.报损　　　C.领用与发出　　D.盘点与处置

3.收货作业按进货的来源不同分为由连锁企业总部配送到门店的商品收货作业和由(　　)到门店的商品收货作业。

A.供应商直接配送　　　　　　B.新的外部供货者配送

C.企业合作伙伴配送　　　　　D.企业参股单位配送

4.某门店临时缺货且供应商或总部配送中心无法及时供货,此时,门店可以申请进行(　　)作业。

A. 报损　　　　　B. 调拨　　　　C. 领用与发出　　　D. 盘点

三、判断题

1. 门店存货控制要注意整个供应链上的协调管理。　　　　　　　（　　　）
2. 验收分为厂商配送验收、总部配送验收和自行进货验收。　　　（　　　）
3. 库存维护在门店的管理中是至关重要的,而门店的库存区应包括内仓、货架上层储存空间两个部分。　　　　　　　　　　　　　　　　　　　（　　　）
4. 在总部配送商品的收货作业中,门店无须当场验收清点,仅由门店验收员盖店章、签收即可。　　　　　　　　　　　　　　　　　　　　　　　　（　　　）

四、简答题

1. 门店订货、商品调拨的注意事项有哪些?
2. 简单描述退换货的流程、坏品处理的流程、门店进货流程?
3. 门店存储商品的原因是什么? 仓储管理的注意事项有哪些?

五、案例分析

家乐福的商品进货与存货管理

大型流通零售企业在近年的发展中都形成了很好的物流经验,特别是沃尔玛、家乐福等国际零售企业在发展中形成了良好的存货控制、仓储管理、信息管理的系统。下面结合零售企业家乐福的做法进行具体的阐述。

1) 需求估算阶段

第一个环节是计划环节(plan)。预先制订周全的计划,可以防止各种可能的缺失,也可以使人力、设备、资金、时机等各项资源得到有效、充分的运用,还可以规避各种可能的大风险。制订一个良好的库存计划可以减少公司不良库存的产生,又能最大效率地保证生产的顺利进行。

在库存商品的管理模式上,家乐福实行品类管理,优化商品结构。一件商品进入之后,会由POS机实时收集库存、销售等数据进行统一的汇总和分析,根据汇总分析的结果对库存的商品进行分类。然后,根据不同的商品分类拟订相应适合的库存计划模式,对于各类型的不同商品,根据分类制订不同的订货公式的参数。根据安全库存量的方法,当可得到的仓库存储水平下降到确定的安全库存量或以下的时候,该系统就会启动自动订货程序。

2) 购料订货阶段

计划层面(plan)的下一个层面即为实施层面(do),也就是购料订货阶段。在选用合理的存货管理模式后,就可以根据需求估算的结果来实施订货的动作,以确保购入的货物能够按时、按量地到达,保证以后生产或销售的顺利进行。

家乐福的购料订货模式:在家乐福有一个特有的部门——OP,即订货部门,这是整个家乐福的物流系统核心,控制了整个企业的物流运转。在家乐福,采购与订货是分开的。由专门的采购部门选择供应商,议定合约和订购价格。OP部门则负责对仓库库存量的控制;生成正常订单与临时订单,保证所有的订单发送给供应商;同时进行库存异动的分析。作为一个核心控制部门,它联系其他各个部门。对于仓储部门,它控制实际的和系统中所显示的库存量,并控制存货的异动情况;对于财务部门,它提供相关的入账资料和信息;对于各个营业部门,它提供存量信息给各个部门,提醒各部门根据销售情况及时更改订货参数,或增加临时订货量。

3) 家乐福的仓储作业

家乐福的做法是将仓库、财务、OP、营业部门的功能和供应商的数据整合在一起。从统一的视角来考虑订货、收货、销售过程中的各种影响因素。因此,看家乐福仓储作业的管理就必须联系它的OP、财务、营运部门来看,这是一个严密的有机体。仓库在每日的收货、发货之外会根据每日存货异动的情况,将存量资料数据传输给OP部门,OP部门则根据累计和新传输的资料生成各类分析报表。同时,家乐福已逐步将周期盘点代替传统一年两次的"实地盘点"。在实行了周期盘点后,家乐福发现,最大的功效是节省了一定的人力、物力、财力,没有必要在两次实地盘点的时候兴师动众了;同时,盘点的效率得到了提高。

4) 账务管理阶段

账务管理是物料管理循环的最后一个环节,但同时也是下一个循环的开始,包含两部分的内容:一是指仓储管理人员的收发料账;另一部分则是财务部门的材料账,对于这两类账的日常登记、定期检查汇总,称为物料的账务管理。账务管理最主要的目标是保证料、账准确,真实反映库存物料的情况。

家乐福的做法是从整体的角度出发,考虑仓库、财务、采购各个部门的职责和功能,减少不必要的流程,最大限度地提高效率和减少工作周期。在家乐福,账务管理的基本结构包括3个部分:一是库存管制,由仓管制订;二是异动管理,由OP部门负责入库、出库、物料增减情况的登录;三是库存资讯,包括库存量查询在内,OP部提供有关管理需求的报表,财务提供有关财务需求的报表。

(资料来源:http://guide.ppsi.com.cn/2294/22943,2007-10-26.)

案例分析与讨论:

1. 根据家乐福的进货与存货管理的内容,分析家乐福订货、收货、销售过程中的各种影响因素。

2. 从家乐福的案例中,可以得到哪些启示?

学习单元 15   理货与补货作业管理

学习目标

了解理货员的工作职责;理解理货员的职业道德要求;掌握理货与补货的基本原则、工作流程;会进行连锁门店的理货操作。

学习内容

- 理货与补货概述;工作流程、作业要领;
- 理货员职业道德与工作职责。

学习重点

补货与理货、工作流程、作业要领。

教学方法和建议

- 通过角色扮演法、演示、任务驱动等实施教学;
- 教学中,组成"理货工作任务""补货工作任务"等两个学习任务,把学习内容分配给每个学习小组,每个学习任务按照"六步法"来组织教学,在老师指导下制订、实施方案,最终评估,体现以学生为主体,教师进行适当讲解;
- 教师提前准备好各种媒体学习资料,并准备好教学场地和设备。

学习任务

以学习小组为单位,组织和指导学生按工作任务要求到校企合作实习门店进行理货、补货作业模拟操作,体验实际的理货工作过程;通过实际操作掌握作业流程,理解职责要领。

案例导入

减少摩擦

一天中午,店长正在食品区域帮助计货,忽然听到卖场那头传来阵阵的嘈杂声,起初店长不以为然,后来声音越来越大,当中还不断传来叫骂声,店长这才感觉事态严重,立即赶去了解究竟发生了什么事。

原来是店里一位刚来的理货员在打扫卫生时不小心用拖把撞到顾客的脚,那顾客坚持说理货员的动作是故意的。由于该理货员为新手,顿时不知该如何处理,只是一再向顾客表示,自己是不小心,不是故意的,但那位顾客仍然非常生气,对着理货员大骂,指责他怠慢顾客,态度高傲,做错事又不承认。

店长在了解整个事件的经过后,便先把那位理货员支开,然后向客人道歉,并说明该理货员刚来,经验不足,遇到事情难免会慌手慌脚。由于店长的态度相当诚恳,顾客又嘀咕了一阵子才稍稍消了气。事后店长也告诫这位理货员,或许有时客人真的是无理取闹,但身为连锁企业的一员,一定要摆出低姿态,尽量让顾客感受到被尊重,才能减少摩擦。

(资料来源:樊丽丽.零售业店长训练课程[M].北京:中国经济出版社,2004.)

问题思考:

为什么说理货员工作的好坏会直接影响门店销售额?

在自选超级市场中,理货员活跃在超市卖场的每一个角落,有很多机会与顾客接触。他们的一举一动、一言一行,无不体现着超市的整体服务质量和服务水平,他们的素质高低,将直接影响到超市的声誉,他们工作的好坏,是影响销售额的重要要素。

15.1 理货与补货概述

15.1.1 理货或补货岗位概述

在连锁企业门店中,理货是超市的核心岗位之一。理货员是通过理货活动,依靠商品展示与陈列、POP广告、标价、排面整理、商品补充与调整、环境卫生、购物工具准备等作业活动,与顾客间接或直接地发生联系的工作人员。货架商品是否充足,商品

图 15.1 理货补货工作

陈列是否整齐,商品是否干净整洁,都与理货员的工作息息相关,如图 15.1 所示。

15.1.2 理货或补货职业特征

理货员是在以敞开式销售方式为主的连锁企业发展过程中产生的一个新名词,其岗位层次表面上类似于传统的柜式服务商店中的营业员,但理货员又具有自身职业特征。

1)理货员与顾客沟通的间接性

在超级市场,顾客根据自己的需要与偏好挑选商品,用超市准备好的手推车或提篮携带商品到收银台一次性付款结算。理货员不必主动向顾客介绍、推销商品,仅仅是有问必答,有求则帮。如果理货员不适当地向顾客介绍、推销商品,可能反而会引起顾客的反感。

理货员主要是根据顾客选购商品时的表情、选购行为、顾客之间的讨论和个别询问来了解顾客对商品的需求情况。这就要求理货员在做好理货工作的同时,还要细心观察顾客对商品和服务的反应,把这些信息反映给主管,以便企业能及时调整经营策略,按顾客需求组织货源。

2)理货员工作的交替

理货员不必等候顾客。理货员的工作区域是商品仓库、本人所负责的商品陈列区及由仓库至陈列区的必经路线和地段。工作的中心是卖场内的货架上陈列的商品,主要是通过理货活动来达到为顾客服务的目的。在工作过程中,需要不间断地整理商品、补充商品、给商品标价,在做好理货工作的同时,可以交替做一些辅助性工作。例如,在营业高峰时段,配合其他部门或防损员做好商品的装卸、搬运、安全管理工作。

3)理货与总台关系

理货员的工作重心是商品,他所从事的作业活动是对物发出的,都必须按照操作规范认真执行,任何偏离操作规范的行为都会影响到服务水准,这直接关系到顾客的切身利益、企业形象和经营业绩。

15.1.3 理货或补货岗位地位

1)理货与总台关系

总台发生顾客退换商品的情况,理货员应主动积极配合,并办理好退货的相关手续或帮助完成换货工作。总台发放赠品或促销商品时,如出现短缺或其他问题时,理货员应积极配合解决。

2)理货与收银关系

当收银员在顾客结算时发现标价不清,理货员要及时查看并告知情况;当收银员给顾客结算时发现商品标价错误,理货员应积极协助查找原因,如自己发生标价错误应及时纠正并主动承担相关责任。在每天下班时,应到收银台处收起当天顾客未结算的商品并办好有关手续。

3)理货与保安、防损关系

理货员应主动积极配合保安和防损员做好本部门商品的防损工作,主动地发现可疑人员,及时报告值班经理并做好跟踪工作。发现偷窃人员应交保安处理,与保安搞好销售以外的商品出入手续。

4)理货与部门主管关系

下级服从上级,理货员应全面完成上级主管交给的各项任务指标。上级主管发出的指令如果有损公司利益、形象或有违反法律法规的,在服从命令的同时,有权越级向上汇报。

15.2 补货与理货工作流程

理货员作业流程可分为营业前、营业中、营业后3个阶段。图15.2为理货员的每日工作流程图。

15.2.1 营业前

打扫责任区域内的卫生,检查购物篮、车,检查劳动工具,查阅交接班记录,如表15.1所示。

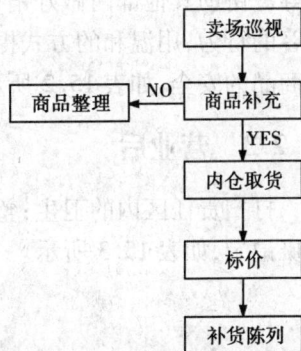

图15.2 理货员的每日工作流程图

表 15.1　超市理货员营业前工作自查表

时段 \ 检查项目 \ 检查日期	年　月　日	
	是	否
营业前 1.服装干净整齐,佩戴好工号牌		
2.办理交接		
3.清洁整理货架、责任区		
4.清洁整理冷柜、冷风柜		
5.商品标价、补货		
6.清洁、整理商品		
7.核对价目表		
8.整理补充必备物品:各种笔录和笔、干净抹布		
9.整理仓库		
10.检查冰箱温度		

门店:	签名:	日期:	班次:

注意:1.工作完成时请打(√),否则打(×)。　　2.请签名后再下班。

15.2.2　营业中

巡视责任区域内的货架,了解销售动态。根据销售动态及时做好领货、标价补货上架、货架整理、保洁工作。方便顾客购货,回答顾客询问,接受友善的批评和建议等。协助其他部门做好销售服务工作,如协助收银、排除设备故障。注意卖场内顾客的行为,用温和的方式提防或中止顾客的不良行为,以确保卖场内的良好氛围和商品的安全,如表15.2所示。

15.2.3　营业后

打扫责任区内的卫生;整理购物篮、车;整理劳动工具;整理商品单据,填写交接班记录,如表15.3所示。

表 15.2　超市营业中自查表

时 段	检查日期 检查项目	年　月　日	
		是	否
营业前	1. 站立服务,礼貌待客,热情和蔼服务		
	2. 检查 POP 招贴是否规范,书写是否规范		
	3. 巡视商场,手拿干净抹布,清洁货架		
	4. 整理货架商品,落地陈列商品		
	5. 检查冰箱温度		
	6. 冷藏冰箱内的商品、排面整理		
	7. 核对价目牌及商品标签价格		
	8. 厂商进货验货、上货架		
	9. 纸箱、空箱、空瓶收好		
	10. 冷藏冰箱的定时补货		
	11. 冷藏冰箱的不定时补货		
	12. 货架定时补货		
	13. 货架不定时补货		
	14. 检查过期商品、变价和损耗商品		
	15. 商品安全管理		
门店:	签名:　　　　　日期:	班次:	
注意:1.工作完成时请打(√),否则打(×)。　　2.请签名后再下班。			

表 15.3　超市营业后自查表

时 段	检查日期 检查项目	年　月　日	
		是	否
营业前	1. 所有用品归位		
	2. 单据整理		
	3. 交接班报表		
	4. 制服整理好		
	5. 协助现场人员处理善后工作		
门店:	签名:　　　　　日期:	班次:	
注意:1.工作完成时请打(√),否则打(×)。　　2.请签名后再下班。			

15.3　理货和补货作业要领

15.3.1　领货作业流程管理

在营业过程中,陈列于货架上的商品在不断地减少,理货员的主要职责就是去内库领货以补充货架,也有些连锁企业的门店(便利店)中,除了饮料之外,是不允许有商品库存的,因而只要商品验收完毕,理货员即可进行标价,补货上架陈列,或暂时放于内仓,待营业时及时补货。

理货员领货必须凭领货单,在领货单上写明所领商品的大类、品种、货名、数量及单价,对内仓管理员所发出的商品,必须按领货单上的事项逐一核对验收,以免防止商品串号和提错货物。

对于大型综合超市、仓储式商场和便利店来说,其领货作业的程序可能不反映在内仓方面,而是直接反映在收货部门和配送中心的送货人员方面。一旦完成交接程序,责任就完全转移到商品部门的负责人和理货员身上。

15.3.2　标价作业流程管理

标价是指商品代码(部门别和单品别)和价格以标签方式粘贴于商品包装上的工作。每一个上架陈列的商品都要标上价格标签,有利于顾客识别商品售价;也有利于门店进行商品分类、收银、盘点及订货作业。这项作业动作很简单,几分钟内就可学会,一天内就能熟练操作,但标价的具体作业管理的要求很多,十分复杂。

1)标签的类型

①商品部门别标签,表示商品部门的代号及价格,通常适用于日用杂品以及规格化的日配品。

②单品别标签,表示单一商品的货号及价格,这种标签尤其适合于连锁超市内的生鲜食品,可分为称重标签和定额标签。

③店内码标签,表示每一单品的店内码和价格,也可分为称重标签和定额标签。

④纯单品价格标签,只表示每一个商品的单价,无其他号码。

2)标签打贴的位置

①一般商品的标签位置最好打贴在商品正面的右上角(因为一般商品包装其

右上角无文字信息），如右上角有商品说明文字，则可打贴在右下角。

②罐装商品，标签打贴在罐盖上方。

③瓶装商品标签打贴在瓶肚与瓶颈的连接地方。

④礼品则尽量使用特殊标价卡，最好不要直接打贴在包装盒上，可以考虑使用特殊展示卡。因为送礼人往往不喜欢受礼人知道礼品的价格，购买礼品后他们往往会撕掉其包装上的价格标签，由此可能会损坏外包装，破坏了商品的包装美观，从而导致顾客的不快。这是理货员要特别注意的，应从细微之处为顾客着想。

3）标价作业应注意事项

①一般来说，门店内所有商品的价格标签位置应是一致的。

②打价前要核对商品的代号和售价，核对领货单据和已陈列在货架上商品的价格，调整好打价机上的数码。先打贴一件商品，再次核对，若无误可打贴其他商品。同样的商品上不可有两种价格。

③标价作业最好不要在卖场上进行，以免影响顾客的购物。

④价格标签纸要妥善保管。为防止不良顾客偷换标签，即以低价格标签贴在高价格商品上，通常可选用仅能一次使用的、有折线的标签纸。

15.3.3 变价作业流程

变价作业指商品在销售过程中，由于某些内部或外部环境因素的发生，而进行调整原销售价格的作业。

1）变价的原因

变价的原因可分为两种：一是内部原因，如促销活动的特价、连锁企业总部价格政策的调整、商品质量问题或快到期商品的折价销售等。二是外部原因，如总部进货成本的调整、同类商品的供应商之间的竞争、季节性商品的价格调整、受竞争店价格的影响以及门店消费者的反应等。

2）变价作业应注意的事项

变价作业不论由何种原因引起，一般都由连锁企业总部采购部门负责。采购部门会将变价的通知及时传达到各个门店，而门店理货员在整个变价过程中应注意：在未接到正式变价通知之前，理货员不得擅自变价；正确预计商品的销量，协助店长做好变价商品的准备；做好变价商品标价的更换，在变价开始和结束时都要及时更换商品的物价标牌以及贴在商品上的价格标签；做好商品陈列位置的调整工作；要随时检查商品在变价后的销售情况，注意了解消费者和竞争店的反应，协助店长做好畅销变价商品的订货工作,或者是由于商品销售低于预期而造成商品过剩的具体处理工作。

3)变价时的标价作业

商品价格调整时,如价格调高,则要将原价格标签纸去掉,重新打价,以免顾客产生抗衡心理;如价格调低,可将新的标价打在原标价之上。每一个商品上不可有不同的两个价格标签,这样会招来不必要的麻烦和争议,也往往会导致收银作业的错误。

15.3.4 商品陈列的作业流程

商品陈列作业是指理货员根据商品配置表的具体要求,将规定数量的标好价格的商品,摆设在规定货架的相应位置。商品陈列的检查要点:

①商品是否有灰尘;货架隔板、隔物板贴有胶带的地方是否弄脏。

②标签是否贴在规定位置;POP 是否破损;标签与价格卡是否一致。

③商品最上层是否太高;商品是否容易拿取、容易放回;上下隔板之间是否间距适中。

④商品陈列是否做到先进先出;是否做好前进陈列。

⑤商品是否快过期或接近报警器;商品是否有破损、异味等不合适销售的状态存在。

15.3.5 商品补货作业流程

补货作业是指理货员将标好价格的商品,依照商品各自既定的陈列位置,定时或不定时地将商品补充到货架上去的作业。定时补货是指在理货员每班次上岗前或非营业高峰时的补货。不定时补货是指主要货架上的商品将售完,就立即补货,以免由于缺货影响销售。

1)商品补货的原则

①根据商品陈列配置表,做好商品陈列的定位化工作。

②严格按照连锁企业总部所规定的补货步骤进行商品补货。

③注意整理商品排面,以呈现商品的丰富感。

④对冷冻食品和生鲜食品的补充要注意时段投放量的控制,应采取三段式补货陈列。一般补充的时段控制量是,在早晨营业前将所有品种全部补充到位,但数量保持在当日预定销售量的40%,中午再补充30%的陈列量,下午营业高峰前再补充30%的陈列量。

2)卖场巡视和商品的整理作业

(1)清洁商品

保持卖场气氛的良好,商品清洁非常重要,这是商品能卖得出去的前提条件,尤其是在营业低峰时段,理货员在巡视卖场时,做到抹布不离手,要做好整个货架的清洁工作。当前面一排的商品出现空缺时,要将后面的商品移到空缺处去,商品朝前陈列,这样既能体现商品陈列的丰富感,又符合了商品陈列先进先出的原则。

(2)检查商品的质量

如果发现商品损害(如瓷器等)、商品变质、包装破损和超过保质期,应该立即从货架下架。

在连锁超市、便利店中规定,有以下几种商品必须从货架撤下:过期商品、有变质现象的商品;接近有效期限的商品(以保质期×3/4为期限);各种具有锈蚀现象的商品;真空包装遭破坏的商品;商标脱落、包装破旧的商品,遭灰尘严重玷污的商品;各种标志不清的商品(包括生产日期、保质期、计量、厂名、厂址等);厂商已更改包装的旧包装商品;有破损、缺件现象的工业品。

3)补货上架时的作业流程

为了符合商品陈列的先进先出原则,通常补货上架要按照以下6个步骤进行:①先检查核对补货陈列架前的价目卡是否和要补上去的商品售价一致;②将货架上原有的商品取下;③清洁货架(此时为彻底清洁货架里面的最好时机);④将准备补充的新货放至货架的后段;⑤清洁原有商品;⑥将原商品放于货架的前段。

15.4 理货员职业道德与工作职责

15.4.1 理货员的职业道德意识

根据理货员的岗位特性应树立以下八大职业道德意识:

①顾客意识。要求理货员时时思考如何让顾客愉快购物,以此作为工作指南。

②目标意识。明确的目标是做好工作的精神保证。

③形象意识。员工的个别形象直接影响公司的整体形象。

④品质意识。树立良好的工作态度,细密的思考习惯,以确保商品和服务的品质。

⑤成本意识。为顾客节省成本是成本意识的核心。

⑥合作意识。时刻准备与他人合作来完成工作。

⑦问题意识。要善于有效地贯彻解决问题的办法。

⑧规范意识。即要求按规则、规定来从事工作。

15.4.2　理货员职业道德规范

理货员职业道德是职业主体在其活动过程中反映出来的,并可以采取职业道德规范的形式来加以规定的。

1)待客道德规范

待客包括等待顾客,主动接近顾客,接受顾客询问,倾听顾客意见、建议和抱怨,与顾客沟通,送客等多项活动。

①等待顾客。避免双手交叉于胸前或手插口袋,斜靠在货架上或坐于陈列商品上;理货员们聚集聊天、嬉笑、窃窃私语等;评说顾客,抱怨工作,指责上级或同事。

②主动接近顾客。避免让顾客久等,大摇大摆地接近;不说"欢迎光临",也不作其他善意的表示;在顾客未提出询问或作出需要帮助的表示之前,过早地接近顾客,并向顾客进行推销。

③接受顾客询问。注意以肯定型说话;不断言,让顾客自己决定;表示拒绝时应说"对不起",后加请求型语句;在自己的责任领域内说话;多说赞美和感谢的话;不用命令型,而使用请求型;不要光是口头回答询问或用手势表示意思,而应随同顾客解决问题。

④与顾客沟通。避免以下行为:言语粗俗,不用敬语;随便使用方言;表示了焦急的状态;表现心情不好、疲倦的状态。

⑤送客。避免站在顾客前面却背对顾客;不说谢谢,也不送客。

2)作业活动道德规范

作业活动可按活动项目来划分,如标价作业、补货上架作业、领货作业、盘点作业、卸货搬运作业、验收作业等。作业活动道德规范列举如下:

①上班时间务必穿着工作服,佩戴工号牌,维持服装仪容整洁。

②上班前 5 min 到达工作岗位,见到同事要相互问候,迟到要表示歉意。

③服从店长的命令和指示。如有意见分歧,应通过正常途径予以报告或沟通。

④上班时不得任意离开工作岗位,有事要离开应预先向店长请示报告。

⑤上班时间不得与人争吵,更不能打架。

⑥爱护公司内一切商品、设备、器具。

⑦随时维护卖场、作业场的环境整洁。

⑧接触商品要轻拿轻放,按规定要求补货上架或作展示陈列。

⑨制作 POP 广告要实事求是,绝不能虚拟"原价",引起顾客的误解。

⑩商品盘点要做到"诚实、认真、仔细",绝对避免弄虚作假。

⑪价目卡要如实填写,以免误导顾客。

⑫连锁总部对专卖店或消费者的赠品或促销品都属于企业财物,绝不能占为己有。

15.4.3　理货员职业道德修养

职业道德修养是指为达到一定的职业道德水平进行的自我锻炼、自我教育、自我塑造、自我陶冶。理货员职业道德修养的目的是加强理货员职业道德意识,提高自觉地遵守理货员职业道德规范的能力。下面着重介绍理货员职业道德修养的内容。

①形象修养。形象修养包括仪表、举止、语言 3 个方面。具体内容如表 15.4 所示。

表 15.4　形象修养

仪　表	举　止	语　言
耳朵:A.有没有清洗干净 头发:A.有没有头皮屑 　　　B.有没有梳理整齐 　　　C.是不是一般发型 　　　D.染色是不是自然 脸部:A.化妆是不是太浓 　　　B.眼睫毛是不是整齐 　　　C.脸部是不是干净 　口:A.有没有刷牙、口臭 　手:A.指甲剪短了没有 　　　B.是否保持清洁 服装:A.是否按规定穿工装 　　　B.服装是否整洁、佩挂服 　　　　务牌 鞋子:A.是不是干净 　　　B.后跟是否太高 　　　C.是不是一般款式 口袋:A.有没有便条、文具	举止是通过肢体来传达意识的一种语言,称为肢体语言。 主要包括: A.动作语言 B.表情语言 C.视线语言 D.利用空间语言 E.言语表达方式 F.声音表达方式 G.接触表达 H.性别、年龄语言 I.容姿语言 J.气味语言	常用的服务用语: A.您好 B.欢迎光临 C.请稍等 D.让您久等了 E.真抱歉 F.谢谢您 G.欢迎再次光临 不能说的话(例): A.不知道,你去问别人 B.卖光了,没有了,货架 　上找不到就没有了,你 　自己再去找看 C.那你想怎么样 D.有本事去告好了 E.讲话要讲点道德,现在 　是文明社会 F.你是不受欢迎的顾客 G.偷了东西就得罚款

②意志修养。意志修养应把握以下 8 个字:认同、自制、宽容、平衡。

③品质修养。品质的内涵十分广泛,对理货员来说,应当着重突出 3 个方面:见物不贪、与人为善、做事求上。

15.4.4　理货员的主要工作职责

①严格执行卖场服务规范,做到仪容端庄,仪表整洁,礼貌待客,诚实服务,严格遵守各项服务纪律。

②熟识产品或产品包装上应有的标志,以及自己责任区内商品的基本知识,包括商品的名称、规格、等级、用途、产地、消费使用方法和日常销量等。

③了解有关商业法规,熟识和执行卖场内的作业规范。

④掌握商品标价知识,能熟练地使用标价机,正确打贴价格标签。

⑤了解卖场的整体布局和商品陈列的基本方法,熟识责任区域内的商品配置图表,严格按照商品配置表正确进行商品的定位陈列,并随时对责任区域内的陈列商品进行整理。

⑥随时了解责任区域内商品销售的动态,及时提出补货建议,或按规范操作要求完成领货和补货上架作业。

⑦要有强烈的责任心,努力防止商品损坏和失窃,同时要了解治安防范要求。

⑧了解卖场内主要设备的性能、使用要求与维护知识,能解决使用不当引起的故障。

⑨搞好商品、设备、货架与通道责任区的卫生,保证清洁。

⑩对顾客的合理化建议要及时记录,并向专卖店店长汇报。

⑪服从店长关于轮班、工作调动及其他工作的安排,协助收银员做好收银服务。

知识链接

一名合格理货员的 8 项注意

在卖场里,虽然理货员不与顾客进行最直接的交易,但是仍有很多机会与顾客面对面地接触。而且他们的言谈举止都代表着企业,因此只有不断地提高理货员的素质和业务能力,才能保证产品在激烈的市场竞争中立于不败之地。

那么,如何做一名合格的理货员呢? 这里有 8 条注意事项:

1. 应服从公司管理,遵守门店的规章制度。

2. 要胸怀大“局”,以公司利益为根本利益。“一损俱损,一荣俱荣”,公司效益与员工自身利益息息相关,坚决不能做损坏公司利益和形象的事情。

3. 理货员要牢记商品管理的基本知识,并在实践中加深理解,进而形成一套自己独特的工作方法。另外,要切实搞好商品陈列,将过期商品和商品丢失的损失降至最低。

4.要有一颗真诚服务的责任心。工作中推行微笑服务,使用真诚的礼貌用语,绝对不能把自己的不良情绪带给顾客;顾客遇到困难时,要热情相助;顾客有不懂或不理解的事情,应认真仔细地解释,绝对不能与顾客争吵。要切记:和气生财,顾客永远是对的。

5.要处理好上下级及同事之间的关系。在领导面前,不阿谀奉承、不搬弄是非。同事间要互助互爱,并做到宽以待人、严于律己,绝对不能勾心斗角和斤斤计较。尤其在上班期间更要协调一致,交接班时勿忘向接班同事转达早班会内容和本班主要事件,以及在下个班应注意的问题。

6.善于总结。每天要自我反省,总结工作中的得与失、成功与失败,以利于自身发展,从而使工作做得更好。

7.协助部门主管做好新员工的"传、帮、带"工作。新员工是公司的新鲜"血液",企业只有不断注入新鲜血液,才能青春永驻。老员工应带动新员工进行实践,把工作中的经验和教训毫无保留地传授给他们,帮助他们尽快掌握工作技巧。

8.注意谈话的技巧。语言是一门艺术,理货员应根据谈话的场合及所面对的不同人群,选择适当的方式,运用一定的技巧,让顾客心悦诚服地接受自己的观点。

（资料来源:阙光辉.超市理货[M].北京:中国劳动社会保障出版社,2006.）

单元测试

一、名词解释

理货员　　标价　　变价作业　　商品陈列作业　　补货作业

二、填空题

1.理货员具体的作业流程可分为_____、_____、_____ 3个阶段。

2.理货员的作业主要包括_____、_____、_____、_____和_____。

3.一般商品的标签位置最好打贴在商品正面的_____,如该位置有商品说明文字,则可打贴在_____。

三、选择题

1.理货员的工作内容包括(　　　)。

A.商品标价　　　B.排面整理　　　C.商品陈列　　　D.补货作业

2.商品陈列一般要遵循( )。

A.从左到右　　　B.从上到下　　　C.先进先出　　　D.前进陈列

3.理货员可以通过( )判断肉品鲜度。

A.味道　　　　　B.颜色　　　　　C.表面状态　　　D.组织弹性

4.商品标签最好打印在商品的( )。

A.上方　　　　　B.下方　　　　　C.左上　　　　　D、右上

四、判断题

1.理货员的工作重心是商品以及与商品销售服务相关的环境。　　　( )

2.搞好商品、设备、货架与通道责任区的卫生,也是理货员的工作。　( )

3.理货员不需要具备商品知识和设备保养知识。　　　　　　　　　( )

4.理货员作业活动与顾客无关,具有特定的服务空间。　　　　　　( )

5.理货员在商品补货中,应当遵循前进陈列原则。　　　　　　　　( )

6.理货员的作业流程可分为营业前、营业中、营业后3个阶段。　　( )

五、简答题

1.简述理货员的主要工作职责。简述领货与补货作业流程管理。

2.简述连锁企业门店标签的基本类型。简述商品标价作业流程及管理。

3.理货员进行商品陈列作业时的要领是什么?

学习单元 16　商品盘点作业管理

学习目标

了解盘点的概念、作用;掌握盘点的原则、方法、实施步骤、措施,盘点差异的确认与处理;能组织实施盘点活动,根据盘点作业规范和流程管理进行盘点作业。

学习内容

盘点作业概述、准备、实施。

学习重点

- 盘点原则、方法、实施步骤、措施;
- 盘点差异的确认与处理。

教学方法和建议

- 通过角色扮演法、演示、任务驱动等实施教学;
- 教学中,以"盘点学习任务"的形式把学习内容分配给每个学习小组,每个学习任务按照"六步法"来组织教学,在老师指导下制订方案、实施方案、最终评估;
- 以学生为主体,教师进行适当讲解、监督;
- 学生通过模拟门店盘点作业(载体),体验实际的盘点工作过程;
- 教师提前准备好各种媒体学习资料,并准备好教学场地和设备。

学习任务

以学习小组为单位,组织和指导学生按工作任务要求到校企合作实习门店进行盘点作业模拟操作,通过实训领会盘点作业技巧,确认盘点差异并进行相应处理。

案例导入

新盘点"运动"

深夜23：00，一家超市仍然灯火通明，很显然，他们在做零售企业必不可少的功课——库存盘点。员工一边紧张地清点着货架上的商品，一边把数据即时输入到手持的数据采集器中。

这种每月一次的盘点对于这家超市的员工来说，已经习以为常，然而这次的盘点似乎与以前有点不太一样：这次盘点的队伍新增了十几个陌生的面孔。3个小时后，盘点圆满完成。这让参与盘点的员工们多少有点意外，因为以往的盘点通常意味着通宵的工作，而这次工作却很迅速。

3个小时盘点结束，对于华士服务有限公司总经理张亮来说，是在他的预料之中的。作为国内目前唯一的一家第三方盘点的服务公司，他已经受邀到不少零售企业协助进行库存盘点。上面这个场景，只是他在为众多客户服务中的一个缩影。

第三方盘点就是企业将盘点业务外包给专业服务公司，通过第三方独立、客观的方式方法来处理数据；同时由具备很强专业性的工作人员快捷迅速地完成盘点，使企业节省大量的人力和时间。第三方盘点是零售企业发展到足够成熟派生的产物，也是行业分工细化的结果。

第三方盘点在国外已经发展得很成熟，例如美国前100名零售企业就有98家采取这种方式来完成企业例行的盘点工作，国外整个零售行业采用第三方盘点的企业也占到85%～90%。而在国内，这种服务方式对于很多企业来说还是一个比较新的概念。"这个行业在国内的空间还是很大的。"张亮说。

对于盘点这种例行"功课"，本土零售企业大多采用安排企业自己的员工，利用几个晚上加班的方法来完成，然而这种方式带来的弊病也是显而易见的。

问题思考：
国内连锁门店适用于何种盘点方式？

在连锁企业门店作业中，盘点作业可以说是一项最繁重、最花时间的作业。不重视管理的门店往往会不重视盘点，或对盘点工作有人为的抗拒感。盘点工作并不仅仅在于对现有商品库存状况的清点而已，而且可以针对过去商品管理的状态作详细的分析，进一步还可以为将来商品管理的改进提供很有价值的参考资料。

16.1 盘点作业概述

盘点作业是一件非常重要的工作,其目的:一是控制存货,以指导门店日常经营业务;二是掌握损益,以便店长真实地把握经营绩效,并及时采取防漏措施。具体地说,盘点作业可达成以下目的:①确认门店在一段经营时间内的销售损益情况;②了解目前商品的存放位置和缺货状况,掌握门店的存货水平、积压商品的状况;③发现并清除门店已到报警期商品、过期商品、残次品或滞销品等;④对于经常出现异常的商品部门,采用抽查的方式,进一步发现其弊端,杜绝不轨行为;⑤环境整理并清除死角。

16.1.1 盘点作业流程

连锁企业的盘点作业流程如图 16.1 所示。

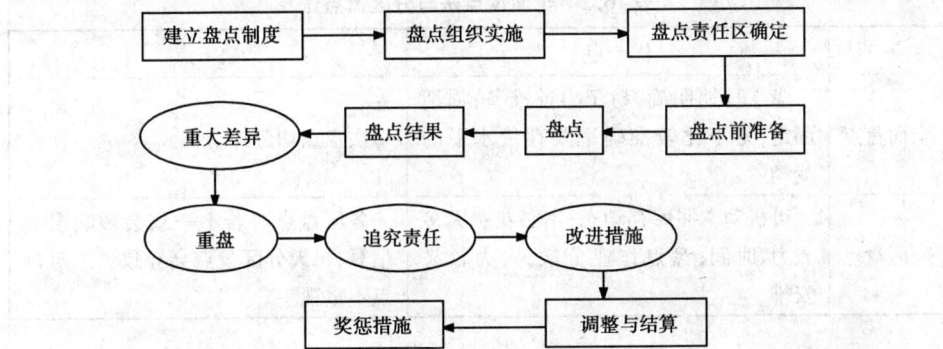

图 16.1 盘点作业流程

16.1.2 盘点作业方法

1)按账或物来区分

按账或物来区分,盘点方法可分为账面盘点法和实地盘点法。账面盘点法,书面记录进出货的变动情况,从而得到期末存货余额或估算存货成本。实地盘点法,指实际清点存货数量。账面盘点法和实地盘点法的优缺点如表 16.1 所示。

表16.1 账面盘点法与实地盘点法

盘点方法	优 点	缺 点
账面盘点	时间短、效率高;很快掌握库存情况;作为实地盘点的理想标准	资料准确性较差;无法掌握坏品、滞销品信息
实地盘点	可以掌握实际存货情况(在作业无疏失的情况下);可了解坏品、滞销品、存货堆积或缺货的真实性	耗费人力、时间;有时会影响顾客购物

2)按盘点区域区分

盘点方法可以分为全面盘点和分区盘点。全面盘点,有固定的盘点日期,在规定的时间内将店内的所有存货进行盘点的方式。分区盘点,将店内商品按类别分区,每次依序盘点一定区域,最后再从第一区重新盘点,如此周而复始。全面盘点和分区盘点的优缺点如表16.2所示。

表16.2 全面盘点法与分区盘点法

盘点方法	优 点	缺 点
全面盘点	盘点日期明确,易于事前准备;周期固定,易于比较准确率及存货水平的变动	每次盘点均劳师动众
分区盘点	可机动掌握库存动态;不必花费太多人力、时间;盘点作业分散,人力较易安排	各区盘点时若不一致会影响损益估算;每天分区盘点会导致员工对盘点不重视

16.1.3 盘点作业制度

1)盘点的周期

①定期盘点。即每次盘点间隔期间一致,如一个月或一季度盘点一次,采用定期盘点可以事先做好准备工作,因而一般连锁企业都采用这种方式,但是该方式未能考虑节庆假期等特殊情况。

②不定期盘点。即每次盘点间隔期间不一致,机动弹性较大,主要考虑到节庆假期、经济异常或意外事件的发生等特殊情况。它是在调整价格、改变销售方式、人员调动、意外事件、清理残货等情况下进行的连锁企业门店营运与管理盘点。

2) 盘点的时间

（1）营业前盘点

营业前盘点即在门店开门营业之前或关门之后盘点。这种方法可以不影响门店的正常营业,但是有时会引起员工的消极抵触,而且连锁企业将额外支付给员工相应的加班费。

（2）营业中盘点

营业中盘点也称即时盘点原则,即在营业中随时进行盘点,营业和盘点同时进行。不要认为"停止营业"以及"月末盘点"才是"正确"的盘点,连锁超级市场,尤其是连锁便利店,可以在"营业中盘点",而且任何时候都可以进行。这样可以节省时间,节省加班费等,但在一定程度上可能影响顾客的购物。

（3）停业盘点

停业盘点指门店在正常的营业时间内停止营业一段时间进行盘点。这种方法员工较易接受,但会减少一定的销售业绩,同时也会在一定程度上造成顾客的不便。

3) 现代化的盘点作业方法

即使用现代化技术手段来辅助盘点作业,如利用掌上终端机可一次完成订货与盘点作业,也可利用收银机和扫描器来完成盘点作业,以提高盘点人员点数的速度和精确性。成立专门的总部盘点队伍进行手工盘点,这种形式较适应于小型连锁超级市场和便利店。

4) 账务处理的规定

连锁企业门店通常商品种类繁多,各类商品的实际成本的计算有一定的困难,因而一般都采用"零售价法"来进行账面盘点。其计算公式如下:

账面金额 = 上期库存零售额 + 本期进货零售额 - 本期销售金额 + 本期调整变价金额

16.2　盘点作业准备

盘点前门店要告知供应商,以免供应商直送的商品在盘点时送货,造成不便。如果采用的是停业盘点,门店还必须贴出安民告示(最好在盘点前 3 日就贴出,告知顾客,以免顾客在盘点时前来购物)。

16.2.1 环境整理

门店一般应在盘点前一日做好环境整理工作,主要包括:检查各个区位的商品陈列、仓库存货的位置和编号是否与盘点配置图一致;清楚现场和作业场死角;将各项设备、备品及工具存放整齐。

16.2.2 商品整理

在实际盘点开始前两天,门店应对商品进行整理,这样会使盘点工作更有效。例如:在连锁超级市场中,对商品进行整理要抓住这几个重点:中央陈列架端头的商品整理。

1) 中央陈列架端头的商品整理

中央陈列架前面(靠出口处)端头往往陈列的是一些促销的商品,商品整理时要注意该处的商品是组合式的,要分清每一种商品的类别和品名,进行分类整理,不能混同于一种商品。

中央陈列架尾部(靠卖场里面)的端头往往是以整齐陈列的方式陈列一种商品,整理时要注意其间陈列的商品中是否每一箱都是满的,要把空的箱子拿掉,不足的箱子里要放满商品,以免把空箱子和没放满商品的箱子都按满箱计算而出现盘点差错。

2) 中央陈列架的商品整理

中央陈列架上的商品定位陈列得多,每一种商品陈列的个数也是规定的,但要特别注意每一种商品中是否混杂了其他的商品,以及后面的商品是否被前面的商品遮挡住了,而没有被计数。

3) 附壁陈列架的商品整理

附壁陈列架一般都处在主通道上的位置,所以商品销售量大,商品整理的重点是计数必须按照商品陈列的规则进行。

4) 随机陈列的商品整理

对随机陈列的商品要仔细清点放在下面的商品个数,并做好记号和记录,在盘点时只要清点上面的商品就可快速盘点出商品的总数。

5) 窄缝和突出陈列的商品整理

由专人进行清点,最好由设计和陈列这些商品的人来进行清点。

6) 库存的商品整理

要注意容易被大箱子挡住的小箱子,所以在整理时要把小箱子放到大箱子前面,以免造成计算上的实际库存遗漏;注意避免把一些非满箱的箱子当作整箱计算,所以要在箱子上写上内在商品确切的数量,以免造成计算上的库存偏多,从而使盘点失去准确性。

7) 盘点前商品的最后整理

在盘点前两个小时对商品进行最后的整理,这时特别要注意,陈列在货架上的商品,其顺序是绝对不能改变的,即盘点清单上的商品顺序与货架上的顺序是一致的。如果顺序不一致,盘点记录就会对不上号。

16.2.3　准备好盘点工具

将有关的盘点工具与用品加以准备,若使用盘点机盘点,需先检验一下盘点机是否可正常操作,如采用人员填写的方式,则须准备盘点表及红、蓝圆珠笔。

16.2.4　单据整理

为了尽快获得盘点结果(亏或盈),盘点前应整理好如下单据:进货单据、变价单据、移仓单、报废品单据、商品调拨单、前期盘点单据整理。报废品、赠品汇总,净销货收入汇总(分免税和含税两种)等。

16.3　盘点作业实施

盘点作业正式开始前,首先要确定盘点区域的责任人员,店长应简要说明盘点工作的重要性、盘点的要求、盘点常犯的错误及异常情况的处理,特别要告诫大家,动手所清点的商品不单单是商品,而是"金钱",应该以点钱的责任心来清点商品,来不得半点马虎;然后是发放盘点清单,告知填写盘点单的方法。盘点单如表 16.3 所示。

表 16.3　盘点单

部门:　　　　　　　　　　　　　　　　货架编号:

品　号	品　名	规　格	数　量	零售价	金　额	复　点	抽　点	差　异
小　计								

抽点:　　　　　　复点:　　　　　　初点:

在告知盘点单的填写方法的同时,还要告知劣质或破损商品的处理方法。

16.3.1　初点作业

盘点人员在实施盘店时,应按照负责的区位,由左而右、由上而下展开盘点。例如:在连锁超市内先点仓库、冷冻库、冷藏库,后点卖场;若在营业中盘点,卖场内先盘点购买频率较低且售价较低的商品;盘点货架或冷冻、冷藏柜时,要依序由左而右,由上而下进行盘点;每一台货架或冷冻、冷藏柜都应视为一个独立的盘点单元,使用单独的盘点表,以利按盘点配置图进行统计整理;最好两人一组进行盘点,一人点,一人记;盘点单上的数据应填写清楚,以免混淆;不同特性商品的盘点应注意计量单位的不同;盘点时应顺便观察商品的有效期,过期商品应随即取下,并作记录;若在营业中进行盘点时,应注意不可高声谈论,或阻碍顾客通行;店长要注意掌握好盘点的进度;做好收银机处理工作。

16.3.2　复点作业

复点可在初点进行一段时间后再进行。复点人员应手持初点盘点表,依序检查,把差异填入差异栏;复点人员须用红色圆珠笔填表;复点时应再次核对盘点配置图是否与现场实际情况一致。

16.3.3　抽点作业

对各小组和各责任人员的盘点结果,门店店长等负责人要认真加以抽查,抽点作业应注意:

①抽点办法可参照复点办法。抽点的商品可选择卖场内的死角,或不易清点的商品,或单价高、数量多的商品,做到确实无差错。

②检查每一类商品是否都已盘点出数量和金额,并有签名。

③对初点与复点差异较大的商品要加以实地确认。

④复查劣质商品和破损商品的处理情况。

16.3.4　店长的盘点作业检查

在整个盘点作业进行过程中,门店店长还须填写由总部设计的门店商品盘点操作规范检查表,它是供店长在完成盘点作业过程中,检查门店是否按照盘点的操作规范进行的表格。其基本要求如下:

①每次盘点时必须由店长实事求是地填写,以保证盘点作业的严密性。

②该表格在盘点作业工作结束后,由店长在店长会议上递交。

③门店执行《门店盘点操作规范检查表》的工作情况,将纳入连锁企业总部营

运部考核门店的指标之中。

16.3.5　盘点记录的善后工作

在确认盘点记录无异常情况后,就要进行第二天正常营业的准备和清扫工作。这项善后工作的内容包括补充商品,将陈列的样子恢复到原来的状态,清扫通道上的纸屑、垃圾等。其目的是要达到整个门店第二天能正常营业的效果。

16.3.6　盘点后处理

1)资料整理

将盘点表全部收回,检查是否都有签名或遗漏,并加以汇总。

2)计算盘点结果

在营业中盘点应考虑盘点中所出售的商品金额,并进行盘点作业的账册工作(计算商品的盘点金额)。进行这项工作时,要重新复查一下数量栏,审核一下有无单位上的计量差错,对出现的一些不正常数字要进行确认,订正一些字面上看就能明显发现的差错。将每一张盘点单上的金额相加就结出了合计的金额。

3)盘点结果上报总部

门店要将盘点结果送至总部财务部,财务部将所有盘点数据复审之后就可以得出该门店的营业成绩,结算出毛利和净利,就是盘点作业的最后结果。

4)根据盘点结果实施奖惩措施

商品盘点的结果一般都是盘损,但只要盘损在合理范围内应视为正常。商品盘损的多寡,可表现出门店内从业人员的管理水平及责任感,所以有必要对表现优异者予以奖励,对表现差者予以处罚。一般做法是事先确定一个盘损率、盘损金额(期初库存＋本期进货),当实际盘损率超过标准盘损率时,门店各类人员都要负责赔偿;反之,则予以奖励。

5)根据盘点结果找出问题点,并提出改善对策

各连锁企业都有盘损率的基本限额,如超过此限额,就说明盘点作业结果存在异常情况,要么是盘点不实,要么是企业经营管理状况不佳。采取的对策是,重新盘点或查找经营管理中的缺陷。因而,各个门店店长必须对缺损超过指标的商品查找原因,并说明情况。

单元测试

一、选择题

1.按盘点实施的区域,门店盘点有如下类型:( )。

A.月度盘点 B.全面盘点 C.区域盘点 D.日常盘点

2.盘点后的工作内容主要集中在( )方面。

A.盘点数据统计 B.盘点差异分析 C.盘点结果处理 D.盘点考核

3.循环盘点法也可细分为3种方法( )。

A.分区轮盘法 B.最低存量盘点法

C.分批分堆盘点法 D.连续盘点法

4.盘点实施应坚持的原则有( )。

A.全面原则 B.时效原则 C.真实原则 D.协调原则

5.盘点作业方法按区域可以分为( )

A.全面盘点 B.分区盘点 C.账面盘点 D.实地盘点

二、判断题

1.盘点就是查核库存商品的实际数量与管理单位的存量账卡上所记载的数量是否相符;也是一种证实某一定期间内储存商品的结存数量是否无误的方法。

( )

2.定期盘点法因为使用工具不同,可分为下列3盘点方法:盘点单盘点法、盘点签盘点法、分区盘点法。 ( )

3.按照门店盘点阶段可将盘点实施流程分为初盘作业和复盘作业。 ( )

4.盘点就是定期或不定期地对店内的商品进行全部或部分清点,所以盘点工作就是清点商品的实际数量。 ( )

三、简答题

1.在开展盘点工作前,需要做好哪些准备工作?

2.绘制盘点的流程图并进行解释。

3.减少盘点误差的方法有哪些?你认为应当怎样分析盘点差异?

4.你怎样才能将本章所学到的盘点技巧运用到工作中去?

四、案例分析

超市盘点亏损,员工承担风险

余女士在某超市工作,但是 7 月 10 日领工资的时候,发现自己的工资以丢失率为由扣了 199.4 元,她对此感到十分困惑。余女士所在的超市在 6 月 26 日进行了盘点,盘点后发现亏损。到 7 月 10 日发工资的时候,工资单上因为丢失率扣了 199.4 元钱,余女士认为收银员只是负责收钱的,丢失率与其没有关系。

据了解,余女士是在 3 月份来到该超市工作的,她对盘点及扣工资的事情一无所知,为此她也咨询过超市的店长。余女士说:我问过她,她就说每个人都扣,但是我觉得合同上没有说,关于丢东西,我们平均摊这个钱,我觉得没有道理。余女士告诉记者,除了她以外,超市的其他工作人员也都不同程度地被扣了工资。随后,记者和余女士一起来到这家超市。记者问:"这个月发工资是不是扣了钱?扣了多少?"超市工作人员说:"那是因为我们盘点。"记者找到超市的店长了解情况,但是她并没有给予记者明确的答复。记者说:"听说你们这儿的员工被扣了工资,是不是有这方面的情况?为什么?"超市店长说:"是啊,这是我们公司自己内部的事情。"这位店长以公司内部事情为由拒绝了记者的采访。下午,记者找到了超市的相关负责人,她向余女士解释,扣的并不是工资而是奖金,奖金是根据盘点的结果而定的。

超市负责人胡晓敏说:"盘点结果好,控制在 0.9% 以内就有奖金;如果正好是 0.9% 就不奖不扣;超过 0.9%,比如 1%,或者 1.1%,超过部分,就由大家按不同的岗位来扣取。"这位负责人向记者出示了员工守则,以及守则中的商品的安全奖惩条例,余女士在了解情况之后,表示事先对公司的这项条例并不知情,出现这样的分歧是双方的沟通存在问题。

(资料来源:张明明.连锁企业门店营运与管理[M].北京:电子工业出版社,2009.)

案例分析与讨论:

1. 如果发现盘损率较高,要求员工承担部分损失,你认为这样是否合理?
2. 你认为应该怎样处理盘点亏损?

学习单元 17　门店损耗作业管理

学习目标

了解门店损耗产生的原因及门店安全管理的重要性；掌握损耗的预防与管理的基本做法；初步掌握防盗性的卖场布局与商品陈列；能够处理一般的防盗系统的报警事件，具备一定的门店防损和安全事务管理能力。

学习内容

- 门店损耗产生的原因、预防与管理；
- 防盗性的卖场布局与商品陈列；
- 门店营运环节的损耗控制；门店偷窃事件、突发事件的防范与处理。

学习重点

- 损耗的预防与管理的基本做法；
- 防盗性的卖场布局与商品陈列。

教学方法和建议

- 通过角色扮演法、任务驱动等实施教学；
- 教学中，构建"门店损耗控制与管理"学习任务，把学习内容分配给每个学习性小组，学习任务按照"六步法"来组织教学，在老师指导下制订方案、实施方案；
- 教学过程中体现以学生为主体，教师进行适当讲解，并进行引导、监督、评估；
- 教师提前准备好各种媒体学习资料、任务单、教学场地和设备。

学习任务

以学习小组为单位，通过组织和指导，按工作任务要求到校企合作实习门店进行防损作业模拟操作，体验实际的防损操作过程和基本做法；分析讨论防盗性的卖场布局与商品陈列技巧，损耗控制、偷窃事件、突发事件的防范要点。

案例导入

损耗产生的分析

在卖场的消耗性项目中,损耗是最令人头痛的问题,因为它存在的普遍性和防范的复杂性,而且损耗吃掉的是净利润,通常一个单品的损耗要5个商品的销售利润才能补起来,这对平均毛利不到10个点的卖场来说,伤害是极大。对卖场来说,与损耗的斗争是长期而且艰巨的任务,损耗的高低和控制水平是卖场获利的关键,要提高商品的销售绩效,就必须加强对商品损耗的管理。

连锁企业专门成立防损部来进行防损工作,减少损失,防损部经过对各门店进行调查走访,发现有以下的一些情况:

(1)有一个耐克专卖店的收银员,看到一位顾客在购买鞋子的时候没有把发票带走,她就把发票私自保存起来,等到耐克运动鞋打折促销的时候,买一双鞋,然后拿原来保存起来的发票进行退货,从中获得差额。

(2)防损部还发现有一个超级市场的猪肉总是损耗较大,经过仔细分析,肉的分割没有统一的标准,分割猪肉的员工操作不够规范,导致应该高价销售的肉,被分割到低价格部分去了。为了防止此类事件的再次发生,防损部找到肉类分割操作最为标准的员工作出分割标准,所有猪肉的分割按照此标准进行,降低了猪肉的损耗。

(3)有顾客为了把足球偷盗出去,把足球里面的气体放掉,甚至把球胆拿出,然后把足球带出超级市场。所以作为防损员要时刻观察顾客的不正常的举动,发现可疑的情况要及时处理。

(4)防损员在巡视的时候还发现,好多的商品损耗都是由于员工的操作不当造成的,有一些员工的责任心不强,理货员在陈列商品的时候袋装的酱油与其他的商品产生挂碰,导致酱油漏出来污染了其他商品,有些商品不能销售,有一些需要处理之后才能销售,导致成本增加。

防损员针对发生的情况对商品的损耗的来源进行了分类:①员工偷窃;②顾客偷窃;③商品陈列不当……

问题思考:

1.根据上面的资料,你认为一个门店在营运与管理方面,还有哪些方面会产生损耗?

2.请你帮助防损员针对这些损耗制订完善的防损方案。

"损耗"是指门店接收进货时商品零售值与售出后获取的零售值之间的差额。全世界零售业每年的商品损耗高达1 600亿美元,在我国这一数字也达250亿元。

据国内某些统计资料显示,国内商业连锁超市,由于竞争激烈,其营业利润只有1%;而如果可以将零售业2%以上的商品损耗率降低到1%,则其营业利润就可以增长100%,这就取得了一个门店新的赢利途径。

17.1 门店损耗产生的原因

"损耗"有很多因素,门店出现其中的任何一个因素,都会减少利润额,增加"损耗"。

17.1.1 变价损耗

变价损耗是指竞争促销时,为吸引客户而将商品降低售价,所产生的降价损耗。常见的变价损耗主要包括以下几种:

①固定促销变价:如月特卖品、定期特价活动、周年庆、开幕庆等。

②临时促销变价:为应对竞争店临时降价或生鲜食品因各种原因断价、出清存货。

③厂商调降市面零售价:存货因而产生降价损耗。

④快过期商品促销变价:因商品食用期限或使用期限超过三分之二,为求销量增加,故成立特价区而降低售价。

⑤为消耗量大的商品库存而变价:在月底或年关将近时,为减轻库存所作的促销变价。

17.1.2 废弃损耗

①节庆商品逾期未售完:例如,端午节后的粽子、中秋节后的月饼等,因年节已过无法售出。

②国外进口商品:如,进口葡萄酒、进口牛肉等,因无法退货,容易产生废弃。

③自有品牌:很多超市开发自有品牌,建立企业形象,然亦因无法退货而产生废弃。

④订货不当:订货不正确,使商品过剩却无法退货而产生的废弃。

⑤管理不当:商品管理流失,如先进先出未能彻底执行,导致商品过期败坏。仓库管理流失使商品可能因潮湿、鼠虫等侵害致使受到损害。

⑥冷藏冷冻设备损坏:因机器设备发生故障,致使商品败坏产生废弃。

⑦偷窃、偷吃:例如小孩边走边吃,留下空盒;将包装盒留下,拿走里面的商品。

⑧商品遭破坏无法退回:顾客或员工因一时疏失毁损商品却无法退货给供应商的。

⑨商品加工技术不当产生损耗:如因调理不当使商品无法出售,或因作业时间过长使商品鲜度降低等。

17.1.3　不明损耗

1)收银员行为的不当所造成的损耗

①打错了商品的金额,或者误打后的更正手续不当。

②收银员与顾客借着熟悉的关系,故意漏打部分商品或私自键入较低价格抵充。

③收银员因同事熟悉的关系而发生漏打、少算的情形。

④由于价格无法确定而错打金额。

⑤对收银工作不熟悉,按错部门别。

⑥对于未贴标签、未标价的商品,收银员打上自己臆测的价格。

⑦收银员虚构退货而私吞现金。

⑧商品特价时期已过,但收银员仍以特价销售。

2)作业手续不当所造成的损耗

①商品调拨、进货账款等漏记;商品领用未登记或使用无节制。

②商品进货、退货的重复登记。销售退回商品未办理进货退回,坏品未及时办理退货。

③商品有效期检查不及时。

④商品标签贴错、新旧价格标签同时存在、POP 或价格卡与标签的价格不一致。

⑤商品促销结束后未恢复原价;商品加工技术不当产生损耗。

3)验收不当所造成的损耗

①商品验收时点错数量。门店员工搬入的商品未经点数,造成短缺。

②仅验收数量,未作品质检查所产生的错误。

③进货的发票金额与验收金额不符;进货商品未入库。

4)商品管理不当所造成的损耗

①未妥善保管进货商品的附赠品;进货过剩、卖剩商品未及时处理,以致过期。

②销售退回商品未妥善保管;因保存商品的场所不当,或商品知识不足而造成商品价值的减损;姑息扒窃。

5）盘点不当所造成的损耗

①数错数量,或盘点表上计算的错误;看错或记错售价、货号、单位等。

②盘点时遗漏品项或将赠品记入盘点表,或将已填妥退货表的商品计入。

③因不明确负责区域而作了重复盘点。

6）员工偷窃所造成的损耗

①随身、皮包、购物袋、废物箱(袋)夹带商品;私自使用商品。

②将用于顾客兑换的奖品、赠品占为己有;与亲友串通,购物未结账或金额少打。

③利用顾客未取的退货单而私吞货款;将商品高价低标,卖给亲朋好友。

7）顾客不当的行为造成的损耗

①夹带商品。将扒窃来的商品退回而取得现金;顾客将商品污染,或进行不当退货。

②将包装盒留下,拿走里面商品;调换标签。

③高价商品混杂于类似低价商品中,使收银员受骗。

8）意外事件引起的损耗

自然意外事件:水灾、火灾、台风和停电等;人为意外事件:抢劫、夜间偷窃和诈骗等。

17.2　门店损耗的预防与管理

损耗管理并不容易,它牵涉了太多人为的疏忽,而商品损耗的发生会对连锁企业的经营产生不良影响,各个部门必须根据损耗发生的原因,有针对性地采取措施,加强管理,堵塞漏洞,尽量使各类损失减少到最小。门店重点区域的预防和具体管理措施如下:

17.2.1　收银出口处的管理

门店收银出口既是购物结账处,也是商品出货口、收银出口,是门店防损的重点区域。收银出口处必须设立安保员岗位,在营业时间内实行不间断的值班制度,可在收银出口处设立电子防盗监控系统。监管要点有以下几个方面:

①收银出口处的监管在于正确、快速、满意地解决收银和防盗措施。

②维护好收银出口处顾客的秩序,保持收银通道畅通,保证所有顾客能从进口进、出口出。

③监管人员要了解卖场中的商品情况,当班时保持思想集中。

④注意收银区前手推车是否堵塞,设备有否损坏。

17.2.2　供应商管理

供应商行为不当常常会给超市带来相当大的损耗,如供应商误交供货数量,以低价商品冒充高价商品,擅自夹带商品,随同退货商品夹带商品,与员工勾结实施偷窃等。针对这种情况,门店对供应商必须加强管理:

①供应商进入退货区域时,必须先登记,领到出入证后方能进入;离开时经防损人员检查后,交回出入证方可放行。

②供应商在门店或后场更换商品时,需有退货单或先在后场取得提货单,且经商品管理部门和防损部门批准后方可退货。

③供应商的车辆离开时,需经门店防损人员检查后方可离开。送货后的空箱和纸袋必须折平,以免偷带商品出店。

17.2.3　员工出入管理

员工出入口处要设置安保员岗位。只要员工通道打开,安保员就要实行连续执勤制度。员工出入口处可安装防盗电子门用来防止员工偷盗商品的行为,设置密码锁储物柜为外来人员暂时安全存放物品。

17.2.4　门店的收出货口

防损员要同收货部门主管共同负责门店收出货口的开、闭。以超市为例,当超市门店进货时,应该协助做好现场秩序的维护;对于收下的货物,特别是精品、家电、化妆品等贵重商品还应进行数量抽验、检查,以防缺漏;然后还必须监督所有的商品运达收货区内。

为了确保大单商品货物离开超市时的安全和完整,出货时防损员必须按出货单的条目逐一核查,并且送货物离开收出货口。

此外,防损员还应对每一单商品的退换货、出货,以及每一单物品的离场查验放行手续。

17.2.5　精品区的管理

精品区及其出口处应设置安保员岗位,营业时间内实行连续执勤制度。精品区出口处设置电子防盗门系统和门禁系统。

1)精品区的监管要点

①顾客只能从进口进,从出口出;在精品区内购买商品,必须在精品区内结账。
②顾客不能将非精品区的商品带入精品区内,只能暂放精品区外。
③检查顾客所持发票是否与商品一致,特别是包装是否符合精品包装要求。
④监督贵重物品员工的实物盘点。

2)精品区的出口管理规定

①电子防盗门报警程序。外放贵重样品,应采取防盗措施。
②结账商品的包装、发票处理必须符合精品销售的有关规定。
③柜台(展示柜)在非销售时,须随时上锁处于关闭状态。
④柜台销售商品采取先付款后取货的销售方式。

17.2.6 门店商品的高损耗区域

门店中比较容易引起损耗的商品,要么是高单价商品,要么是包装很小或是比较贵但又很刺激消费的品种。一般来说,洗护用品、文具用品、内衣用品、高档糖果、奶粉、保健品、鞋类等商品经营区域,以及试衣间通常是门店商品的高损耗区域。在这些区域,防损员要加大巡视力度,密切监管货架上陈列的商品。对个别顾客破坏商品包装、藏匿商品、夹带等不良行为,要及时发现并制止,依法处理盗窃行为。

17.3 防盗性的卖场布局与商品陈列

在采用敞开式销售的门店中,防盗性的卖场布局与商品陈列主要技巧有:一是把最容易丢失的商品陈列在售货员视线最常见的地方,即使售货员很忙的时候,也能照看这些商品,这样会给小偷增加作案的困难,有利于商品的防盗;同时,最容易丢失的商品也不应放置在靠近出口处,因为人员流动大,售货员不易发现或区分偷窃者。二是可以采取集中的方式,如在大卖场当中把一些易丢失、高价格的商品集中到一个相对较小的区域,作为一种"安全"的商品陈列方式。不同的业态在防盗设计时,应有所不同。

17.3.1 超级市场

对于小型的超市,安装电子防盗系统必要性不大,可以采取防盗镜保护,将其安装在超市的各个角落,能让售货员方便地监视整个超市内的情况,再配合安全的商品陈列,售货员的巡视,一般可以满足其对防盗的需要。

17.3.2　百货商店

对于大型的百货商店,服装类占到商品陈列大部分,卖场设计一般采取敞开式陈列。针对各个地区的失窃情况,建议在失窃率较高的地区,对最易丢失的高档西服、女性内衣、领带和袜子等产品采用局部封闭的保护方式,以便于安装电子商品防盗系统,确保最佳的防盗效果,把损失降到最小。对羊绒羊毛制品采用局部保护方式,安装先进的声磁电子防盗系统。

17.3.3　音像专卖店

音像专卖店是失窃的高发门店,加强防盗非常必要。一般面积都不大,一种方式就是加强销售人员的监管,目光跟随消费者,注意消费者的特殊行为;另一种方式就是在卖场设计时需要考虑给电子防盗系统留有位置,这样不至于货架放置太靠近防盗系统而造成出入口的狭小。在开设新店时,如果预先考虑防盗的要求,那样同样的防盗效果,同样的营业面积,需要防盗系统的套数将大大减少,在防盗系统的投资也会大大减少。

17.4　运营环节的损耗控制

17.4.1　夜勤管理

①夜间的清洁工作和整修工作须经店长同意,并加强监督;夜间执勤人员应由店长安排、指定;夜间执勤人员下班时,接受有关部门检查。

②店长或其委派其他主管进行抽查。

17.4.2　专柜人员的管理

专柜人员进出卖场,须遵守公司管理条例;专柜厂商进出货物,首先征得专柜经营人员的认证后,才予以进出卖场,并按厂商进出货物管理办法处理。

17.4.3　员工购物管理

员工在店内外所购物品不得带入卖场或作业场;由验收人员或安保核查员工所购商品。

17.4.4　顾客购物管理

应设置顾客寄包处或保管箱,禁止顾客携包进入商场;尽可能拉开商场的入口处和出口处,禁止顾客由入口携带商品出场;发现有偷窃事实时,应待其结账离开收银台后才能上前取缔;取缔偷盗事件时一定要注意事实确凿,讲究方式,符合法制规定。

17.4.5　鲜度管理

对于不能于次日出售的熟食和生鲜品,如活虾、鲜肉等,在高峰时,应折价出售,尽量当月售完;防止将新鲜品和陈品、熟食品和生鲜品混淆造成鲜度恶化,应经常抽查;生鲜作业人员应留意作业温度和时间的控制,温度不能过高,时间尽量地缩短。

17.4.6　外送外贩管理要点

每日定时外送作业,务必至服务台填写外送单,清点好袋数,由送货人员接手将货品推至准备区,送至顾客处所时,清点给顾客并签收回执。临时性顾客要求外贩、外送,一定要先结账付款完毕,将送货单经店长核准后,才可外出。外贩、外送不以签收月结单或收受支票,把风险降至最低。

17.5　门店偷窃事件、突发事件的防范与处理

17.5.1　偷窃事件高发地

卖场的死角或看不见的场所;易混杂的场所;照明较暗的场所;通道狭小的场所;商品陈列杂乱的场所。

17.5.2　顾客偷窃事件的防范

尽管偷窃是全球性的管理难题,但门店采取一些必要的防范措施,还是有一定成效的。

①禁止顾客携带大型背包或手提袋入内,请其存放于服务台或自动寄包柜。

②顾客携带小型背包袋入内购物时,应留意其购买行为。

③定期对员工进行防盗教育和训练。

④加强卖场巡视,尤其要留意死角和多人聚集之处。

⑤注意由入口处出去的顾客。

⑥顾客边走边吃东西时,应委婉口头提醒,请其至收银台结账。

⑦有团体客人结伴入店时,店员应随时注意,有可疑情况时可主动上前服务。

⑧条码纸要妥善保管,以免给人有可乘之机。

17.5.3　偷窃行为的界定

下述情况可视为偷窃:①存心不付款;②带着未付款的商品走出店外;③隐藏商品。

17.5.4　顾客偷窃事件的处理方法

1)在认定偷窃之前给予顾客有表示"购买"的机会

具体的办法是对隐藏商品的顾客说"您要××商品吗?""让我替您包装商品"等。若在收银台时则说"您是否忘了付款"等,再一次提醒顾客"购买"。

2)进一步提醒

如果提醒之后顾客仍无购买的意思,则要以平静的声音说"对不起,有些事情想请教您,请给我一点时间",将其带入特别室,并作适当的处理。

3)处理态度

在处理偷窃事件时,不要把顾客当作"窃贼",讲话要冷静、自然,尽可能往顾客"弄错"的角度去引导其"购买",不要以"调查"的态度来对待顾客,不要让店内的其他顾客有不愉快的感觉。

4)误会的处理

如果误会了顾客,应向顾客郑重地表示道歉,并详细说明错误发生的经过,希望能获得顾客的理解,必要时应亲自到顾客家中致歉。

5)对真正"小偷"的处理

一是将偷拿者送到公安机关接受处理;二是向法院提起民事诉讼,要求偷拿者赔偿。尽管这样做很"麻烦",但只有走合法程序才能完成连锁企业对自身权益的合法保护,因为维权不能以破坏法律、伤害他人合法权益为代价。

单元测试

一、选择题

1. 下列属于由收银员行为不当所造成损失的是(　　)。

A. 商品条形码标签贴错　　　　B. 打错商品的价格

C. 进货的重复登记　　　　　　D. 记错售价、货号、单位

2. 下列属于作业手续不当造成连锁企业门店商品损耗的是(　　)。

A. 商品验收时点错数量　　　　B. 商品调拨的漏记

C. 姑息扒窃　　　　　　　　　D. 水灾

3. 下列不属于验收不当所造成的损耗的是(　　)。

A. 门店员工搬入的商品未经点数,造成短缺

B. 进货的发票金额与验收金额不符

C. 进货商品未入库

D. 看错或记错售价、货号、单位等

4. 由于顾客不当的行为造成的损耗包括(　　)。

A. 皮包夹带　　　　　　　　　B. 调换标签

C. 不当退货　　　　　　　　　D. 与亲友串通,购物未结账或金额少打

5. 引起损耗的意外事件通常包括(　　)。

A. 水灾　　　　B. 火灾　　　　C. 抢劫　　　　D. 诈骗

二、判断题

1. 门店损耗即顾客偷盗。　　　　　　　　　　　　　　　　　(　　)

2. 对于生鲜产品的管理可以通过生态转换的方法来减少损耗。　(　　)

3. 卖场内的垃圾可以由保洁员随意处理。　　　　　　　　　　(　　)

4. 防损可以分为人防和机防两种。　　　　　　　　　　　　　(　　)

三、简答题

1. 门店损耗产生的主要原因有哪些? 如何防止门店商品损耗?

2. 门店偷窃事件应如何防范与处理?

3. 防盗性卖场如何进行布局设计与商品陈列?

四、案例分析

偷笔的人

6月10日12:00左右,在某超市二楼文化用品销售区域通道,一位顾客拿起一支派克笔,左顾右盼发现没人后,神色慌张地往自己袜子里面塞。不巧,这一切,碰上负责文化用品区域的员工杨某,其刚刚回到自己的岗位。杨某发现这一偷窃现象目瞪口呆,不知如何处理。此时,偷笔的顾客马上装出若无其事的神态好像在选购商品。待杨某回悟过来,意识到有人偷窃商品,马上跑去找自己的主管,等找到主管回到现场时,那位偷窃者已走开。于是主管带着杨某从二楼赶到一楼,再到收银区时已不知偷盗者的行踪。

案例分析与讨论:

1. 发现顾客偷盗应作如何处理?
2. 连锁门店处理顾客偷盗一般有何规定?

情景小结

连锁企业门店作业化管理主要包括收银作业、进货与存货作业、理货与补货作业、商品盘点与损耗作业等管理。收银是一个专业并细化的职业,收银员的工作内容除了结算货款外,还包括向顾客提供商品、服务信息,解答顾客疑问,做好商品损耗的预防,以及现金作业管理、卖场安全管理等。建立合理的进货、存货管理制度,分析理解门店的不同进货模式,掌握订货、进货、退换货、调拨和存货作业管理内容是增强企业竞争力的保障之一。理货员主要的服务方式是间接服务,其工作的好坏直接影响到连锁企业门店销售额,必须严格履行其工作职责。盘点结果是衡量连锁企业经营状况好坏的标准。在理货和盘点过程中,更要面临着"损耗"问题,损耗是门店接收进货时的商品销售值与售出后获取的零售值之间的差额。门店"损耗"是由盗窃、损坏及其他因素共同引起的。了解门店损耗的原因,并严格加以控制,是提高连锁企业门店经营绩效的重要保证。

实训项目

实训一　收银员一天作业情景模拟

一、实训目的

1. 通过"当一天收银员"的实训,掌握日收银工作流程及工作内容。
2. 通过对模拟情景中的问题进行分析,掌握特殊情况的应对处理方法。

二、情境设计

每天 17:00 是卖场人最多的时候,也是营业最繁忙的时间。一天,某购物广场收银台旁一位女士大声喊:"这是怎么搞的? 我的卡怎么就不能用了呢? 以前买什么都可以打折,现在为什么不能打折? 你们这不是骗人吗? 我要去报社把你们曝光!"当时在场的收银员忙着收银,也没有理会那位顾客,那位女士见无人反应,又继续大声喊:"你看,这是我以前花 120 元钱办的会员卡,以前买什么都打折,现在买什么都不打折,这到底是怎么回事啊? 你们得给我一个明确的答复!"她的喊叫让周围的顾客纷纷驻足围观,投来好奇的目光,看到这种情况,作为门店工作人员,你应该如何处理?

三、提示

1. 收银人员对此不应不闻不问而忙于收受其他顾客的钱款:收银人员首先应当问明原因,在此基础上给顾客明确的解释。
2. 如果顾客仍在现场吵闹不止,应立即联系值班经理或主管将其带离现场,以免影响正常的收银工作而给企业带来不良影响。
3. 收银人员如果不清楚此事,无法给顾客明确的解释与答复,应该及时通知当天的值班经理给顾客答复,而不是让顾客回家等电话,其只是暂时缓解了顾客的情绪,但顾客的不满依然存在(据有关数据调查:若有一个顾客不满意,他会将这种"不满意"的信息传递给 16 个以上顾客,最后不满意的顾客会越来越多)。因此,在卖场处理顾客不满的案例时,办事效率要快,而且事后一定要跟进。

四、实训评价(表17.1)

表 17.1 收银员一天作业情景实训评价

项 目	表现描述	得 分
仪容仪表		
举止态度		
待客用语		
作业纪律		
作业流程执行		
收银设备使用、维护		
大钞、零用金管理		
营业收入管理		
收银员商品管理		
收银例外处理		
合计		

备注:实训中,学生具体收银过程表现及对应得分分值,分为"优秀:10 分""良好:8 分""合格:6 分""不合格:4 分""较差:2 分"5 档,记分栏中全部单项分值合计即本次实训项目总得分,得分 90 分以上为优秀,75 ~ 89 分为良好,60 ~ 74 分为合格,60 分以下为不合格,不合格须重新训练。

实训二 收货情况分析

一、实训目的

以 3 ~ 5 人的小组为单位收集 3 ~ 5 家企业的收货单,调查不同企业对于不同的商品订货在到货后,收货重点有哪些不同。

二、提示

不同的小组收集回来的收货单肯定会有所不同,这里一方面要求学生能走进企业掌握第一手信息;另一方面由于连锁企业门店收货作业分为由总部配送和由供应商配送两种,因此,通过实训要使学生学会调查,并在此基础上掌握这两种收货作业重点的异同。

三、实训评价（表 17.2）

表 17.2　收货情况分析评价

项　目	表现描述	得　分
调查企业基本信息		
收货单的种类		
收作业重点		
小组分工		
备注:收货情况分析过程表现及对应得分分值,分为"优秀:10 分""良好:8分""合格:6 分""不合格:4 分""较差:2 分"5 档,记分栏中全部单项分值合计即本次实训项目总得分,得分 90 分以上为优秀,75～89 分为良好,60～74 分为合格,60 分以下为不合格,不合格须重新训练。		

实训三　理货作业情景实训

一、理货作业情境设计

资料　武汉的夏天非常炎热,购买空调、电风扇成了当地人们的消费热点。由于这个原因,太平洋量贩店的电器销量十分好,前来购买的顾客络绎不绝。

8 月 1 日,这一天非常炎热,武汉已经持续一周的高温,一位解放军同志在"建军节"这一天到商场为部队选购电风扇。来华联之前他收到一份新一期的华联快讯,感觉华联的商品很便宜,所以战友们一致决定让他到华联来购买。当他走到电器区时,被电风扇优惠的价格所吸引,马上走过去选购。经过对商品质量、价格、外观等各方面的比较,觉得"美的"风扇价格便宜,搬运方便,外形也美观,就决定购买"美的"风扇。随后,他找到理货员询问有关的售后服务,如:是否三包、保修地点在哪、商品的保修期有多长。可是,理货员却回答:"这种电风扇价格很便宜,基本上是以进价销售,所以没有保修期。"这位解放军同志听后非常诧异:"无论什么电器商品,都应该有相应的保修期,除非是一些不合格的产品。"由于该顾客没有得到满意的答案,担心以后发生质量问题无法解决,于是放弃购买决定,并对该员工的工作态度表示不满。

事实上,该商品的保修期为 12 个月,产品说明书上标得十分清楚。

二、实训任务

1. 分析资料,说明理货员的主要工作职责是什么?

2. 这位理货员的举动给超市带来什么影响?

3. 假如你是这位理货员的主管,你将会如何处理此事?

4. 分组讨论这位理货员的行为,分析其工作中有哪些问题,并演练说明作为一名合格的理货员如何处理这类问题?

实训四　盘点现状分析

一、实训目的

某些超市在运用现代化信息系统进行门店管理后,认为既然所有的进、销、调、存的数据都一目了然并可以随时掌握,盘点作业管理就可有可无了,不必一味强调盘点工作的重要性。请针对上述观点给出评论和分析。

二、提示

指导学生对连锁企业进行调查,了解企业盘点工作的实施情况及现状,在此基础上对采用信息管理系统的企业是否仍要开展盘点工作进行分析。

三、实训评价(表17.3)

表17.3　盘点现状分析评价

项　目	表现描述	得　分
学生参与性		
调查企业基本信息		
企业盘点工作现状		
盘点知识运用能力		
合　计		

备注:学生的调查、分析、讨论情况及对应得分分值,分为"优秀:10分""良好:8分""合格:6分""不合格:4分""较差:2分"5档,记分栏中全部单项分值合计即本次实训项目总得分,得分90分以上为优秀,75～89分为良好,60～74分为合格,60分以下为不合格,不合格须重新训练。

实训五　门店损耗现状分析

一、实训目的

通过分组实训强化学生的防损意识,训练学生的防损技能,培养学生发现问题、解决问题的能力。

二、实训内容

1.组织学生赴校外实训企业分组开展防损实训,每组针对某一防损主题(收货作业防损、员工出入管理、顾客购物防损、商品安全管理、前台作业防损、生鲜经营防损等)选择实训岗位,进行顶岗实训。

2.组织学生调研本地某大型超市门店防损工作现状,收集该门店防损工作的主要做法,发现该门店防损工作中存在的问题或不足。

三、实训评价(表17.4)

表17.4　损耗现状分析评价

项　目	表现描述	得　分
学生参与性		
调查企业基本信息		
企业损耗工作现状		
损耗知识运用能力		
合　计		

备注:学生的调查、分析情况及对应得分分值,分为"优秀:10分""良好:8分""合格:6分""不合格:4分""较差:2分"5档,记分栏中全部单项分值合计即本次实训项目总得分,得分90分以上为优秀,75~89分为良好,60~74分为合格,60分以下为不合格,不合格须重新训练。

四、实训成果提交

1.顶岗实训结束后每组同学提交实训报告一份。

2.调研结束后每位同学撰写调查小结一份,对所调研门店应该如何优化防盗性卖场布局与商品陈列提出设想或建议。

案例　从理货员一天的工作流程看员工管理

在零售店铺中有这样一类人,他们掌握所属商品部门中商品的品名、属性、规格、价格水平以及保质期,哪里缺货哪里就能看到他们的身影,这就是理货员。在卖场中,他们与收银员一样都是最基层的工作人员。但在一定意义上,他们代表着超市的形象,是影响超市商品销售额的重要因素。

2007年2月3日早上7:00,北京某超市理货员小韩,推上自行车从家里出来,到路边的小摊买3个煎饼果子,也来不及吃,一路猛蹬,径直奔往单位。7:30,小韩就到单位了,这离上班时间整整早到了20 min。由于离家远,害怕迟到,迟到3次这个月奖金就没了,小韩已经养成了早起、早到的习惯。20 min后,超市开门了,打卡签到,更换工作服,佩戴上工作牌后就开始打扫卫生,准备迎接顾客。超市8:00正式对外营业。按检查记录进行大量的补货;保持排面整齐,依次向前递补,把新补充的商品放在后面;做到商品正面面向顾客。缺货时及时补货,补货按照有关补货作业的流程及规章进行。

检查货签是否对位,有变价的商品与价格是否相符,所贴条码是否正确,摆放位置是否正确,货架上商品有无缺货状况,有无破损品或过期变质品,这些都作详细检查并记录下来。

怎样做好一个超市理货员,看似工作简单。掌握商品陈列方法和技巧,正确对商品进行陈列摆放,其中的学问可不小。商品陈列必须根据季节性商品、促销类商品、畅销商品、毛利率高低等特性,采取合理有效的陈列方法和根据多种商品陈列的原则进行陈列;遵照零售店铺仓库管理和商品发货的有关程序,有秩序地进行领货工作。

作为理货员还要对新商品的扩销问题有敏感的认识,包括竞争店有、我无商品;市场流行商品和时令商品。对于折扣折让销售量大商品、团购量大商品、需采购大批量商品,搞好市场调查、掌握消费者需求等这些问题,要及时上报主管,制订新产品购销计划。

临近春节,小韩明显地感觉到工作强度大了,各类产品都开始扛起了促销降价的大旗,价签也换得频繁了。

11:40,两位早去吃饭的同事回来了,超市用餐时间是在11:00—13:00,由于超市要保证不空岗,5位上班的同事只能分开轮流用餐,每个人有45 min的吃饭时间。由于集团里有食堂,小韩一般都去那里,四菜一汤,自己想吃多少就吃多少,这对干体力活饭量大的小韩可谓莫大的补助。

该补齐的货也完成了,小韩开始围着自己的辖区到处转转,看到有碎纸屑及空箱子等都把它收起来,通道地面要时刻保持清洁。同时他还担当了保安的角色。当发现有可疑人员要及时报告安保人员并做好跟踪工作,发现偷窃人员时要交保安处理。

另外就是收拾下遗弃商品,顾客选好了某样商品,中途又改变主意的情况很多,能把商品放回原处的固然很好,没有放回原处的,理货员只好去归位,有的顾客甚至将楼上楼下的商品对调。对于这些被顾客遗弃的商品,理货员要随见随收,不分辖区,像这样的劳动小韩每天都要重复数百次。

临近下班时间,小韩到收银处收起当天顾客未结算的商品并办好有效手续,把未完成的事情和一天遇到的问题向上级领导汇报。

14:30,小韩结束了一天的工作,晚班人员开始上班。

（资料来源:李洪国. 现代营销:经营版,2007(06)）

案例分析与讨论:

1. 总结理货员小韩该天的主要工作。
2. 分析小韩的工作日程,并尝试对其工作流程进行优化。

情景六
连锁门店营业现场服务管理

学习单元 18　门店柜台服务规范

学习目标

了解门店销售服务的行为规范；理解服务的定义、特点，服务定位与设计；掌握顾客服务工作的程序、要点、注意事项。

学习内容

- 服务定义、特点、行为规范；
- 顾客服务工作内容；
- 服务定位与设计。

学习重点

顾客服务工作的程序、要点、注意事项。

教学方法和建议

- 结合知识点，通过任务教学法、小组讨论法对门店服务中的典型事例进行讨论；
- 本学习单元可组织成"顾客服务工作的程序""顾客服务工作的规范"等学习任务，每个工作任务按照"六步法"来组织教学；
- 教师提前准备好适用的案例、各种媒体学习资料，任务单、教学课件、教学场地和设备；
- 教学过程中体现以学生为主体，教师进行适当讲解，并进行引导、监督、评估。

学习任务

以学习小组为单位，选择3~5家你所熟悉的连锁企业门店先实地感受工作人员的服务，然后，围绕顾客服务要点、规范等分小组进行情景模拟。深刻理解门店服务工作的重要性。

案例导入

敬语缘何招致不悦

一天中午,一位住在某门店的国外客人到门店餐厅去吃饭,走出电梯时,站在电梯口的一位女服务员很有礼貌地向客人点点头,并且用英语说"先生,您好"!客人微笑地回道:"你好,小姐。"当客人走进餐厅后,营业员发出同样的一句话:"您好,先生。"那位客人微笑着点了一下头,没有开口。客人吃好午饭后,顺便到门店的庭院中去遛遛,当走出内大门时,一位男服务员又是同样的一句话:"您好,先生"。这时客人下意识地只是点了一下头了事。等到客人重新走进内大门时,劈头见面的仍然是那个服务员,"您好,先生。"的声音又传入客人的耳中,此时这位客人已感到不耐烦了,默默无语地径直去乘电梯准备回房间休息。恰好在电梯口又碰见那位女服务员,自然又是一成不变的套话:"您好,先生"。客人实在不高兴了,装作没有听见的样子,皱起了眉头,而这位女服务员却丈二和尚摸不清头脑!

这位客人在离店时,给门店总经理写了一封投诉信,信中写到:"……我真不明白你们门店是怎样培训员工的? 在短短的中午时间内,我遇到的几位服务员竟千篇一律地简单重复一句话"您好,先生",难道不会使用其他的语句吗?

问题思考:
如何与顾客进行有效沟通? 有效沟通的环节有哪些?

18.1 服务的定义、特点

18.1.1 服务的定义

服务是一种或多或少具有无形性特征的活动或过程,它是在服务提供者与服务接受者(服务对象)互动的过程中完成的,服务行为主体是为了另一个主体对象获得利益,同时,服务也是一个企业实行差异化战略的重要手段,通过服务的差异化,企业可以创建自己长期的竞争优势。服务概念包含以下4个方面的意义:

第一,服务是一种无形的活动的过程。

第二,服务一般是在服务行为主体和服务对象的互动过程中完成的。

第三,服务的结果是服务对象获得某种利益,发生"状态变化";而服务行为主体也获得自身的利益(利润)并建立起与其他服务行为主体不同的竞争优势。

第四,服务是一种"产品",同时也是一种竞争工具和手段。

从上面的定义我们可以看出,我们对服务概念的界定,除了强调服务的本质属性外,还将服务概念延伸到另外一个层次,即将其视为一种竞争的手段,一种获取竞争优势的工具。

因此,从广义上来说,零售业的服务就是要从商品、劳务、环境 3 个方面,做到"优质商品、优质服务、优美环境"三优服务,使顾客获得利益,并使企业创建自己的竞争优势。狭义的服务,即人的服务,也就是劳务方面的服务。

18.1.2　服务的特点

历史上多位知名学者都对服务特性作过深层次的阐述,我们可以把服务的特性归纳为以下几点:

1)服务具有无形性

服务是一种动态的使用价值。消费者在购买服务之前,无法看见、听见、品尝、触摸、嗅闻服务。服务之后,消费者并未获得服务的物质所有权,而只是获得一种消费经历。

2)服务具有生产与消费的同时性

对于绝大多数的服务来说,生产与消费是同时进行的,服务的生产过程,同时就是服务的消费过程,不过有时服务的提供者会发生变化。

3)服务过程中人是作为产品的一部分出现的

服务业一个非常重要的特性就是服务传递者与服务接受者(服务对象)之间的互动关系,服务正是在这种互动关系中完成的。在门店的销售活动中,没有顾客的参与,服务过程是无法进行的。

4)服务质量控制比较困难

服务的生产过程和消费过程是同时进行的,服务生产出来的同时就被消费掉了,而且对于许多服务结果,人们是无法纠正的,这就使得服务企业很难把服务质量控制得始终如一。

5)顾客对服务的评价更加困难

服务具有经验性品质特征,因此,顾客只能在购买后或消费过程中识别质量,而对于具有高信度质量特征的服务,顾客即使在消费后,也无法对其作出质量的评价。

6)服务无法储存

服务具有无形性和易逝性,因此,物理形态的简单累加对于服务没有任何意义,服务也无法像实体商品那样,进行简单的累加。当顾客接受完本次服务后,该次服务就不存在了。

18.2　门店服务员的行为规范

18.2.1　仪容、仪表规范

1)统一着装

着装要清洁、整齐,符合礼仪规范,佩带工号牌。

2)仪容大方

女士上班必须画淡妆,禁止浓妆艳抹;头发须梳理整齐,长发不要遮住脸,不准披肩;始终保持手的清洁;禁止留长指甲,食品部工作人员禁止涂有色指甲油。男士严禁留长发,严禁留胡须,定期理发,保持整洁,头发不要遮住脸。

3)保持个人卫生

早晚要刷牙,饭后要漱口,勤洗澡防汗臭。

4)微笑服务

精神饱满,面带微笑,和颜悦色,给人以亲切感。顾客询问,要注意倾听,要不卑不亢,神色坦然待客。

5)整理仪容、仪表

整理仪容仪表须到卫生间或工作间进行。

18.2.2　仪态规范

①站姿。站立端正、挺胸收腹、面带微笑,双手可采用体前交叉式或背手式,站立时脚呈 V 字形状,脚跟分开距离限 8 cm 以内,双脚与肩同宽。
②行姿。昂首挺胸、收腹、肩要平、身要直,行走轻稳,不可摇头晃脑;禁止工作

场所与他人拉手、搂腰搭背、奔跑、跳跃。

③手势。为顾客指引方位时,手臂伸直,手指自然并拢,手掌以肘关节为轴,指向目标,同时眼睛看着目标,并兼顾对方是否看到指示的目标。

④举止。举止要端庄得体,迎客时走在前,送客时走在后,客过让路,同行不抢道。

18.2.3　服务语言规范

称呼语:小姐、夫人、太太、先生、同志、大姐、阿姨您好。

欢迎语:您来了、欢迎光临。

问候语:早上好、下午好、晚上好、早安、午安、晚安。

祝贺语:节日愉快！圣诞快乐！新年快乐！

道歉语:对不起、请原谅、打扰了、失礼了。

告别语:再见！欢迎下次光临！

道谢语:谢谢、非常感谢！

应答语:是的、好的、我明白了、谢谢您的好意、不客气、没关系。

征询语:我能为您做什么吗？您喜欢……？请您……好吗？

敬语:您、您好、请、劳驾、麻烦您、多谢您、是否、能否、代劳、有劳、拜托、谢谢、请稍候。

18.2.4　待客规范

①面对客人时须面带微笑。

②对客人询问要全神贯注用心倾听,眼睛望着客人面部,切忌死盯顾客,不要打断客人谈话。

③和客人谈话时,须停下手中的工作,眼望顾客、面带笑容。

④客人询问时要认真负责,不能不懂装懂、模棱两可、胡乱作答。

⑤回答顾客问题时,要态度和蔼、语言亲切、声调自然、声音适中、应答迅速明确。

⑥接待顾客应讲普通话,接待讲方言的顾客,要用方言应答。

18.3 顾客服务工作内容

18.3.1 收银服务

1）收银员的举止态度

收银员在工作时应随时保持亲切的笑容，以礼貌和主动的态度来接待和协助顾客；当的确是顾客发生错误时，切勿当面指责，应以委婉有礼的语言来为顾客解说；收银员在任何情况下，都应保持冷静和清醒，能控制好自己的情绪，切勿与顾客发生口角。

2）咨询服务

收银员要熟悉了解门店促销活动，尤其是当前的商品变价、商品特价、重要商品存放区域，以及有关的经营状况，以便顾客提问时随时作出正确的解答。

3）装袋服务

询问顾客是否需要购物袋，如果需要，根据顾客购买量选择合适尺寸的购物袋。不同性质的商品必须分开装袋。掌握正确的装袋顺序。装袋时应将不同客人的商品分清楚。对体积过大的商品，要另外用绳子捆好，以方便顾客提拿。提醒顾客带走所有包装入袋的商品，防止其把商品遗忘在收银台上。

4）零钱准备

每天开始营业之前，每个收银机必须在开机前将零钱准备妥当，并铺在收银机的现金盘内。零钱金额可以根据营业规律来决定，每台收银机每日的零用金应相同。收银员在营业过程中应随时检查零用金是否足够，发现不足时应及时通知收银主管兑换。零用金不足时切勿大声喊叫，也不能和其他的收银台互换。

18.3.2 存包处服务

1）人工存包

（1）工作方法
①顾客到存包处存包，服务员把包放入存包柜。号码牌一号两牌，一牌系于物

品上,一牌留给顾客。

②提醒顾客将现金、手机等贵重物品取出,存包处不负责贵重物品的寄存。

③顾客凭存包牌取包,服务员应将客人存包牌与柜、包物品上的标志牌核对,以防假冒。

(2)特殊情况的处理

特殊情况的处理主要包括顾客遗失存包牌的处理和过夜包的处理。

①顾客遗失存包牌的处理:

a.顾客遗失存包牌,应及时与服务台联系并办理挂失手续。

b.由顾客填写《存包牌遗失登记表》,注明存包柜内有何物,尤其是证件名称。

c.顾客所登记的物品与柜内相吻合,请客人予以签收,并交纳挂失费,服务台开具收据给客人,次日早上交财务。

d.遗失存包牌的号码要公告作废,并且该号码在一定时期内不能再启用。

②过夜包的处理:

a.晚班存包柜工作人员应仔细核查发出存包柜的牌号是否回收,缺失部分作废;若柜内仍有物品,将其记录在《顾客过夜包登记表》上。

b.如3天内顾客到存包处领取,需交纳过夜保管费(一天2元,可按实际情况进行调整);超出3天期限,存包处将自行处理,而且将该柜子的存包牌号码作废。

2)自动存包

(1)工作方法

存包:投币一元至投币口,打开门放进包,关门并保管好钥匙,存包结束。取包:用钥匙打开门取包,关门,取包结束。

(2)注意事项

①自动存包柜中途不可开门。

②有意外事件发生时,根据本单位自动存包柜的应急开门程序办理。

③重大事件(如掉包)可先让顾客填写客诉单,帮助客人报警。

④存包柜服务员对客人的询问要耐心解释,随时留意存包柜出现的异常情况(如放错柜、未拿钥匙、遗失钥匙等)。

⑤存包备用金为一定金额,请交接人员做好交接工作,出现差异由当事人自行负责。

18.3.3 退换货服务

1)营业前的准备

①退换货服务人员去现金办的金库领用退/换货单,并在登记本上签名。

②清洁服务台卫生,并检查相关文具是否准备妥当。

2)营业中的工作流程

(1)审查是否符合退换货标准

退换货区人员要审查该商品是否符合退换货标准。若不符合退换货标准,要婉转谢绝客人的退换货要求。若符合退换货标准,在进入退换货流程时应注意:请顾客出示小票,客服部人员核对商品与小票是否相符,填写《顾客退换货单》一式三联,双方签字(第一联转财务,第二联转顾客,第三联转部组)。

《顾客退换货单》使用注意事项:①退换货单必须按流水号使用,不能跳号。②遗失一份退换货单将受到行政处罚一次。③每退换一件商品须在《顾客退换货单汇总表》上登记。

(2)商品退换货处理程序

商品退换货处理分3种情况:商品的退货、商品的换货、收银员多扫描商品的退货。3种情况的操作方法比较类似,其中商品换货程序稍显复杂,就以换货为例,说明商品退换货程序。

客服人员填写《顾客退换货单》一式三联,并将小票上的该商品剪下,粘贴在换货单的第二联,同时将《顾客退换货单》第二联交予顾客(换货单只可换货,不可退现金)。

顾客办理换货手续并换取卖场内的任何商品后,到指定收银台结账,所换商品经过POS机结账时将《顾客退换货单》交收银员,所购商品超出换货商品的金额,则由顾客补现金,收银员在换货商品的POS小票上标注"换货"字样;换货商品在收银台按正常程序结账,打印收银小票并收回换货单;收银员收取的换货单据应由收银主管打印相应金额的负票,粘贴在第二联《顾客退换货单》上,并于下班时与营业款一起上交现金办;客服部填写《顾客退换货单汇总表》一式两联,第一联《顾客退换货单》与相应的《顾客退换货单》核对后,于下班前上交现金办,第二联留存。

闭店前通知有退换货商品的部主管,到客服部领取当日的退换货(生鲜部的退换货商品应尤为注意要及时),将退换货商品与第三联《顾客退换货单》一同交予部组,部组主管检查退换货商品并在《顾客退换货单汇总表》上签字确认。

3)营业结束之后的工作

①通知楼面主管到退换货区签收退换商品(营业中也可以签收,时间依实际情况定)。

②当班退换货服务人员将退换货单做一份《每日退换货统计表》,以详细了解

当天退换货商品的件数及金额。

18.3.4 购物推车管理

①及时将顾客用完的手推车及购物篮归还原处,便于下一位顾客使用。

②每班人员分成两组,一组送手推车及购物篮,另一组负责整理顾客用完的手推车及购物篮于入口处,便于顾客拿取。

③任何一组工作繁忙时,另一组应及时协助其完成工作。

④上班时间工作人员不得随意串岗,影响工作运行。

⑤协助外保人员防止手推车及购物篮的损坏、遗失。

⑥各部门员工用完客服部手推车之后,应及时将其归还;如需长时间借用,要以书面形式借用(打借条),归还时索回借条。

⑦手推车管理员应每星期对手推车及购物篮进行盘点,并将准确数字与上期比较后上报主管。

⑧手推车管理员应及时清理手推车及车内的污染物,并定期冲洗以保证其正常使用。

⑨若发现手推车有损坏现象,应及时报行政部修理。

18.3.5 赠品发放管理

赠品的发放通常有 3 种形式,即随商品包装、厂商驻店发派、客服部赠品发放处派发。

①赠品的收货。厂商送来赠品后,由收货区与客服部一并点收,并放入赠品仓库,凭"赠品收货单"入赠品账本。

②领取赠品。赠品区人员填写领料单,经部门主管批准后,一同去仓库领出赠品,并在账本的"贷方"位置作领出的记录。

③发放赠品。顾客持购物小票至赠品区领取,工作人员在"赠品控管表"上作派发的登记,注明流水号、机台、数量、经办人,并在购物小票上盖"赠品已送"的印章。

④赠品的账目。每天发放的赠品品名、数量都须依据"赠品控管表"上的记录进行入账,贵重赠品每天盘点,其余赠品一月大盘一次。

⑤赠品的转货及报废。存放长时间、不再派发的赠品,通知楼面主管进行处理,填写"存货更正单",否则由客服部自行处理;已变质或破损的赠品,需填写"报废单"经部门经理批准后进行报废。

⑥赠品的稽核。每日,客服主管要将前一日电脑销售与赠品派发数量进行核对,若有出入,应查询原因并处理。

18.3.6　广播中心管理

广播中心主要负责卖场的音乐气氛,宣传各项促销特价信息以及为客人提供广播服务。广播的内容一般分为促销广播、音乐广播、服务广播。

1)努力提高本身的业务素质

努力要求自己成为一位合格标准的播音员,注意播报内容时要吐字清晰,克服不良情绪,保持心情喜悦,严格按照超市有关礼貌用语的要求来播音。

2)学会根据客流量播放适当的音乐

根据客流量的不同、时间段的不同来选择不同的音乐进行播放。高峰期播放节奏明快的音乐,让顾客加快购物步伐,让下一轮顾客进场;非高峰期则播放缓和的音乐,以留住顾客,让顾客长久地留在超市里购物。

3)充分利用促销广播来促销商品

要利用广播将不好销售的商品的用途、优点及对顾客的适用情况等传达给顾客,以达到促销的目的,充分发挥其作用。

4)为顾客排忧解难

顾客在购物过程中,有时会出现不小心丢失物品或与朋友走散的情况。广播员应给其提供方便,帮助顾客尽可能找回丢失物品和走散的朋友、家人。

18.3.7　其他服务

为满足不同顾客的需要,连锁门店还须进一步提供如开具发票、预订购物、包装、送货与安装、邮购、商品修理服务,以及为顾客进行形象设计服务、租赁服务、临时幼儿托管服务、提供休息或连带销售服务,还可提供免费停车、公用电话、美容等,这些服务项目会给顾客带来极大的便利。

18.4　服务定位与设计

18.4.1　服务定位

连锁门店因所属业态、规模、经营商品的种类、档次不同,其提供的服务也有较大的差异。连锁企业的门店要根据自身的实际情况,在分析门店的业态、竞争者的服务、经营的商品、门店的档次、目标顾客的特点、提供服务的费用等影响因素后,给自己的服务做出准确合理的定位,才能最大化地为顾客提供满意的服务。

18.4.2　服务设计

企业在服务定位的基础上,要进一步对自己的服务进行设计。企业的服务设计主要有以下两个方面:

1)服务内容设计

企业在进行服务内容设计时,需要考虑以下几个基本原则:

(1)不同的服务项目对顾客的相对重要性不同

门店通过调查顾客需要的服务项目,按重要性的大小加以排序,作出所提供服务项目的决定。

(2)服务内容需根据门店的经营方式来确定

门店经营方式不同,服务内容也应该有所区别。比如:大型百货商店对消费者来说就要提供导购、送货上门、退货、售后保修等多项服务;而超级市场和平价商店需要提供的服务内容就可以少一些。

(3)注重推出具有竞争优势的服务项目

为顾客提供必需的,但其他企业又不能提供的服务,就可以形成企业的决定性服务项目,从而,形成企业独有的具备竞争优势的服务项目。

(4)选择服务内容时应考虑成本因素

企业在选择服务内容时,应该先平衡服务内容与服务成本之间的关系,一般来说,一种服务一旦超越了门店的经济承受能力,超越了顾客的价格承受力,其本身就难以长久。

2)服务标准设计

顾客服务是一种无形的软性工作,因人而异。常常因为服务人员的心情、身体状况等各种原因影响服务质量,也会因服务人员的个人素质、经验、训练程度等造成服务水平的差异。如果不设计服务的具体质量标准和行为准则,就很难保证服务的质量。

单元测试

一、填空题

1.存包服务可分为_____和自动存包两种服务。存包工作中特殊情况的处理,主要包括顾客遗失存包牌的处理和_____的处理。

2.商品退换货处理分 3 种情况:商品的退货、_____、收银员多扫描商品的退货。

3.赠品的发放通常有 3 种形式,即:_____、厂商驻店发派、客服部赠品发放处派发。

4.收银工作的具体操作可以概括为:_____、扫_____、装。

二、简答题

1.如有读不出条码的商品,可以用不同条码同一价格的商品代替入机?

2.支票日期距离期限低于两天时,应该拒收?

3.商业职业道德建设的核心是买卖公平吗?

三、选择题

1.作为店员在不知如何回答顾客的询问,或者对答案没有把握时,比较好的一种回答方法是(   )。

A.“对不起,我不清楚,你找别人问吧。”

B.“对不起,我不清楚。”

C.“对不起,请您等一下,我请值班经理来为您解说。”

D.随便说一个答案,打发顾客走人。

2.下列属于应答语的服务用语是(   )。

A.下午好   B.新年快乐   C.谢谢您的好意   D.欢迎光临

四、案例分析

一次未唱收唱付收银失误

7月16日,顾客张某和妻子到华联来购物。他们到二楼买了满满一车日常家居用品,又买了一些办公用品、副食、调味品等,结账时,整整花了1 002.70元,张某递给收银员十一张面值100元的钞票。收银员埋头递给张某找换的零钱并将清单交给他。张某直接把零钱装入口袋,和妻子走出大门。离开前,在妻子的提醒下,张某把零钱拿出来一数,只有47.30元,他回头找到收银员。收银员赶紧解释,但张某不认同。收银员又强调:"钱款必须当面清点,一出柜台我就无法负责。"张某表示不满,双方引起争执,张某对收银主管进行了投诉。

收银主管将该柜台所有收款项即时清点,并无差错。最后,在张某其中一个装满商品的塑料袋中找到了一张50元的面钞。

案例分析与讨论:

1. 如何完善收银员的唱收唱付工作?
2. 收银员如何对待顾客的质疑?

学习单元 19　门店柜台服务技巧

学习目标

了解顾客购买行为的影响因素,购买行为类型,熟悉顾客购买决策过程;掌握营业员柜台接待顾客流程,并能够熟练地运用待客语言;掌握与顾客冲突的原因、规避及解决办法、步骤。

学习内容

顾客购物的行为过程;接待顾客步骤;语言技巧的应用;与顾客冲突的防止和排除。

学习重点

营业员柜台接待顾客流程;待客语言应用;与顾客冲突的规避及解决办法、步骤。

教学方法和建议

- 通过任务驱动法、案例教学法或角色扮演法实施教学;
- 本学习单元可按教学内容组织成顾客服务与接待技巧学习任务,并按照"六步法"来组织教学;
- 教学过程中体现以学生为主体,教师进行适当讲解,并进行引导、监督、评估;
- 教师应提前准备好适用的案例、各种媒体学习资料、任务单、教学课件、教学场地和设备。

学习任务

以学习小组为单位,在了解顾客购买行为及待客步骤基础上,模拟现场顾客接待作业(载体),体验实际的门店柜台服务工作过程等。

案例导入

服务暖人心

　　正值国庆销售高峰前期,卖场内的皮鞋堆头前人潮涌动。一位促销员笑盈盈地拿着一双休闲鞋问一位怀孕的顾客:"小姐,您看这双米色的鞋合适吗?"那位顾客面对各种各样的鞋子,显得很犹豫。促销员笑着说:"这双米色的比较清爽,而且今年也比较流行米色,您觉得怎样?"顾客没有吱声,随手拿起一双黑色的端详。促销员又耐心地询问:"您打算配什么颜色的裤子?"顾客说:"我想买一双配黑裤子的"。促销员看了看说:"那这双黑色的是不是更好一些?"边说边拿起米色和黑色的鞋子放在一起让顾客比较,然后又说:"您要不要先试穿一下,看哪双更好一些?"顾客这时看了看旁边一双高跟的皮鞋,眼里流露出羡慕的神情。善解人意的促销员马上笑着说:"现在穿这种不太适合,不过再过一段时间就可以了。"顾客听完笑了笑,便拿起一双黑色的试穿起来,待穿好后,促销员在一边耐心地询问:"感觉还合适吗?"顾客觉得很满意,便点了点头。"就这双吗? 那好,我帮您包起来吧。"促销员边说边麻利地把鞋包装好,开好销售小票,双手递到顾客手中,指着前面礼貌地说:"麻烦您到前面那个收银台付款好吗? 谢谢!"顾客拿着小票愉快地走向了收银台。

　　问题思考:
　　连锁门店营业人员应具备哪些服务技巧?

19.1　顾客购物的行为过程

　　顾客购物行为,就是指人们为了满足个人、家庭的生活需要或者企业为了满足生产的需要,购买爱好的产品或服务时所表现出来的各种行为。

19.1.1　顾客购买行为类型

　　在购买活动中,任何两个消费者之间的购买行为都是存在差异的。因此,对于消费者的购买行为,只能进行归类研究。

　　按消费者购买目标的选定程度区分,可分为:

1) 全确定型

此类消费者在进入商店前,已有明确的购买目标,包括产品的名称、商标、型号、规格、样式、颜色,以至价格的幅度都有明确的要求。他们进入商店后,可以毫不迟疑地买下商品。

2) 半确定型

此类消费者进入商店前,已有大致的购买目标,但具体要求还不甚明确。这类消费者进入商店后,一般不能向营业员明确清晰地提出对所需产品的各项要求,购买需要经过较长时间的比较和评定阶段。

3) 不确定型

此类消费者在进商店前没有明确的或坚定的购买目标,进入商店一般是漫无目的地看商品,或随便了解一些商品销售情况,碰到感兴趣的商品也会购买。

19.1.2 购买决策过程

消费者在购买中一般经过 5 个阶段:确认需要、信息收集、方案评价、购买决策、购后行为。但并不是都经历这 5 个阶段,对参与程度低的产品,消费者会跳过某些阶段。

1) 确认需要

购买过程始于购买者对需要的确认。当购买者意识到自己的实际状态与期望状态之间存在差异,就有需要的确认。这个需要可以由内部刺激引起,也可以由外部因素引起。

2) 信息收集

顾客的信息来源一般分为 4 类:个人来源、商业来源、公共来源、经验来源。一般来说,消费者收集信息的主要来源是商业来源,最有效的信息来源是个人来源。商业来源起告知作用,个人来源起认定和评价作用。

3) 方案评价

消费者在获得全面的信息后,会根据这些信息和一定的评价方法对同类产品的不同品牌进行评价。消费者一般会运用一些评价方法,从产品属性、品牌信念、效用要求 3 个方面进行有意无意地比较,只有该品牌每一属性的效用达到了他所预设的水准,他才会接受。

4)购买决策

消费者经过产品评估后,会形成一种购买意向,但不一定导致实际购买,从购买意向到实际购买还有一些因素介入,如他人态度、意外因素。

5)购后行为

消费者在购买后,会通过商品使用过程检验自己购买决策的正确性,确认满意度,作为以后购买活动的参考。

19.2　接待顾客的步骤

根据顾客购物过程中心理状态的变化,门店营业员要采取适当的步骤和方法做好销售接待工作。

19.2.1　等待时机

顾客进店走近柜台或货架时,营业员要随时注意找机会同顾客接触搭话。营业员要端庄自然地站在自己负责的商品地段内,不能心不在焉、左顾右盼。

与顾客搭话的最佳时机是在顾客由发现商品到观察了解之间。若搭话过早会引起顾客的戒心,甚至由于不好意思而离开柜台。

19.2.2　出示商品

当顾客明确表示对某种商品感兴趣时,营业员立即取出商品送到顾客手中,以促进其产生联想。出示商品的技巧和方法为:

①示范法。通过自身的佩戴或顾客试戴来演示商品,促使顾客下决心购买该商品。

②感知法。尽可能地让顾客触摸商品,使顾客实际感知商品的优点,消除顾客的疑虑。

③多种类出示法。出示几种性能相近或价格相近的商品供其选择。在顾客观看商品后,将其不再感兴趣的商品迅速拿开,使顾客将注意力集中到某一种商品上,使其作出选择。

④逐级出示法。在顾客可能接受的价格段位上,先出示价格低的商品,再出示高档商品的方法。但是,从高档到低档出示商品,容易使欲购廉价品的顾客感到难

堪。若从较低价位开始出示商品,会令有求名动机的顾客反感,这种方法在销售过程中要慎用。

19.2.3　商品说明

好的商品介绍能使营业员掌握销售的主动权,并能刺激顾客的购物欲望。

1)参谋推荐

根据顾客的情况,在顾客比较判断的阶段刺激顾客的购物欲望,促成购买。一般分为3个步骤:①列举商品的一些特点;②确定能满足顾客需要的特点;③向顾客说明购买此种商品所能获得的效果。其转化公式化为:

$$商品特征 + 功能 = 顾客效果$$

2)促进顾客信任

促进信任是坚定顾客购物决心的步骤。在以下情况下可进行此项工作:①顾客对商品的提问结束时;②当顾客默默无言独立思考时;③当顾客反复询问某个问题时;④当顾客的谈话涉入到商品售后服务时。

应注意的是,营业员建议顾客购买绝不等同于催促顾客购买。因此,营业员只能用平缓的语调建议顾客购买。

19.2.4　收取货款

顾客采取购物行动后,营业员就要开始收取货款。收取货款务必要做到"三唱一复"。"三唱"即"唱价""唱收""唱付","一复"即"复核",确认所付商品与收进货款是否相符。

19.2.5　结束销售

营业员在为顾客进行商品包装时,还应问顾客是否还需要别的商品,主要是与顾客所购买的商品相关的商品。当将包装好的商品交到顾客手中时,应主动向顾客表示感谢,赞扬顾客的明智选择,并请其对商品的质量放心,从而使顾客留下美好的购物记忆。

19.3　语言技巧的应用

若能充分利用说话方法来掌握顾客的心理,对销售工作会有很大的帮助。一般来说,待客说话要掌握 7 个原则:

19.3.1　不使用否定型,而用肯定型语气

例如,当顾客问"有某某商品吗?"假使回答"我们不卖某某商品",就会使顾客有被拒绝的感觉,而回答"我们现在只有某某商品"。如此,顾客不会觉得被拒绝,甚至会说"那么,请让我看看某某商品"。

19.3.2　不用命令型,而用请求型

例如,"请打电话给我。"虽然是一句尊重的话,但仍是使用命令型的语调。如果说"能不能给我打个电话",这就是请求型的语调,顾客也会愉快地说"好的"。

19.3.3　以语尾表示尊重

若以"您很适合"来做例子,"您很适合"并不算不尊重,但语尾仍感觉太粗糙,若是反过来说"很适合您,不是吗?",语气显得谦逊,对顾客表示尊重,效果很好。

19.3.4　拒绝的场合要说"对不起"

例如,"不能兑换外币",给人以强烈的拒绝印象,但若说"我很抱歉,是否请您到银行去兑换",就冲淡了拒绝的印象,反而能感受到营业员的美意。

19.3.5　让顾客自己决定

如果说"我想,这个可能比较好",然后让顾客自己说"我决定买这个",这种情形,容易让顾客有"自己选购"的满足感。因此,营业员要以暗示或建议为原则。

19.3.6　在自己的责任范围内说话

当顾客有错误等情况出现时,营业员要说"是我确认不够",以"承担责任"的态度来说话。

19.3.7　多说赞美、感谢的话

在商谈中尽可能多使用"您的审美眼光很高"等赞美语,或在顾客试穿时说

"谢谢"等感谢话。若知道顾客的姓名,可多多称呼他的名字,这是增强亲近效果的有效方法。

19.4　与顾客冲突的防止

冲突的产生,会给门店带来负面影响,一旦门店方对于冲突失去控制,影响将更为深远和恶劣。本节主要探讨员工和顾客之间冲突的原因及处理方法。

19.4.1　冲突产生的原因

顾客多、业务忙,营业员应接不暇;顾客退换商品;收款、找零发生差错;商品暂时供不应求;营业员业务素质不高;商品质量缺陷。

19.4.2　与顾客冲突的防止

所有员工应接受"顾客服务"培训,提高员工服务意识;各岗位按照服务标准,做到快捷、准确、规范;保持通道的顺畅,高峰时做好楼面及收银区的客流疏导;遇到无理顾客时,要保持冷静,明确自己的角色;对顾客的询问及所提要求,应耐心解答,提供所需帮助;销售高峰期,管理层应加强楼面巡视,处理突发事件。

19.4.3　与顾客冲突的排除

1)解决冲突的原则

(1)妥协原则

在与顾客冲突的排除上,要学会运用妥协原理,选择恰当的时机,给顾客以台阶,最大限度地争取双赢结果。

(2)分隔原则

在处理与顾客冲突的问题时,分隔是一个比较好的办法,单独询问营业员,请顾客进办公室解决问题,对弄清事情经过、控制事态发展,更有好处。

(3)体谅原则

站在顾客的立场上,换位、真诚地理解顾客,站在顾客的角度,想顾客所想,急顾客所急,是化解顾客怨气的有力武器。

(4)控制原则

在任何一个门店,营业人员一旦和顾客发生了冲突,都会给门店带来不良影响,因此,控制冲突的发展态势是解决冲突的前提条件。

2）解决冲突的步骤

如何解决与顾客的冲突,必须遵循以下5个步骤:

①正确对待顾客批评,本着"顾客永远是对的"服务原则,向顾客致以歉意。

②倾听顾客诉说,分析判断;并将员工带到一边,全面了解情况。

③如果在冲突中有一方或双方受伤,要首先紧急处理,并由管理层决定是否就医。

④根据情况,灵活、合理地劝解顾客,提出解决问题的办法,如果顾客提出索赔,应汇报给管理层及法律部。

⑤落实跟踪顾客,及时把顾客的不满及处理情况记录在案,并对顾客进行回访,以增强顾客的信任度和好感。

单元测试

一、填空题

1.参照群体对消费者购买行为的影响,主要有:示范性、_____、一致性。

2.按消费者购买目标的选定程度区分,消费者的购物行为可分为全确定型、半确定型、_____。

3.消费者在购买中一般经过5个阶段:确认需要、_____、方案评价、购买决策、_____。

4.与顾客接触搭话的方法有_____、_____和服务接近法。

二、判断题

1.顾客购物行为具有动态性、互动性、多样性、易变性、冲动性、交易性等特点。　　　　（　　　）

2.打招呼的最佳时机是在顾客由发现商品到观察了解之间。　　（　　　）

3.示范法适用于顾客对具体购买某种商品无一定主见时,营业员可出示几种性能相近或价格相近的商品供其选择。　　　　（　　　）

4.需要已经激发的消费者,下一个步骤就可能是方案评价。　　（　　　）

三、选择题

1. 接触搭话的最佳时机为(　　)。

A. 当顾客较长时间凝视某个商品时

B. 当顾客把头从观察的商品上抬起来时

C. 当顾客临近柜台停步用眼睛看某种商品时

D. 当顾客临近柜台寻找某种商品时

2. 收取货款务必要做到"三唱一复"。"三唱"即(　　)。

A. 唱价　　　　　B. 唱付　　　　　C. 唱诺　　　　　D. 唱收

3. 施华洛世奇的柜台,在每件商品的上方都有一盏灯,衬托了饰物的晶莹剔透,这迎合了顾客购买过程中的(　　)。

A. 产生联想　　　B. 激发欲望　　　C. 店貌感受　　　D. 引起兴趣

四、简答题

1. 接待顾客说话的七原则是什么?

2. 解决与顾客的冲突的原则和步骤有哪些?

学习单元 20　顾客投诉意见的处理方法

学习目标

了解顾客投诉的方式;理解顾客投诉的原因;掌握顾客投诉的类型,顾客投诉意见处理权责划分,建立顾客关系管理档案的内容;会运用顾客投诉意见处理程序解决问题。

学习内容

顾客投诉类型、方式;意见处理权责划分、处理程序;建立顾客关系管理档案。

学习重点

顾客投诉的原因、类型;顾客投诉意见处理权责划分;建立顾客关系管理档案的内容。

教学方法和建议

- 通过任务教学法、角色扮演法、小组讨论法等对顾客投诉场景进行模拟;
- 学生通过模拟现场顾客投诉作业(载体),体验实际的顾客投诉工作过程;
- 教学过程中体现以学生为主体,教师进行适当讲解、引导、监督和点评;
- 教师提前准备好各种媒体学习资料、任务单、教学场地和设备。

学习任务

以学习小组为单位,选择 2～3 家你所熟悉的连锁企业,调查门店顾客投诉的原因、类型、方式,分析整理顾客投诉意见,并进行处理权责的划分。推举小组代表进行公开交流。

收银员工作的失误引发的顾客投诉

顾客杨某一家在买完单时无意中发现,他的小票上多录入了两件他并没有购买的商品,同时,跟随他身后买单的家人,也发现小票上多录入了两件并没有购买的商品。杨某当时非常气愤,一直嚷嚷:如果不对这件事作出合理解释,他就投诉到消协,并要求炒掉收错款的员工。闻讯而来的主管马上拿过电脑小票进行核实,发现情况确实如此,而且错误出自同一个收银员。主管立即向顾客道歉,并将这一家人引至自己的办公室内,倒水安慰他们。待他们冷静后,主管再次对收银员工作的失误进行诚恳的道歉和检讨,并答应就此事要对该收银员进行严肃的处理和教育。当时商场正在进行有奖促销活动,主管就多给了几张抽奖券给顾客,在主管的耐心解释下,杨某一家慢慢地消了气,并主动说:"算了,也不要炒掉她了,现在找一份工作也不容易,但要好好教育她,不能再出现这样的失误,否则对你们商场的声誉影响太坏了。"

问题思考:

顾客投诉类型、方式及处理?

有效地处理顾客投诉,既可以有效地维护企业自身的形象,又能够挽回客户对企业的信任,同时,还可以达到及时发现问题并留住客户的目的。因此,在门店的经营过程中,处理顾客投诉是每个门店店长都非常重视的事情。

20.1　顾客投诉的类型

20.1.1　对商品的抱怨

商品是满足顾客需要的主体,顾客对商品的投诉意见主要集中在以下几个方面:

①质量不良。坏品、过保质期、品质差或不适用等商品质量问题是顾客投诉意见最集中的问题。当打开包装或使用时发现商品品质不好,顾客的反应较强烈,引起的投诉也较多。

②价格过高。日用品、食品、生鲜、果疏类商品是顾客经常购买的商品,顾客对

商品的价格变动非常敏感。顾客往往会因为商品价格过高向商场提出意见。

③标示不符。商品的价格标签看不清楚;商品上有几个不同的价格标签;商品上的价格标示与促销广告上的价格不一致;商品包装上无厂名、无制造日期等,往往是顾客投诉的原因。

④商品缺货。顾客对商场商品缺货的抱怨,主要是对热销商品和特价商品的缺货、商品品种的不全而不满。

20.1.2 对服务的抱怨

消费者购买商品的同时需要商场提供良好的服务,其对商场服务的不满直接影响商场商品的销售。对服务的抱怨主要有下面几个方面:

1)营业员的服务方式欠妥

接待慢,缺乏语言技巧,无重点地一味地加以说明,商品的相关知识不足,无法满足顾客的询问,不愿意将柜台或货架上陈列的精美商品让顾客挑选,等等。

2)营业员的服务态度欠佳

不理会顾客的招呼;过分的殷勤,以衣帽取人,瞧不起顾客;对顾客的不信任,盯梢或用语言中伤;对顾客挑选商品不耐烦;等等。

3)营业员自身的不良行为

对自身工作流露出厌倦、不满情绪;衣着不整、举止粗俗、言谈粗鲁、打闹说笑、工作纪律差;评价、议论,甚至贬低其他顾客;营业员之间发生争吵,互相拆台;等等。

4)服务作业不当

结算错误;包装失当;顾客寄放物品遗失、存取发生错误;送货太迟或送错了地方;不遵守约定,使顾客不能按时提货;等等。

5)对服务制度的抱怨

主要为营业时间、商品退换、存包规定、售后服务及各种服务制度(规定)等。如:不提供送货服务、无保修或店内无维修点等。

20.1.3 对安全和环境的抱怨

1)意外事件的发生

顾客在卖场购物时因安全管理不当,造成意外伤害而引起不满,如:因地滑而摔跤,因停电而碰撞或损失。

2)环境不舒适

灯的亮度不够,空气不流通,温度过高或过低,商场内音响声太大等;卖场走道内的包装箱和垃圾没有及时清理;商品卸货时影响行人的交通。

20.1.4 对设施的抱怨

顾客对设施的抱怨一般有:货架高度不当,拿取不方便;无休息的凳椅;收银机少,缴款排队的时间较长;商场布局指示不清;无电梯、洗手间等。

20.2 顾客投诉方式

投诉就是顾客向门店工作人员或其上级主管部门(单位)表达心中不满,并提出打折、退货、换货、免费维修、索赔、道歉等权益主张的行为。

投诉的方式主要有电话投诉、信函投诉、当面投诉,以当面投诉为最常见。门店应根据顾客投诉方式的不同,分别采取相应的对策。

20.2.1 电话投诉及处理

电话投诉是顾客通过电话方式寻求解决问题途径、发泄内心不满的一种便捷、高效的方法。

(1)有效倾听

仔细倾听顾客的抱怨,应站在顾客的立场分析问题的所在,同时可以利用温柔的声音及耐心的话语来表示对顾客不满情绪的支持。

(2)掌握情况

尽量从电话中了解顾客所投诉事件的基本信息:何时、何地、何人、何事、其结果如何,并进行详细记录,同时留下顾客的电话,以备日后回复。

(3)存档

如有可能,把电话的内容予以录音存档,尤其是特殊的或涉及纠纷的投诉事件。存档的录音带一方面可以作为日后必要时的证明,另一方面可以作为日后教育训练的教材。

20.2.2　信函投诉及处理

顾客也可以通过邮件的方式,把自己的意见用书面的方式记录下来,通过邮寄的途径,进行倾诉。

书信投诉便于记录和保存,投诉较理性,很少感情用事。收到顾客的投诉信时,应立即将其转送负责人。相关人员应立即联络顾客,告知其收到信函,向其表达谢意,以表达商店的诚恳态度和解决问题的意愿。同时请顾客告知联络电话,以便日后沟通和联系,并尽快处理其投诉。

20.2.3　当面投诉及处理

当面投诉是顾客投诉中最为常见的方式,通常顾客在感觉受到了不公平待遇或者对服务人员有意见时,会采用面对面的方式,寻求问题的快速解决。

对于顾客当面投诉的处理,应尽量迅速解决问题。在处理顾客当面投诉时,应注意将投诉顾客请至会客室或卖场的办公室,以免影响其他顾客的购物;创造亲切轻松的气氛,缓解对方的紧张心情;谨慎使用各项应对措辞,避免导致顾客的再次不满;严格按规定的"投诉意见处理步骤"妥善处理顾客的各项投诉;一旦处理完毕顾客的投诉意见,必须立即以书面的方式及时通知投诉人,并确定每一项投诉内容均得到解决及答复。

20.3　顾客投诉意见处理权责划分

在规划处理投诉的权责之前,门店必须先建立好自己内部的投诉处理系统。一般投诉处理系统由投诉执行功能和投诉管理功能构成。投诉系统建立之后,即可制订投诉处理的权责单位,以及每一单位所拥有的处理权限。由于顾客投诉的层面不同,可将权责单位划分为如下三个层级。

20.3.1　基层服务人员、领班

在营业现场的每一位服务人员都有可能接触到顾客的投诉。因此,门店必须在事前明确基层服务人员及领班的任务并授予处理特定事例的权限。

对于缺货、通道阻塞、价格标示错误、单纯的收银错误等可以立即处理,对附带建议性的小型抱怨,应授权服务人员或领班根据公司的既定政策及个人的判断后,当场解决顾客的问题,并给予满意的答复。事后作好记录,向店长呈报。

20.3.2 店长

店长在顾客抱怨的处理权责上,除了负有执行的功能外,还有管理的功能。以执行而言,对于基层人员在权限上无法处理的事情,必须立即转介给店长,对于并非只涉及单纯的商品赔偿部分,应由店长亲自处理,以免因为处理不当而发生顾客二次投诉。店长应负责店内所有投诉记录的汇整与呈报,门店投诉事件追踪、奖惩、业务改进、责任归属、制度规划,以及必须负责整个政策公布及执行。

20.3.3 经理、主任或专职单位

这一层级的责任规划,可以根据门店的规模来设定,例如:规模小者,可以指定特定主管或专人来负责;规模大者,如连锁总部就可设立专职单位,或在业务部的组织下由专人负责。主要负责处理投诉处理系统中,有决策性质的管理功能,以及具有较大影响层面的投诉事件。

各层级在处理顾客投诉时,均需依照企业既定的"投诉处理原则",对于无法掌握的投诉事件,必须在事态扩大之前,迅速将事件移转至上一层级的权责单位处理。

20.4 顾客投诉意见处理程序

20.4.1 控制自己的情绪

当顾客发怒时,门店工作人员首先要控制自己的反应情绪,要充分理解顾客的投诉和他们可能表现出来的失望、愤怒、沮丧、痛苦或者其他过激情绪。

20.4.2 鼓励顾客解释投诉问题

门店工作人员应创造机会让顾客充分陈述问题,多聆听顾客的委屈和愤怒,一是了解事情的来龙去脉,以便帮助顾客解决问题;二是疏导和安抚顾客情绪。同时投诉处理人员还要及时表达对顾客的理解,等顾客发泄之后再与其商讨问题的解决方案。

20.4.3 有效倾听

在倾听投诉顾客陈述问题的时候,不但要听他表达的内容,还要注意他的语调与音量。当对方说了一段话后,对投诉者的谈话内容及思想加以综合整理,用自己

的语言反馈来访者。这样可以使投诉对象有机会再次剖析自己的困扰,也给顾客一个机会去重申他没有表达清晰的地方。

20.4.4 判断事情真相

顾客在投诉时会表现出烦恼、失望、泄气、发怒等各种情感。同时,因为顾客总是强调那些支持他的观点的情况,所以,负责投诉处理的员工要记录好投诉过程的每一个细节,以便全面、客观、深入地了解并判断事情真相。

20.4.5 提供解决办法

针对客户投诉,每个公司都应有各种预案或解决方案。在提供解决方案时要注意以下3点:为客户提供选择;诚实地向客户承诺;适当地给客户一些补偿。当顾客得到快速和公平的对待,大多数顾客会表示理解和满意。门店工作人员务必让顾客理解店方提出的解决办法是公平合理的。

20.4.6 核实顾客满意度,改善提高服务质量

在投诉者已初步接受解决方案时,门店工作人员应主动核实顾客是否还有需要解决的问题,并确定顾客对投诉处理的结果是否满意。事后,门店服务管理人员要将所有顾客投诉的意见及其产生的原因、处理结果、处理后顾客的满意程度,以及今后改进的方法,加以总结,以防类似事件的再次发生。

20.5 建立顾客关系管理档案

开展全方位的顾客关系管理,是现代商业的管理重点之一。门店生存和发展的生命就是要充分利用以顾客为中心的资源,拓展全新的销售方式、销售渠道。建立顾客关系管理档案的具体做法如下:

20.5.1 顾客意见访问

门店可以通过寒暄式的日常话题、征询式的探索摸底、热切式的帮助主题,与消费者建立良好的沟通状况,及时了解消费的新需求。也可以通过调查性访问列出一些商场里与销售相关的问题,请他们对这些问题以满意程度打分,然后根据顾客的反馈结果,确定该项服务要发扬还是改进。同时,门店也可以进行有主题访问,即根据日常经营的情况,对准备解决的问题进行专题整理,并有针对性地选择消费者群,听取他们的感受、建议和意见。

20.5.2　顾客档案管理

顾客档案的建立有利于门店工作人员深入地了解顾客需求,从而更有效地提供销售服务。对于普通顾客,门店工作人员应通过各种渠道积极收集顾客的基本信息,包括顾客姓名、性别、年龄、地址、电话、传真、电子邮件等。对于企业客户,门店则要注意收集该企业的经营目标服务区域、销售能力、经营现状、现存的问题、发展潜力、销售实绩、未来的对策、信用状况、支付能力、经营管理者及业务员的素质、与其他竞争者的关系等资料。此外,门店还要注意收集顾客购买行为的记录。如顾客与本企业交往的历史、每次购买量和购买频率、每次交易纠纷的情况记录、双方合作的情况、竞争对手同类产品等情况。

20.5.3　举办公益活动

公益活动是指一定的组织或个人向社会捐赠财物、时间、精力和知识等活动,包括社区服务、环境保护、知识传播、公共福利、社会援助、社会治安、紧急援助、青年服务、慈善、社团活动、专业服务、文化艺术活动等。门店通过举办多种形式公益活动,可以提高门店在消费者心目中的知名度和美誉度和企业的社会评价。

20.5.4　提供日常生活信息

门店在对商圈内消费者的生活方式、购买习惯、价值观念充分了解的基础上,可以在卖场内特定商品的前方制作POP,说明商品的特色用途或食用(使用);在服务台免费派送消费信息印刷品;也可利用门店设置的固定公布栏来提供日常生活信息。有计划地把企业的销售计划、促销计划、宣传计划传达给消费者,从而引发消费者的购买兴趣,提高消费者的购买欲望,促进消费者的购买行为。

单元测试

一、判断题

1.顾客抱怨是门店经营不良的直接反应,同时又是改善门店销售服务十分重要的信息来源之一。　　　　　　　　　　　　　　　　　　　　　　　（　　　）

2.顾客投诉是每一位门店店长都非常重视的事情,所以,应该由店长全权负责。　　　　　　　　　　　　　　　　　　　　　　　　　　　　　（　　　）

3.各层级在处理顾客投诉时,对于无法掌握的投诉事件,必须在事态扩大之前,迅速将事件移转至上一层级的权责单位处理。（　　）

4.顾客因买到坏品而投诉,属于对商品质量的投诉。（　　）

5.在处理顾客投诉时首先应有效倾听。（　　）

二、填空题

1.对连锁门店而言,顾客抱怨的类型主要有对商品的抱怨、_____、对安全和环境的抱怨以及_____。

2.顾客的投诉方式有电话投诉、_____、当面投诉、_____。

3.投诉对企业的好处有:有效地维护企业自身的形象、_____和及时发现问题并留住客户。

三、选择题

1.顾客对门店服务投诉中对门店不提供送货、提货、换零的投诉是（　　）的集中体现。

A.现有服务作业不当　　　　　　　B.服务项目不足

C.取消原有服务　　　　　　　　　D.收银作业不当

2.顾客的投诉意见主要包括对商品、服务、安全和环境等方面,其中标示不符属于对（　　）的投诉。

A.服务　　　　　B.商品　　　　　C.安全　　　　　D.环境

3.商品质量问题往往是顾客投诉最集中的问题,商品质量问题不包括（　　）。

A.包装破损　　　B.坏品　　　　　C.过保质期　　　D.不适用

4.在内部的投诉处理系统中（　　）属于投诉的执行功能。

A.事件的转介　　　　　　　　　　B.转介事件的追踪

C.资料存档　　　　　　　　　　　D.善后追踪

四、简答题

1.顾客投诉意见的处理程序是怎样的?

2.为了建立顾客关系管理制度,门店通常可从哪些方面开展工作?

五、案例分析

有苍蝇的酸奶

某日,李女士从商场购买晨光酸牛奶后,马上去一家餐馆吃饭,饭后李女士随手拿出酸牛奶让自己的孩子喝,突然孩子大叫:"有苍蝇。"李女士看见小孩喝的酸牛奶盒里(当时酸奶盒已被孩子用手撕开)有只苍蝇。李女士即带着小孩来商场投诉。

该购物广场顾客服务中心负责人把李小姐请到办公室,一边道歉一边耐心地询问了事情的经过。询问重点:①发现苍蝇的地点(确定餐厅卫生情况);②确认当时酸牛奶的盒子是撕开状态而不是只插了吸管的封闭状态;③确认当时是小孩先发现苍蝇的,大人不在场;④询问在以前购买"晨光"酸牛奶有无相似情况。在了解情况后,商场方提出了处理建议,并带领李女士去"晨光"牛奶场的无菌生产过程进行了参观,同时也对李女士就餐的环境、发现苍蝇等情况进行了分析。

通过商场负责人的不断沟通,李小姐终于不再生气了,她说,既然商场对这件事这么重视并认真负责处理,所以她也不会再追究了,她相信苍蝇有可能是小孩喝牛奶时从外面掉进去的。

(资料来源:http://www.kesum.com.)

案例分析与讨论:

1. 案例中,商场负责人处理好顾客投诉的关键是什么?
2. 处理顾客投诉时有哪些注意事项?

学习单元 21　顾客服务质量评价

学习目标

掌握顾客满意度调查的具体操作内容和方法技巧,神秘顾客调查法的内容和实施;理解神秘顾客调查法和传统调查方法的区别;深入了解门店服务质量的改进和控制。

学习内容

- 顾客满意度调查、神秘顾客访问;
- 门店服务质量的改进与控制。

学习重点

- 顾客满意度调查的具体操作内容和方法技巧;
- 神秘顾客调查法的内容和实施。

教学方法和建议

- 通过任务教学法、小组讨论法等实施教学;
- 结合当地的典型案例分析门店服务质量的改进和控制;
- 教学过程中体现以学生为主体,教师进行适当讲解、引导、监督、点评;
- 教师提前准备好各种媒体学习资料、任务单、教学场地和设备。

学习任务

以学习小组为单位,选择 2～3 家你所熟悉的连锁企业,设计调查内容,进行顾客满意度调查或扮演神秘顾客进行反调,分析比较各门店服务质量的改进和控制的基本点。

案例导入

当"神秘顾客"造访……

赵先生白天过着朝九晚五的小白领生活,下班后和节假日却摇身一变为"消费特工",带上录音笔,藏好纽扣式摄像机,开始执行"神秘顾客"的任务。

他是一家世界连锁的快餐店的"神秘顾客"之一。一进餐厅,赵先生就左看右看四处观察,地面墙壁都不放过,还用手抹了一下桌面;排队买餐时,赵先生几次看表,显然是在计算时间;对于服务人员上前的一些问候和询问,他也特别留意;等到把饭摆到桌上了,他又轮番摸了一遍所有食品的温度;终于开吃了,他一边吃一边若有所思地说:"这汉堡里的生菜好像有点不大新鲜,蔫儿了……"吃完饭,我们走人,赵先生还特意等在一边看服务员多长时间之后开始收拾桌子。

吃这一顿饭,赵先生完成了一次"神秘顾客"的执行任务。赵先生说,他兼职做"神秘顾客"有半年多了,最开始是在网上看到一个招聘广告,他觉得好玩就在网上应聘,结果误打误撞就做了"神秘顾客"。

(资料来源:北京晚报)

问题思考:
连锁门店应如何进行顾客服务质量评价?

客户服务时代已经来临,客户争夺已成为市场竞争的核心,客服水平的高低更在一定程度上决定了企业的生死存亡。

21.1　顾客满意度调查

顾客满意度调查的主要目标是:确定导致顾客满意的关键业绩指标,评估组织的业绩,判断改善主要业绩指标所需措施的轻重缓急并采取正确行动。

21.1.1　制订顾客满意度调查计划

制订周密的顾客满意度调查计划,对于确保本组织进行顾客满意度调查取得成功至关重要。

调查计划包括以下内容:内部计划、选择外部专门调研机构、识别顾客、确定关键的业绩指标、选择调查的方法、实施调查、分析调查结果、改进措施。

内部计划通常包括:确定公司内部参与制订计划阶段的人选;了解组织各层次将如何获取并运用调查结果;列出拟作为调查对象的顾客名单;向员工和主要顾客传达调查的意图;组织主要管理层参与调查过程,开展讨论,明确调查的目的和问题。

必须让组织主要管理层和顾客了解顾客满意度调查的目标、方法、结果和影响,主要管理层积极参与顾客满意调查计划的制订,有助于他们对全过程的理解,易于接受调查结果,并且激发他们对改进工作的责任感。

21.1.2　选择外部专门的调研机构

若组织不具备顾客满意度调查的人力或能力,必须请外部专业调研机构协助组织进行调查。可采取比较选择方法,从多家专业调研机构中选择一家最适合本组织情况的调查机构,可以要求这些专业调研机构根据组织的情况提供项目建议书,然后通过组织的评估、了解,选择一家拥有良好数据收集设施、具备数据分析并提出合理建议能力的调研机构。

这种评估主要从 3 个方面考虑:技术、能力、经验和成本。

21.1.3　识别顾客并确定调查对象

在顾客满意度调查的过程中,识别顾客是非常重要的。因组织的性质不同,识别顾客的难度也存在很大的差异。识别顾客应不仅局限于目前和以往有过往来的顾客,潜在顾客的识别对组织也是至关重要。识别顾客还包括竞争者的顾客,准确地获取有关组织竞争者的顾客信息对于本组织来说具有很大的价值。

一旦本组织的顾客已经识别,应罗列出具体清单,从中筛选出本组织的重点顾客,作为顾客满意度的调查对象。

21.1.4　确定关键的业绩指标

顾客满意度调查的核心是确定商品或服务在多大程度上满足了顾客的要求和期望。应当注意的是,确定的业绩指标应使用顾客的语言来表达,并且尽可能是开放性的问题以便顾客自发反馈意见,收集顾客对组织满意或不满意的信息。

21.1.5　选择调查方法

在顾客满意度调查过程中,需要收集大量关于顾客的信息资料,具体的收集方法大体上有以下几种:邮寄、访问、电话、座谈会、网上调查、观察等。调查方法的选择应根据本组织的资金、时间等实际情况而定,选择既适合本组织特点,又能够获得高回收率、高效率、低成本的调查方法。

21.1.6　设计调查问卷并实施调查

调查问卷是顾客满意度调查的一个关键环节,调查结果的好坏取决于所问的问题。调查问卷的准备,应围绕所确定的组织关键绩效指标来设计,应尽量使用顾客的语言,多提开放性的问题。当调查问卷设计完成后,应按照调查计划的要求,采用经选择的适当的调查方法进行调查、收集信息。

21.1.7　确定调查频率

根据近年来推行 ISO 9000 的经验表明,每年进行一次管理评审是合适的,因此建议每年在管理评审前进行一次顾客满意调查。

21.1.8　分析调查结果

企业可以采用适用的统计技术方法,通过调查问卷回收率、每项业绩指标的满意得分、总体满意率等情况对顾客满意调查进行统计分析。

21.2　神秘顾客访问

神秘顾客访问,是一种检查现场服务质量的调查方式,由 20 世纪 70 年代美国零售行业的"模拟购物"的调查方式发展而来。

神秘顾客调查由企业聘请的独立第三方人员,通过参与、观察的方式到服务现场进行真实的服务体验活动。神秘顾客针对事前拟好的所要检查和评价的服务问题,对服务现场进行观察、申办服务活动,提出测试性问题,获取现场服务的有关信息。包括服务环境、服务人员仪态、服务表现、人员业务素质、应急能力等。

21.2.1　神秘顾客方法的优点、缺点

1)神秘顾客方法的优点

神秘顾客方法主要采用观察的方法对卖场的现场服务质量进行检查。优点在于:

①观察到的是真实发生的行为,避免了访问调查中被访者自述行为与真实行为不一致的风险。

②由于采用参与、观察的方式,能获得许多信息(包括访问的提问方式所不能获得的),并避免事后访问中顾客对服务过程的失忆问题。

③参与观察时,避免了访问员受制于口头语言能力而在采集信息方面存在的数量和质量上的限制,能观察服务细节而不仅是服务结果。

上述优点使它非常适合于过程复杂、顾客又自身难以评价的服务过程或现场服务质量的调查。

2)神秘顾客方法的缺点

①由于它采用隐蔽的参与观察方式,虽然能很好地发现服务现场的各种现象和问题,但不能发现现象和问题产生的原因,这是神秘顾客方法本身的局限。

②要求神秘顾客对调查行业的业务和服务流程有很好的了解,因此对于神秘顾客的素质及培训要求,比传统调查方法要求更高。

③由于神秘顾客不能在现场直接记录观察结果,通过回忆填写问卷可能对调查的可信度和效果产生影响,神秘顾客的实施过程本身需要严格的质量控制。

21.2.2　神秘顾客方法在服务质量管理中的应用

1)调查内容

为了达到神秘顾客调查方法在企业服务质量管理中的作用,需要收集足够的信息进行分析,因此其调查一般需要包括以下内容。

(1)门店外部环境的检查

神秘顾客来到指定的服务现场,在进入门口前,神秘顾客观察门店标志、外部秩序与环境状况、橱窗产品摆放、促销海报张挂等情况。

(2)服务现场扫描

神秘顾客进入服务现场,观察门店内布局与服务设施、用品配备状况、职员和顾客的比例、服务人员的活动以及现场是否混乱等。

(3)服务过程体验

神秘顾客随机或按照事前抽样,到相应柜组购买商品、检查服务人员的作业情况。在此过程中检查评价服务人员的服务态度、服务规范、业务熟练程度。

(4)业务测试

在购买产品或服务过程中检查服务人员的业务知识熟悉程度、业务熟练程度,以及应急或灵活处理能力。

(5)现场服务改进指导

神秘顾客在完成调查流程后,一是在现场向门店负责人员反映存在的问题,便于门店经理安排现场改进;二是神秘顾客在完成调查流程后,在店铺服务人员的视线范围外完成问卷,然后汇总分析调查结果后,再采取措施安排改进。

2）方法实施

神秘顾客方法在国内是改善服务质量的新工具,企业在实施神秘顾客方法时,需要解决和控制以下问题:

（1）选择调查实施者

一般聘请专业的第三方公司组织调查,它们有专业的神秘顾客队伍、专业设备以及项目管理经验。

（2）选择神秘顾客

原则是神秘顾客的特征与真实顾客的特征越接近越好,避免神秘顾客因性别、年龄、外貌等差异带来的调查偏差,引起现场服务人员的警觉。

（3）门店抽样

如果门店数量不多,可采用全面调查的方式。但如果门店太多,可按门店的地区、经营者、级别、类型进行分层抽样,保证在每一地区、每一经营者、每一级别、每一类型都有被抽到的样本,以增加总体结果的代表性。

（4）调查时间安排

一般根据门店所属服务行业的性质以及服务现状情况,采用按半年、季度、月度或周间隔的连续性调查。具体的调查时间一般安排在易发生服务问题的时段,如高峰时段、上班后第一时段、临近下班时段、中午时段等。每一轮的调查中所有门店应该安排在同一时段,以保证各门店调查结果的可比性。

（5）质量控制措施

实施神秘顾客方法,其质量控制的重点是管理调查过程的真实性和准确性,降低神秘顾客在调查过程中的人为偏差。

21.3 门店服务质量的改进和控制

门店应真正理解顾客眼中的服务质量,有效地激励员工采取相应步骤制订服务质量标准和建立服务系统,使企业的服务质量得到改进和控制。

21.3.1 门店服务质量的改进

要改进服务管理,可以利用帕拉索拉曼等人从服务传递角度提出的服务质量管理的差距模型来实施,通过改善服务工作中的 5 种差距达到改进服务质量的目的。

1）改进顾客期望和管理者认知的顾客期望的差距

市场调查的数据收集、市场调查结果的使用、市场对服务中问题的针对性，以及管理者和顾客之间的直接联系等市场调查的营销努力会缩小这二者的差距。与顾客直接联系的职员应将所知所感传达给高层主管，而管理者也应找机会，鼓励员工和自己进行面对面的沟通。

2）改进管理者对期望的认知和服务质量标准的差距

正确认识顾客期望可行性，在确定顾客的需求和期望重点之后设置正确的服务目标。根据企业特点制订服务质量标准，对重复性的、非技术性的服务实行标准化。

3）改进企业提供的服务与其制订的服务标准的差距

现场服务人员本身素质不过硬，或者没有充分理解本企业服务标准的要求，或者服务自觉性和自律能力欠缺，执行力差，而致使企业所制订的服务标准没有完全落到实处，企业应积极开展神秘顾客调查，检查服务过程的标准执行情况，完善现场服务质量。

4）改善服务质量标准和实际传递服务的差距

加强员工培训，建立有效的监督控制体系。企业尽量为员工提供必要的信息，降低员工产生角色不明的可能性。避免员工在企业和顾客之间产生角色矛盾。

5）改善实际传递服务和顾客感受的差距

加强企业内横向信息流动，以加强部门之间、人员之间的相互协作，从而实现企业的全局目标。避免对企业所提供服务的夸大宣传，可以避免顾客产生过高期望。

21.3.2 门店服务质量的控制

服务开始于组织内所有人员积极态度的开发。通过做好下面的工作，可以促使员工形成积极的工作态度，从而使门店服务质量得以控制。

1）建立门店服务质量控制的保证体系

建立服务质量保证体系应设有3个层次：首先，应设立以门店店长为首的服务质量管理领导机构，建立服务质量监督网，负责确立门店服务质量管理目标；其次是各部门根据业务范围设立服务质量管理小组,主要负责本部门服务质量管理计划的制订和落实;第三是各小组开展服务质量管理活动,根据服务质量管理工作的要求,抓好标准化、程序化、制度化、原始记录等各项工作的具体落实,及时收集和解决服务质量管理工作中的问题。

2)做好门店服务质量控制的基础工作

门店服务质量控制的基础工作有3项,首先是服务质量信息工作,其次是制订服务程序,最后还有服务质量教育工作。

3)门店服务质量控制的方法

(1)事前服务质量控制

事前做好设施质量控制;物品供应质量控制;原材料质量控制和服务人员的思想准备。

(2)服务过程中的服务质量控制

层级控制,主要控制重点程序中的重点环节;现场控制,门店服务质量的偏差往往是一瞬间发生的,有些偏差需要立即纠正,因此要加强现场管理。

(3)事后服务质量控制

事后服务质量控制是指及时收集各种信息,并对各种信息进行分析,及时发现问题,找出原因,从而有针对性地采取措施,保证门店服务质量目标的实现。

单元测试

一、判断题

1.顾客满意度调查的主要目标是:确定导致顾客满意的关键业绩指标,评估组织的业绩,判断改善主要业绩指标所需措施的轻重缓急并采取正确行动。( )

2.顾客满意度调查的核心是确定商品或服务在多大程度上满足了顾客的要求和期望。( )

3.神秘顾客的特征与真实顾客的特征越接近越好。( )

二、填空题

1.选择调研机构,主要可以从技术、_____、_____3个方面来考虑。

2._____是顾客满意度调查的一个关键环节,调查结果的好坏取决于所问的问题。

3.实施神秘顾客方法,其质量控制的重点是_____。

4.服务质量管理的差距模型是_____首先提出的。

三、选择题

1.神秘顾客调查法中门店外部环境的检查包括(　　)。

A.门店标志　　　　　　　　B.外部秩序与环境状况

C.橱窗产品摆放　　　　　　D.促销海报张挂

2.神秘顾客调查法中服务过程体验包括(　　)。

A.服务态度　　　　　　　　B.服务规范

C.业务熟练程度　　　　　　D.应急或灵活处理能力

3.神秘顾客具体的调查时间一般安排在易发生服务问题的时段,如(　　)。

A.高峰时段　　　　　　　　B.上班后第一时段

C.临近下班时段　　　　　　D.中午时段

四、问答题

1.神秘顾客方法与传统顾客调查法的区别有哪些?

2.门店服务质量控制的保证体系的内容是什么?

情景小结

本部分主要包括门店柜台服务规范、门店柜台服务技巧、顾客投诉意见的处理方法和顾客服务质量评价4项内容。介绍了服务定义、特点,门店服务员的行为规范,顾客服务工作内容;分析了顾客购物的行为过程、接待顾客步骤、语言技巧的应用,与顾客冲突的防止和排除;阐述了顾客投诉类型、方式,意见处理程序、权责划分,顾客关系管理档案的建立;有针对性地介绍了顾客满意度调查、神秘顾客访问的方法与内容,门店服务质量的改进与控制要点。

实训项目

一、项目

对顾客投诉意见进行处理。

二、情境设计

情景模拟：2001年7月在惠州人人乐购物广场，顾客华某购买了一台价值1 100多元的华帝双盘式煤气炉。不久，华某母亲在厨房做饭时煤气炉发生了爆炸，炉具表面的玻璃钢全部炸裂，喷出的火焰不仅烧伤了华母的脸，而且身体的其他部位也大面积烧伤。事故发生后，华某马上把母亲送入医院，并让家人用照相机、摄影机对事故现场进行了拍摄。随后华某打电话到商场顾客服务中心投诉，要求商场对事故的发生作出合理解释并对患者予以20万元的经济赔偿。遇到这种情况，该商场应该如何处理？

三、实训目的

针对顾客对商品、服务和安全等的投诉进行处理，掌握顾客投诉的处理程序，并作详细记录。

四、实训提示

面对这一突发的顾客投诉事件，惠州人人乐购物广场负责此事件的人员在紧急情况下进行了迅速而冷静的处理，具体步骤如下：

①接到顾客投诉电话后保持冷静，先聆听事情的经过，听完后马上打电话通知厂家与商场相关负责人去医院探望病人，做好病人家属的安抚工作，避免事情传播而造成负面影响。

②待患者家属情绪稍趋平稳后，请其出示在商场购买该商品的电脑小票及销售小票，核实确认患者使用的产品确系商场出售的商品。

③迅速通知当地权威质量检查部门和厂家技术部门去事故现场进行实地考察、鉴定，了解事发原因，由权威质量检查部门出具有效的质检报告，明确事故的责任人。

④在医院探望病人的过程中听取病人对事故发生过程的详细讲解并及时做好

笔录,记录完毕后请患者家属确认并亲自签字。

⑤与厂家协商达成共识,给予消费者一定的慰问金。

五、实训评价

编制"顾客投诉处理"实训项目评价表,如表21.1所示。

表 21.1 "顾客投诉处理"实训评价表

项 目	表现描述	得 分
处理程序		
举止态度		
待客用语		
作业纪律		
细节处理		
合 计		

备注:据"顾客投诉处理"过程中的表现,分为"优秀:10分""良好:8分""合格:6分""不合格:4分""较差:2分"5档,记分栏中全部单项分值合计即本次实训总得分,得分90分以上为优秀,75～89分为良好,60～74分为合格,60分以下为不合格,不合格须重新训练。

案例　买蛋糕的上帝

某中年女性顾客在饼店自选产品,因其对食品夹的使用办法不得当,连续夹碎两块葡式蛋塔后,既无歉意,也无意购买。

女导购员A是一名任职两月余的新员工,责任心强但沟通技巧有限。A看见顾客夹坏了第一块蛋塔时,对顾客说"您不会用食品夹,我来教您好吗?"顾客看了她一眼,接着又带着赌气的意味夹碎了第二块。A说:"这两块蛋塔您夹坏了,您要么买回去,要么赔偿!"顾客不肯,遂产生了争执。

领班B过来,了解事情经过后,表示不要顾客赔偿,但顾客偏又得理不饶人,坚持要求A当面给其赔礼道歉。领班B认为顾客有点过分,没有同意。顾客扬言要告诉所有的人今后不上该店买东西,就在顾客将要出门之际,领班B忍不住对着顾客的背影说了一句:"没有钱就别来店里买东西!"谁知顾客听见了,更加火上浇油。

店长 C 正好听到了吵闹声，忙将顾客请到休闲区的座位上坐下来，送上茶水，然后叫顾客讲了事情的经过。店长 C 很诚恳地向顾客道歉，顾客表示不计较没钱的说法，但坚持要店长罚 A 500 元钱，赔给自己。店长觉得顾客简直不可理喻，渐渐地也有些恼怒。双方讨论了两个回合后，店长 C 忍不住说："起初不对的是您，才产生了后来我们服务员说话过火。如果您坚持要赔钱，我就要怀疑您今天的动机。"顾客大怒，要求店长告诉其总经理的电话，遂投诉至公司。

案例分析与讨论：

1. 有效处理该案例的关键控制点在哪里？
2. 如果你是店长，你如何处理这一问题？

情景七
门店促销活动的组织和实施

学习单元 22　　连锁门店促销与促销组合

学习目标

　　了解门店商品促销组合的构成要素,促销对于门店日常经营活动的作用;理解门店商品促销组合的影响因素,整体性促销策划的内容和实施方法,门店促销控制的五项指标。掌握连锁企业门店促销的概念、类型,门店卖场商品促销方式的含义、优势、特点、促销要点和具体的操作程序、责任要求,门店促销的实质,能理论结合实际加以应用。

学习内容

- 门店商品促销类型、促销组合;
- 门店卖场商品促销方式;
- 门店促销的实质与控制。

学习重点

- 连锁企业门店促销的概念、类型;
- 门店卖场商品促销方式、特点、促销要点和具体的操作程序、责任要求;
- 门店促销的实质,促销技巧应用。

教学方法和建议

- 通过任务教学法、案例教学法、角色扮演、小组讨论法等实施教学;
- 教学过程中注意门店促销与《市场营销》《消费心理学》等课程的衔接,体现以学生为主体,教师进行适当讲解,并进行引导、监督、评估;
- 结合案例"对于促销的控制"进行讲解,可以增加本部分内容的针对性;
- 教师应提前准备好视频、图片等各种媒体学习资料,教学场地和设备。

学习任务

　　以学习小组为单位,选择2~3家你所熟悉的校企合作连锁企业门店,按促销工作任务要求,调查和模拟商品促销作业(载体),体验实际的促销工作过程,并择优演示。

案例导入

"好油好锅、健康新食尚"

苏泊尔和金龙鱼曾经在全国联合开展过一次大型促销活动。

活动期间,消费者在任何商场只要购买一瓶金龙鱼第二代调和油或 AE 色拉油,即可领取红运刮卡一张,就有机会赢得新年大奖,奖品包括苏泊尔高档套锅、14 厘米奶锅、苏泊尔"一口煎",以及健康美食菜谱、新春对联等。活动期间,凭任何一张红运刮卡,购买 108 元以下的苏泊尔炊具,就可抵现金 5 元;购买 108 元以上苏泊尔炊具,还可以获赠 900 mL 金龙鱼第二代调和油一瓶。

"好油好锅、健康新食尚"这一联合促销活动一经推出,立刻受到了广大消费者的欢迎。活动在全国 36 个城市同步举行。因为正值春节前后,人们买油买锅的需求高涨,此活动不仅给予消费者更多的让利,而且教给了消费者健康生活的理念。好油,吃得放心;好锅,炒得放心;好油好锅,完美搭配,烹调更出色。消费者纷纷解囊购买,在短短一段时间,苏泊尔各种系列的炊具销售不断上涨,金龙鱼第二代调和油的业绩达到历史新高,双方均从此次活动中获利。

问题思考:
连锁门店实行系列促销活动的前提意义。

连锁企业门店促销是指连锁企业通过在门店卖场中运用各种广告媒体和开展各种活动或者宣传报道,向顾客传递有关商品服务信息,引起买方行动而实现销售的活动。

促销活动贯穿于连锁企业门店的整个销售过程,是一种有着特定的企业内涵、产品内涵和明确的创意构思的活动。促销是一种短期活动,但它是连锁企业提升营业额的主要手段。在一些连锁企业门店中,促销额会高达销售总额的 70%。

22.1　门店商品促销类型

22.1.1　促销的作用

1)促销是达成大份额销售量的主要手段

许多情况下,连锁企业的销售额会在一定时期内出现上下波动,如果能有针对性地开展各种促销活动,就能使更多的消费者了解、熟悉、信任本连锁企业出售的商品以及提供的服务,稳定乃至扩大本企业的市场份额。同时,有效的促销活动不仅可以诱导和激发需求,而且在一定条件下还可以创造需求,从而使市场需求朝着有利于连锁企业商品促销的方向发展。

2)促销是开展竞争的利器

不同的企业往往会在同一时期内开展促销活动,这必然产生竞争。而促销策划有充分的预期性,可以对抗竞争。促销在市场上的本质反应是推动竞争,促销也是使连锁企业在竞争中取胜的一把利器。在连锁企业的经营过程中,经营者可以通过促销来争取顾客。一项新奇、实惠、有效的促销活动,会增强门店与消费者之间的信息沟通,使顾客在来门店购物之前就对该门店及其经营的商品、提供的服务产生偏爱,从而达到打败竞争对手的目的。

3)促销是反映连锁企业经营活力的显示器

在竞争激烈的市场环境下,消费者往往难以辨别或察觉很多连锁企业间的差别,或经营的同类商品间的细微差别。企业通过促销活动,可以反映各自的经营特色和特点,突出各自不同的主题、特色商品和服务,宣传本企业与竞争企业及其经营商品间的不同点,强调本企业能给消费者带来的特殊利益,从而在市场上建立并巩固本企业的良好形象,借此,达到扩大企业的知名度的目的。

22.1.2 门店商品促销类型

1)按照促销实施时间长短划分

(1)长期性促销

长期性促销的活动进行期间一般在一个月以上,通过塑造本店的差异优势,确保顾客长期来店购物,不至于流失至其他店。

(2)短期性促销

短期性促销的主要目的是希望在有限的期间内(3~7 天),借助具有特定主题的促销活动,以提高客户数,达到预期的营业目标。

2)按照实施活动的促销主题划分

(1)开业促销活动

新店开业促销是所有促销活动中最重要的,它是门店与潜在顾客的第一次接触,顾客对商店的商品、价格和服务等的印象,将会影响其日后是否会再度光临。

(2)周年庆促销活动

周年店庆促销的重要性仅次于新店开业促销;由于周年店庆促销每年只有一次,通常供应商会给予较大的支持。

(3)大型节假日促销

大型节假日促销是指为了配合五一劳动节、十一国庆节、元旦、春节、民俗节庆及地方习俗等而举办的促销活动。

(4)例行促销活动

一般来说,商店每个月都要举办2~3次例行性促销,以吸引新顾客光临,并提高既有顾客购买商品的数量和金额。

(5)竞争促销活动

竞争性促销通常发生在商圈内竞争店铺密集的地区,在竞争店举行促销活动时,门店通常推出竞争性的促销活动,以免销售额衰退。

22.2　门店商品促销组合

22.2.1　门店商品促销组合的构成要素

门店商品促销组合,是指门店在连锁总部的安排下,根据促销的需要,运用广告、人员推销、公关宣传、销售促进4种基本促销方式组合成一个策略系统,使企业的全部促销活动互相配合、协调一致,最大限度地发挥整体效果,从而顺利实现企业目标的过程。不同的促销方式其特点是不尽相同的。

①人员推销。人员推销指通过门店的促销员、营业员与顾客直接、面对面的接触,将有关连锁企业或者门店商品的信息传递给目标顾客,并进行产品介绍、推广,促使其产生购买行为的活动。

②广告促销。广告促销指连锁门店按照一定的预算方式,支付一定数额的费用,通过不同的媒体对产品进行广泛宣传,刺激顾客产生需求,促进产品销售的传播活动。

③销售促进。销售促进指门店为刺激消费者购买的一种促销活动,特别强调利益、实惠、方便的刺激和诱导,具有很强的诱惑力和吸引力,它往往是由一系列具有短期诱导性的营业方法组成的沟通活动。

④公关促销。公关促销指门店为了取得公众信任、提高门店或产品的知名度和美誉度、树立门店或产品形象,通过各种公关工具进行的公共关系推广活动。

促销组合是一种系统化的整体策略,4种基本促销方式构成了这一整体策略的 4 个子系统。每个子系统都包括了一些可变因素,如果某一因素发生改变,那么,整个组合关系就会发生变化。

22.2.2 门店商品促销组合的影响因素

1)促销目标

促销目标是影响促销组合决策的首要因素。每种促销工具(广告、人员推销、销售促进和人员推广)都有各自独有的特性和成本。门店促销人员必须根据具体的促销目标选择合适的促销工具组合。

2)市场特点

市场特点受每一地区的文化、风俗习惯、经济政治环境等的影响,促销工具在不同类型的市场上所起作用是不同的,我们要综合考虑市场和促销工具的特点,选择合适的促销工具,使它们相匹配,以达到最佳促销效果。

3)产品性质

由于产品性质的不同,消费者及用户的不同的购买行为和购买习惯也会有所不同,因而门店针对不同的产品,所采取的促销组合也要有所差异。

4)消费者的心理接受阶段

消费者对于门店的心理接受是随着时间的推移和交往次数的增加而逐步建立起来的,因此,我们把消费者对门店的认识,按照程度的深浅分为知晓、了解、信任、忠诚 4 个阶段。在知晓阶段,广告和公共关系的促销作用最大;在了解阶段,除了广告和公共关系以外,人员推销也起了很大的促进作用;在信任和忠诚阶段,人员推销的作用最大,其次是销售促进。

5)"推动"策略和"拉引"策略

促销组合较大程度上受公司选择"推动"或"拉引"策略的影响。推动策略要求使用销售队伍和贸易促销,通过销售渠道推出产品。而拉引策略则要求在广告和消费者促销方面投入较多,以建立消费者的需求欲望。

6)其他营销因素

影响促销组合的因素是复杂的,除上述 5 种因素外,还会受到总部的统一规划、促销费用数额、营销风格、销售人员素质、社会和竞争环境等因素的影响。

22.2.3 门店商品促销组合策划

门店商品促销组合策划,就是促销组合具有创造性的谋划和设计。在策划中,需要同时解决单一性促销策划和整体性促销策划的问题。

1)单一性促销策划

单一性促销策划是对公共关系促销、广告促销、销售促进和人员推销分别进行策划。这种策划具有相对独立性和完整性,但必须充分体现各自促销特性和优势,充分利用各自的促销理论和规律,形成自成一体的促销模式。单一促销策划时要注意的是:

①单一性促销策划的独立性是相对的,而不是绝对的独立,否则不成为组合。事实上,在单一促销策划中必须同时考虑同其他促销策略的配合关系。

②单一促销策划是整体性促销策划的基础。整体性促销策划是由各个单一性促销策划组成的,因此,单一性促销策划的质量直接影响到整体性促销策划的质量。

2)整体性促销策划

整体性促销策划是公关促销、广告促销、销售促进、人员推销相配合达到最佳效果的策划,也即促销组合策划。策划的方式主要有:

①主次配合。即选定一种促销方式为主,其他方式配合的促销组合。

②进程配合。即按照项目开发进程对促销的要求搭配促销组合。

③手段配合。即使用不同的媒体手段使之相配合的促销组合。

④内容配合。即根据促销信息的内容配合促销手段的组合方式。

⑤主题配合。围绕某一主题,使用不同的促销方式演绎同一主题内容的促销手段配合方式,包含了整合营销的基本思想。

⑥策略配合。就是不同的促销方式采用相同或相近的创意思路组合起来的组合方式等。

促销组合策划是一种全过程的策划,它可以分为促销调查策划、促销方案策划、促销方案实施策划和促销方案实施效果评估策划,其中,促销方案策划是促销组合策划的重点部分。

22.3 门店卖场商品促销方式

22.3.1 店头促销

"店头"是卖场形象的"指示器",主要指连锁企业门店卖场中的堆头和端头。店头与消费者接触率很高,容易促使消费者产生购买行动。

店头促销的主要表现形式有3种:特别展示区、货架两端(端头)和堆头陈列。这三者都是消费者反复通过的、视觉最直接接触的地方,而且陈列在这里的商品通常属于促销商品、特别推荐产品、特价商品和新产品。店头促销尤其适合于大卖场这种连锁超级市场业态,要注意形成大供应商或大品牌与堆头或端头的对应关系,确定单品(一个品牌)或一个供应商与一个端头或堆头相对应。

1)特别展示区、堆头和端头陈列是店头促销的关键

根据消费者的购物习惯,门店的店头布置要迎合顾客的购物习惯,在商品的层次、视觉和听觉等方面,给顾客提供足够的信息。

消费者到店头购物,会受到认识、记忆、使用经验、试用效果等多种因素的影响。店头信息,对非计划型购物的消费者,将起到很大的作用。店头促销的重点对象就是非计划型购买者。在卖场的入口处设置特别展示区,加强端头和堆头商品的组织,充分发挥这三者的促销作用,都可以强化、提高顾客的满意度。

对门店而言,从店头促销活动中收集到的信息、资料可以帮助连锁企业总部制订采购计划,选择供应商,确保本企业的竞争优势。

2)开展活泼的店头促销

开展活泼的店头促销,努力塑造卖场低价、实惠、贴近顾客生活和需求的形象,是吸引顾客上门、创造销售额的前提,创造顾客与店头之间"感动、兴奋"的关系,具体如图22.1所示。

以特别展示区、端头和堆头为主的店头促销应该突出,并充分展示促销商品、主力商品以及商品的精华部分,激发顾客的购买欲望;努力体现出店头的展示功能、导向功能、选择和比较功能。

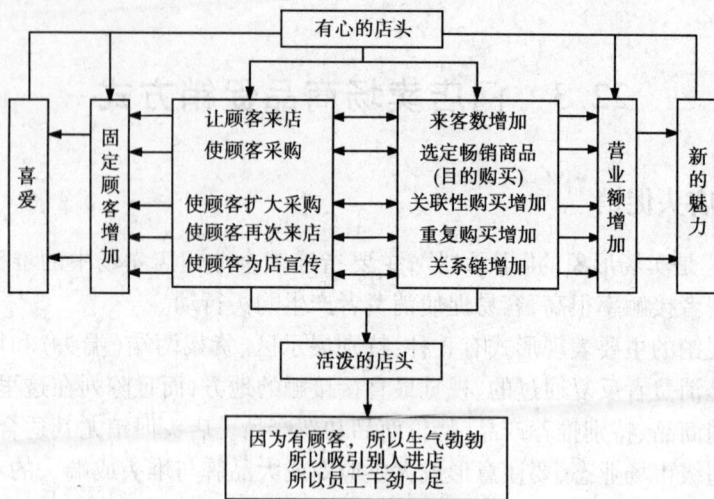

图 22.1　顾客与店头

店头促销的要点,如表 22.1 所示。

表 22.1　店头促销的要点

路 线 ＼ 项 目	要 点	
	非计划购买	计划购买
入店	视野良好,通道顺畅,陈列清晰	预定计划购买的商品要好找
经过通路	自然诱导,长距离行走	能尽快到达预定场所
浏览卖场	回想、联想、冲动、关联,使其想到陈列	视野良好,看商品标示牌
立于卖场前		立于目的卖场前
看商品		找相关的商品(替代品)
取商品	欲销售商品的位置	容易拿到,相关商品陈列
放入篮内		重物后取
在收银机付款	浏览收银机周边陈设	浏览收银机周边陈设

22.3.2　现场促销

现场促销是指门店在一定期间内,针对多数预期顾客,以扩大销售为目的所进行的促销活动。现场促销通常会结合人员促销展开,以达到扩大销售额的目的。

1) 现场促销的特点

通过现场促销人员的营业性推广、快速性开拓、多维性营销,介绍商品,请消费者试用商品、张贴广告、赠送促销品等活动,会使门店及其所促销的商品给消费者留下较深刻的印象。此外,现场促销还有一些非同一般的特点:

(1)以连锁企业门店为主体

门店现场促销的商品多数是供应商的产品,在这种情况下,可以由供应商提出建议,并参与现场促销企划、协助促销活动的进行,但是现场促销活动的主体仍然是门店。

(2)以实际销售为目的

在某种程度上,现场促销活动亦是一种"即卖会",其目的在于促使消费者立即购买。现场促销并非像表演那样讲究"秀"的效果,而是以促成销售额的多寡显示其效果。

(3)以多数预期顾客为主要对象

现场促销活动的对象,必须是多数预期顾客。所谓预期顾客是指有购买愿望或购买可能性较强的消费者,至于对促销商品持否定、厌烦态度的顾客,不是现场促销的主要对象。

2) 现场促销的不同方式

(1)限时折扣

限时折扣指门店在特定营业时段内,提供优惠商品,刺激消费者购买的促销活动。此类活动以价格为着眼点,利用消费者求实惠的心理,刺激其在特定时段内采购优惠商品。

(2)面对面销售

面对面销售即门店的店员直接与顾客面对面进行促销和销售的活动。活动的目的是为了满足顾客对某些特定商品适量购买的需求,同时,也可以适时地为消费者提供使用说明,促进商品的销售。

(3)赠品促销

赠品促销即消费者免费或付出某些代价即可获得特定物品的促销活动。通常配合某些大型促销活动开展。赠品的选择关系到促销活动的成败,为吸引顾客,赠品应该具备实用性、适量性和吸引性。

(4)免费试用

免费试用即现场提供免费样品供消费者使用的促销活动,通过实际试用和专业人员的介绍,会增加消费者购买的信心和日后持续购买的意愿。

3）现场促销的阶段

（1）准备阶段

该阶段主要包括5项工作：

①了解开展现场促销活动所针对目标顾客的风俗人情和特点。

②与供应商进行恳谈，按照连锁企业对目标区域总的促销方针，协商好促销的商品品种、规格、数量、价格等。

③根据消费者的需要和促销活动目标区域的市场特定情况，确定促销品的品种、规格、数量、配比率等。

④制订连锁企业的总体市场和各门店市场的现场促销计划与货源的调度。

⑤现场促销人员的选拔、培训和安排。

（2）实施阶段

该阶段主要包括3项工作：

①门店促销人员应该抓住有利时机，讲好开场白，抓紧时间促销商品、试用商品、赠送促销商品、张贴广告等。

②门店促销人员应该根据实际现场情况，调整好心理状态，调整说话声音，协调动作，注意外表形象等，总结出一套高速、高效的促销通用语，并加以推广和调整。

③门店促销人员应该注意现场促销中观念灌输和感情沟通两种方式的灵活运用。

22.3.3 展示促销

通过商品展示，使消费者直接、充分地了解新产品的特性、优点，这种推广活动就是展示促销。通常，展示促销只针对新产品，是人员促销的一部分。

展示促销最突出的特点在"寓教于售"。这对连锁企业成功实现"使用价值导向"，驱动新市场，可起到很大的推动作用。此外，通过展示促销，还可以加强门店与顾客间的信息沟通和感情交流，了解顾客对新商品的反应和消费需求的变化。

1）展示促销的特点

（1）可以促使消费者更好地接受新产品

对于消费者来说，了解一种新产品最好的方法就是令其对该产品产生实际的感受。展示促销就可以让消费者做到亲眼目睹，从而对新产品产生浓厚的兴趣。

（2）可以节省促销的费用开支

展示促销的成本费用主要是用于展示的商品费用、辅助品费用以及促销人员的劳务费用,与其他一些促销方式相比,费用较低,但是效果却很好。

(3)存在着一定的不足与缺陷

展示促销受商品特性的限制较大,而且一般只适用于新产品。而新产品展示的效果好坏,有时会受到展示人员水平的影响。如果展示不当,反而会造成适得其反的效果。

2)展示活动应该注意的问题

(1)周详的计划是成功的关键

连锁企业的营销人员进行企划时,首先必须明确商品展示促销的重点。这就要求在各类广告中,选择出与新商品特性相符合的一点或几点作诉求,引用与诉求点相关的词句,以期发挥最大的促销效果。

(2)强调高效率

展示活动要讲究效率,在展示活动当中,由于卖场所能腾出的空间十分有限,为讲究卖场效率,应随每次展示促销商品的不同,视其所需场地的大小,临时指定展示场所。

(3)精心选择展示商品

展示商品应具有以下特征:有新型的使用功效,能使新商品的使用效果立即显现,新产品的技术含量低,为大众化的产品。

(4)设置合适的区域来进行新产品展示活动

该区域在门店的布局中应该显眼醒目,以便吸引更多的消费者前来观看;要注意展示区域与商品销售位置的配合,要考虑保持卖场内部通道的顺畅。

(5)认真地选择展示人员

在选择展示人员时应充分考虑到展示人员对展示商品的性能、质量、使用方法等的了解程度,以及展示人员的展示技巧和把握现场气氛的能力。

3)门店展示人员的工作

门店展示人员的职责是增加示范商品的销量,热情问候每一位顾客,讲解商品知识,请顾客品尝产品,让顾客逐步产生购买这种产品的欲望。

4)展示促销程序

(1)确定销售目标

其具体办法是:通过信息系统查询到所促销商品在促销活动前四周的销售数量,然后用这个数量去除以28(即四周天数),得出日均销售数量,则销售目标为:8 h示范的销售目标为日均数量×3,4 h展示的销售目标为日均数量×2。这些必须在促销员的每日报告中显示。

（2）样品展示

样品展示有5个注意事项：

①样品来源。供应商提供免费样品，或者供应商从门店以零售价格购买。

②保留样品记录。保留样品包装标签，用于收款及核对。

③样品数量和尺寸。应该根据促销商品的特点和要求，结合门店内的规则，安排促销商品的数量和尺寸。

④放牧。即让顾客从一张促销台到另一张促销台的行为。通过促销员的介绍与配合，不让顾客失去每个试用商品和接受门店商品或服务的机会。

⑤补充商品。在促销商品用完之后必须立刻补充，但是必须遵守促销员离开促销台的各项安全守则。

5）门店在展示促销中的职责

①对于供应商方面，门店要让他们相信，门店会以热情、令人兴奋的方式促销他们的商品，并且会百分之百地只促销他们的商品，而非别人的商品。

②对于顾客方面，门店要做到：永远不要出现门店的促销活动令顾客不开心；确保顾客在促销活动中的安全；让顾客能从中得到商品的详细信息和优点。

6）供应商代表的商品展示要求

①只有经过批准的供应商、公司或个人才能在门店展示商品。

②所有供应商必须提前一个月与总部（采购部、促销部）联系，安排展示。

③所有供应商代表须佩戴附有姓名的工牌，并且自备展示用品、样品等。

④供应商代表进出门店必须登记其包裹、样品和用品等。

⑤促销过程中，供应商代表禁止吃东西或呆坐着或闲聊。

⑥如果供应商代表不遵循规则，门店人员应加以纠正或严肃处理。

22.3.4 POP 的使用

POP 是指门店卖场中能促进销售的广告，也称作售点广告。凡是在店内提供商品与服务信息的广告、指示牌、引导等标志，都可以称为 POP。

1）POP 对门店促销的作用

①传达门店商品信息。让路人了解门店的商品信息，活跃门店气氛。

②创造门店的购物气氛。美化购物环境，为购物现场的消费者提供信息、介绍商品。

③促进连锁企业与供应商之间的互惠互利。

④突出门店的形象,吸引更多的消费者来店购买。

2)POP 广告的种类

(1)连锁企业普遍使用的 POP 类型

①招牌 POP。包括店面、布帘、旗子、横(直)幅、电动字幕等。

②货架 POP。即展示商品广告或立体展示售货。

③招贴 POP。类似于传递商品信息的海报。

④悬挂 POP。如:悬挂在门店卖场中的气球、吊牌、吊旗、包装空盒、装饰物等。

⑤标志 POP。即门店内的商品位置指示牌。

⑥包装 POP。包装 POP 指商品的包装,具有促销和宣传企业形象的功能。

⑦灯箱 POP。灯箱 POP 大多稳定在陈列架的端侧,或壁式陈列架的上面。

(2)销售型 POP 与装饰型 POP

销售型 POP 是指顾客可以通过其了解商品的有关资料。装饰型 POP 是用来提升门店的形象,进行门店气氛烘托的。这两种 POP 各自的功能及有关情况如表22.2 所示。

表 22.2 销售 POP 广告与装饰 POP 广告的功能与区别

名 称	功 能	种 类	使用期限
销售 POP	代替店员出售;帮助顾客选购商品;促进顾客的购买欲	手制的价目卡;拍卖 POP;商品展示卡	拍卖期间或特价日,多为短期用
装饰 POP	制造店内的气氛	形象 POP、消费 POP、招贴画、悬挂小旗	较为长期性,而且有季节性

(3)外置 POP、店内 POP 及陈列现场 POP

外置 POP、店内 POP 及陈列现场 POP 的各自功能及有关情况如表22.3 所示。

表 22.3　外置 POP、店内 POP 及陈列现场 POP 的形式与功能

种　类	具体类型	功　能
外置 POP	招牌、旗子、布帘	告诉顾客门店的位置及其所售商品的种类,通知顾客正在特卖或造成气氛
店内 POP	卖场引导 POP、特价 POP、气氛 POP、厂商海报、广告板	告诉顾客,某种商品好在什么地方;门店正在实施特价展卖,及展卖的内容,制造店内气氛;传达商品情报及厂商情报
陈列现场 POP	展示卡、分类广告、价目卡	告诉顾客商品的品质、使用方法及厂商名称等特征,帮助顾客选择商品;告诉顾客广告品或推荐品的位置、尺寸及价格;告诉顾客商品的名称、数量、价格等内容

22.4　门店促销的实质与控制

22.4.1　门店促销的实质

　　门店促销的实质是沟通信息、赢得信任、激发需求、促进购买和消费。为此,企业需要把自己的产品、服务信息进行分类、整理、编辑,通过广告、公共关系、人员推销、销售促进以及中间商的帮助,把这些经过加工整理后的信息,准确地传递到目标市场的顾客那里,刺激他们的购买欲望,从而达到宣传门店和商品,树立企业形象的目的,如图 22.2 所示。

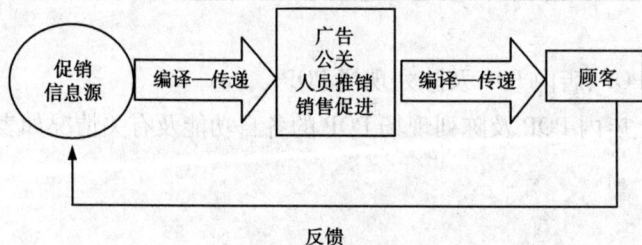

图 22.2　促销沟通过程

然而在现实操作过程中,有不少门店促销目的不明确,策划促销时,很少考虑要具体达到什么目的,只是为促销而促销;或是仅仅把销量作为衡量促销效果的唯一标准。导致促销主题缺失,忽略了顾客的心态,难以激发顾客的兴趣,不能正确地将促销信息传递给目标顾客。这样,不但在促销活动中没有诱导顾客购买的源动力,还会造成顾客的排斥心理,影响销量。

22.4.2　门店促销的控制

门店促销的控制,可以从以下5个方面来衡量:

1)客单价与客单数

客单价可以简化理解为如何让顾客一次性购买更高金额的商品。提高客单价的出发点有3个方面:舒适的购物道具、卖场环境、服务和关联销售,贵重、高价值商品的专业化营销,超前或是完善的售后服务等。同时,团购和批发也是提高客单价的不错途径。

客单数是指有效的客流数,即来卖场后买单的客流数。我们也可以从两个方面来考虑,即如何吸引顾客前来卖场和如何使更多的来到卖场的客人成为有效的客流。

在门店促销活动过程中,我们可以通过客单数和客单价的前后变化来判断和控制促销活动的效果。

2)坪效与坪数

坪效即每平方米面积上产生的销售额。特定面积上经营的商品项目和具体的商品(包括本区域的气氛布置、商品布局、动线等)是影响坪效的主要因素。对于卖场来说如何及时发现并整改产出过低或不合理的区域,是提高门店促销水平的一个重要控制点。

坪数指事先已经给定的量,但我们也知道在已给定的面积内有些地方是能够产生出利润而有些地方是不能产生利润的,也就是对于利润来说有些面积是有效的,而有些面积又是无效的。对于管理人员来说如何减少无效坪数,使无效的坪数转变为有效的坪数也是提高门店促销效果的一个控制点。

通过有效的门店促销活动,我们可以重新归整店面营业面积,减少无效的坪数,尽可能地使其转化为能产生销售的有效坪数。也可以通过促销,对顾客动线进行整顿,使动线设计与坪效提升结合,再配合陈列区域内的营业氛围布置,增加有效坪效。

3)人效与人数

人效＝销售额/人数。对于连锁零售业的工作来说,每日的工作量大体是相同的,也是有规律的,在符合劳动政策的情况下,用更少的人员完成所有的工作是提高人效的方法。

影响人数的因素有人效流程、岗位设定等,在任何合乎法律规定的情况下,人员的变化能够带来促销利润的增加对于公司的运作来说都是重要的。

另外,"隐性人效"也是一个值得关注的问题,在卖场中由生产商或经销商提供的促销员,他们不涉及公式中人效和经营费用的变化,却可以极大地提高人效。

4)时效与时间量

一般认为,时效是一个平均的量:时效＝销售额/时间量,但这种理解淡化了不同时间段时效高、低的区别。如果门店能在时效的低峰期,采取适当的方式,比如针对该时段的促销活动和商业推广等,将会使低峰期的时效得到一定程度的提高。如现在被广泛运用的"淡季促销"。

与此相类似,对于时效较低的时间段(初始营业和即将停业的时间段)是否采取促销活动,对何种产品采取促销活动,也要看该时间段的利润情况。目前业内就存在上午不营业的门店,也有以家庭主妇为目标顾客群的,对生鲜食品进行促销的门店"早市"。

5)单品平均销售额与单品数

单品平均销售额与商品的陈列有很大关系,同一商品陈列在不同的位置其销售额可能有天壤之别。作为门店管理人员应该了解这些差别,并合理陈列。要能够发现被埋没了销售潜能的商品,并采取适当的措施发挥其潜能。总的来说,就是通过合理的促销活动,让所有的商品发挥其应有的销售能力。

单品数也是一个有效的量,因为产生不了销售的单品对于卖场经营的影响是负面的,有效的单品数越多,整个卖场产生的利润越大,所以,在促销活动设计的时候,把及时引进有效新品作为一种促销思路,也可以在一定程度上提高卖场的利润。

单元测试

一、填空题

1.促销应该是一种有着特定的企业内涵、产品内涵和_____的活动。

2.按照实施活动的促销主题,促销可分为:开业促销活动、_____、大型节假日促销活动、例行促销活动、_____。

3.用于展示促销的商品,应具有以下特征:_____,能使新商品的使用效果立即显现,_____。

4.门店促销的实质是_____、赢得信任、_____、促进购买和消费。

5.门店促销的控制可以从_____、坪效与坪数、_____、时效与时间量和_____几个方面来衡量。

二、判断题

1.促销的目的就是增加促销期间门店的营业额。　　　　　　　　　（　　　）

2.促销主要是由竞争引起的,所以与竞争者对抗是促销的主要作用之一。

（　　　）

3.店头主要指连锁企业门店卖场中的堆头和端头,它是卖场形象的指示器。

（　　　）

4.门店促销能达成大份额销售量,反映经营活动力,因此,它是开展竞争的利器。

（　　　）

5.连锁企业门店促销是指连锁企业通过在卖场中采用人员劝说的方式,向顾客传递有关商品服务信息,引起买方行动而实现销售的活动。　　（　　　）

6.现场促销活动是指专卖店在一定期间内,针对多数预期顾客,以扩大销售为目的所进行的促销活动。　　　　　　　　　　　　　　　　（　　　）

三、选择题

1.促销组合策划的重点是(　　　)。

A.促销调查策划　　　　　　　　　　B.促销方案策划

C.促销方案实施策划　　　　　　　　D.促销方案实施效果评估策划

2.店头促销是门店的一种形象促销活动,主要表现形式有(　　　)。

A. 特别展示区　　　　B. 卖场通道　　　　C. 货架两端　　　　D. 堆头陈列

3. 戴梦得广场每年圣诞节,某些品牌服饰都是实行两小时(8:00—10:00)五折起销售活动,此种促销方式为(　　)。

A. 展示促销　　　　B. 赠品促销　　　　C. 店头促销　　　　D. 限时促销

4. 大润发超市门口连日来都在举办某品牌服饰的现场走秀活动,以此吸引消费者,促进销售量的增长,这种促销方式为(　　)。

A. 展示促销　　　　B. 赠品促销　　　　C. 店头促销　　　　D. 限时促销

四、问答题

1. 促销的作用有哪些? 影响门店促销组合的因素有哪些?

2. 促销方法主要有哪些? POP 有哪些类型?

五、案例分析

失败的促销

星期天通常是人人乐购物广场最忙的时候,也是各专柜促销人员抓紧促销的大好时机。

这天,某小姐来到了女装区准备为自己选购一套漂亮的衣服。她边走边看,来到了某专柜前看中了一件自己可心的上衣,于是便让促销小姐取来试一下,穿上后发现挺合适,自己觉得也挺满意。这时就听那位促销员对着另一个柜台的促销员说:“这身衣服穿上真的挺好看的,我打算给我妈也买一套。”本来正打算买这件衣服的小姐听见这句话后,立刻打消了念头,马上转身离开了柜台。

案例分析与讨论:

1. 分析这次促销失败的原因。

2. 如果你是一名服装促销员,你如何进行这次促销?

学习单元 23　连锁门店促销策划

学习目标

理解并掌握零售企业进行促销策划的主要步骤;掌握门店促销效果评估的内容与方法,能够根据给定案例解决简单的实际问题;会撰写完整的促销策划方案;能够根据实际情况初步安排好门店促销的前期准备工作,对门店促销进行过程控制。

学习内容

门店促销活动策划、实施及效果评估。

学习重点

- 门店促销准备、过程控制、效果评估的内容与方法;
- 促销策划主要步骤及促销策划方案撰写。

教学方法和建议

- 通过任务教学法、案例教学法、小组讨论法等实施教学;
- 本单元可构建"×××连锁店促销方案设计"工作业务,并按"六步法"组织教学;
- 教学过程中的工作任务方案制订与实施要体现以学生为主体,教师进行适当讲解,并进行引导、监督、评估;
- 教师应提前准备好各种媒体学习资料、任务单、教学课件、教学场地和设备。

学习任务

以学习小组为单位,模拟促销作业(载体),体验实际的促销工作过程:促销活动的组织—促销方法的选取—广告制作—促销实施—促销活动评估。

案例导入

店庆促销

当日购物单张小票满 30 元,均可获赠兑奖卡一张,满 60 元得两张,以次类推,多买多得!凭兑奖卡参加 × 月 15 日上午 9:00 在 × × 广场的现场抽奖活动!全部奖项当场颁发,中奖者凭兑奖卡领取奖品。兑奖卡现场有效,若中奖者不在现场,视为自动放弃,奖项重新抽取。

奖项设置:

一等奖:1 名　　奖 29 寸彩电一台

二等奖:2 名　　奖 200 元购物金卡一张

三等奖:10 名　　奖肉食礼盒一盒

四等奖:30 名　　奖牛奶一箱

特别提示:

即使未中奖,还是有机会!抽奖当天,现场抽出所有奖项后,还会从未中奖的兑奖卡中抽出 200 余名幸运顾客,送美味礼品一份!

惊喜百家姓:

活动期间,每天 8 个幸运"姓氏"(姓氏乃根据当地实际情况调查而制订)当天光临 × × 门店,即有惊喜赠送!

惊喜一:来店即送!当天幸运"姓氏"顾客光临 × × 门店,即可凭有效证件获得优惠券一张,购买券上商品总共可省 100 余元,仅限本人领取,每人限领一张!

惊喜二:购物再送!当天幸运"姓氏"顾客购物累计满 58 元,再送店庆纪念品一份!

喜从天降:

活动期间 × × 门店免费发放 80 000 元"现金抵用券"。消费达到一定金额后,凭券可抵现金使用。

获取途径:

1. 喜从天降:留意 × × 城街市"× × 送财天使";

2. 守株待兔:小区投递,出门见喜;

3. 喜上加喜:购物满 50 元,还可获赠一张。

问题思考:

1. 该店采取什么样的促销方式?这种方式的优缺点是什么?

2. 对其促销的合理性进行分析。

23.1　门店促销活动策划

针对消费者的促销活动随处可见,消费者在各种形式的促销活动面前越来越理性,一个有效的促销活动要求连锁门店制订出好的促销策划方案。连锁门店进行促销策划主要包括以下步骤:

23.1.1　促销调研

为了使促销活动达到预期的目的,在促销活动开始前,针对促销商品,商店需要进行促销调研。门店商品调研方式很多,常用的有以下几种:

①典型调研。根据不同的个体中存在的共同点,将事物分为不同的类别,再对该类中具有代表性的对象,进行调查的方式。

②抽样调研。从整体中抽取一部分具有代表性的样本,进行调查的方式就是抽样调查。

③问卷调研。以问卷的形式,对顾客进行书面调查的方式。

④当面谈话。派遣调查员与消费者进行面对面的谈话调查,了解消费者的实际需求,为超市的商品促销活动获取各方面信息的方式。

23.1.2　确定促销目标

门店的促销目标就是通过各种有效的促销工具通知、劝说和提醒顾客,从而提高业绩,增加销售。促销目的,可根据顾客认知情况归纳为:

1)使顾客获得最初的消费认识

门店有新产品上市时,促销的主要目的是吸引消费者,鼓励消费者试用,并使新产品迅速征服市场,从而提升品牌知名度,把消费者从竞争对手的产品那里吸引过来。

2)提高顾客的兴趣

促销活动可以通过广告宣传、人员推销等多种手段营造热销氛围,提高顾客对门店及商品的关注程度,增强其购买欲望。

3)提高在顾客心目中的购买地位

一些消费者不是很熟悉的商品,或者消费者对其用途和重要性不是很了解的商品,可以通过促销活动,展示商品文化、功能、作用,加深消费者对其认识和理解,提高该商品在消费者心目中的重要性和购买地位。

4）加速商品周转

当在换季、一些商品的保质期不佳或者因进货量太大造成库存积压时,为了迅速清理库存、回收资金,门店可以通过组织促销活动加快商品的销售。

5）提高回头购买率或者忠诚度

利用各种时机策划促销活动,吸引一批稳定的忠诚消费群体,从而提升销售额或销售利润,稳定市场占有率。

6）抵消竞争对手的影响力

当竞争对手开始促销的时候,为了防止顾客群的丧失,应根据实际情况展开恰当的促销活动,特别是当处于同一商圈的竞争对手促销时,应及时采取跟进促销策略。

23.1.3 制订促销主题

根据促销目标,制订合适的促销主题,可以使顾客更清楚地了解促销的原因,赢得顾客的好感,大多数门店会选择开业、周年庆、竞争、节假日来作为促销主题。一个良好的促销主题往往会起到画龙点睛的作用。促销主题的选择应把握两个字:一是"新",即促销内容、促销方式、促销口号要富有新意;二是"实",且简单明确,顾客能实实在在地得到更多的利益。

23.1.4 选择促销时机

促销时机选择是否得当,会直接影响到促销的效果。促销时机选择得当,不仅会促使促销目标的实现,还可以使促销活动有机地与企业的整体经营战略融合。

通常来说,不同的季节、气候、温度,顾客的行事习惯和需求都会有很大的差异,一个良好的促销计划应与季节、月份、日期、天气和重大事件等相互配合。

1）季节

促销活动应根据季节不同来选择促销品项。由于天气对于门店各类商品销售均会有较大影响,我们一般按天气冷暖将一年分为两季:暖季为5—10月,寒季一般为当年11月到次年4月,以此作为重点销售品种的依据,并作为调整商品销售时间的参考。

2）月份

商品销售有淡、旺季之分,一般而言,3,4,5,11月份是经营淡季,如何在淡季做好促销工作是非常重要的。为使淡季不淡必须有创新的促销点子,如果不能激发消费者的需求动机,再便宜的东西也不一定能卖出去。

3）日期

一般而言,由于发薪、购买习惯等因素,月初的购买力比月底强;而周末、周日的购买力又比平日强;节假日特别是"黄金周"的购买力会激增,更是超市促销吸引消费者的重要时机。所以促销活动的实施也应与日期配合。

4）天气

天气会影响"人潮",所以可以说超市也是看天吃饭的行业。因此天气不好时,如何向顾客提供价格合理、鲜度良好的商品及舒适的购物环境(如伞套、伞架、外送服务、防滑垫、干爽的卖场等),也是促销计划中应考虑的因素。

5）重大事件

重大事件是指各种社会性的活动或事件,如重大政策法令出台、学校旅行、放假、考试、运动会、停电、停水、停煤气等,这些活动或事件最好能事前掌握,以利安排促销活动,收到良好的促销效果。

23.1.5 选择促销商品

顾客的基本需求是能买到价格合适的商品,所以促销商品的品项、价格是否具有吸引力将影响促销活动的成败。

一般来说促销商品有以下4种选择:

1）节令性商品

根据季节、节日不同选择时令性的促销商品。

2）敏感性商品

敏感性商品一般属必需品,如鸡蛋、大米,消费者极易感受到价格的变化。选择这类商品作为促销商品,在定价上可稍低于市面价格,以便有效地吸引更多的顾客。

3）众知性商品

众知性商品是指品牌知名度高、市面上随处可见、容易取代的商品,选择此类商品作为促销商品往往可获得供应商的大力支持,门店的促销活动应与大众传播媒介的广泛宣传相结合。如化妆品、保健品、饮料、啤酒、儿童食品等。

4）特殊性商品

特殊性商品主要是指超市自行开发、使用自有品牌、市面上无可比较的商品,这类商品的促销活动主要应体现商品的特殊性,价格不宜定得太低但应注意价格与品质的一致性。

23.1.6 选择促销形式

选择促销形式要充分考虑市场类型、促销目的、竞争情况及每种促销形式的成本效益等各种因素。选择适宜的促销形式,可有效地实现促销目的,反之则达不到预期的目的。常见的促销形式主要有以下几种:

1）折扣促销

折扣促销是可以使消费者以低于正常水平的价格获得商品或利益的一种促销形式。它的关键是让消费者知道商品减价多少,以此来决定是否购买某种商品。折扣促销的常用形式有:

（1）利用商品包装标示折扣

利用商品包装标示折扣指将商品的折扣数额直接表示在商品的包装上面,让消费者对折扣价格一目了然。商品标签应采用醒目的色彩或不同形状的设计,引起消费者注意,将折扣优惠告知消费者。也可以将几个商品包在一起进行折扣促销。

（2）利用折价券促销

折价券采用向潜在顾客发送一定面额的有价证券的方式,使持有人在购买某种商品时,可凭券享受折扣优惠。折价券可以直接向消费者发放,也可以随商品发放,或其他渠道如媒体、宣传单等发放。

（3）会员卡回扣促销

会员卡回扣促销即向消费者发放会员卡,使消费者利用会员卡来购物,凭借会员卡中的积分享受一定的价格优惠或折扣。持卡者每次消费出示会员卡,可以不断提高积分,随着积分的增加可享受不同的折扣优惠待遇。

2）退款促销

退款促销是指消费者提供了购买商品的证明后,就可退还其购买商品的全部或部分款额或得到代购券,以吸引顾客、促进销售。一般销售速度较慢、品质差异化小、冲动式购买的商品,消费者虽不经常购买,但只要一买,通常使用很快,再购率也较高,这类商品采用退款促销效果最好。对于高度个性化、耐用品,不宜采用此方法。

退款促销有多种形式,根据促销商品的情况不同,可分为以下几种:

(1)单一商品的退款促销

单一商品的退款促销适用于理性购买的个性化商品,或高价位的食品、药品、家用品以及健康和美容用品等。目前,许多家电专卖店为吸引顾客,实行顾客一旦购买某商品,会给顾客几百元不等的退款优惠的办法。

(2)同一商品重复购买退款促销

通常用于购买率较高、使用较快的商品。消费者购买两次或两次以上的同一商品时,可以领取退款。比如,购买某饮料"买三退一"或"买十退三"等优惠。

(3)同一厂商多种商品的退款促销

消费者购买同一厂商生产的多种不同商品时,可获取退款优惠。这种促销方式通常是由零售商与生产商联合举办的。

(4)相关性商品退款促销

将相关的商品放在一起销售,并为购买者提供退款优惠。

3）赠奖促销

所谓赠奖促销就是以免费赠送商品、样品或奖金作为促销手段所进行的促销活动。这种活动以一般消费者为对象,以赠送品为诱因,用来刺激消费者的购买行为。

(1)免费赠送商品

免费赠送商品的形式很多,主要有以下几种:

①酬谢包装。酬谢包装指以标准包装的价格供给较大包装的商品,或以标准包装外附加商品来酬谢购买者的方式。常见的促销形式有:"加量不加价""多送50克"等。

②包装赠品。包装赠品主要包括包装内赠送、包装上赠送、包装外赠送及可利用包装等形式。此方式在激励消费者尝试购买方面特别有效。

③邮寄赠品。邮寄赠品指通过向消费者邮寄免费赠品或礼物的方法,唤起消费者更多的注意邮寄的赠品,大多与所推广的商品密切配合,将赠品作为对品牌的提醒物。

（2）免费赠送样品

免费赠送样品即针对潜在的顾客分发商品样品的促销活动。尤其对于新上市的商品，可采用免费赠送样品的促销方式。免费赠送样品的主要方法有：DM法、个别家庭访问法、选择特定目标分送、媒体分送和凭折价券兑换等方法。

4）兑换印花促销

兑换印花促销是向人们赠送积分券、标签或购物凭证，收集者按照所收集的积分数、标签或购物凭证的多少来兑换赠品或奖金。连锁门店利用兑换印花促销商品时，消费者方便得到印花；消费者可按照收集印花的数量获得一定的赠品，有一定的合理性；和其他促销方式相比，传递促销信息的费用低。但必须有充足的库存作支持。由于收集印花要花费相当长一段时间，对部分消费者不具备吸引力。

5）抽奖促销

抽奖促销是指连锁门店制订一定的活动规则，以高额的奖金或赠送品作为诱因，吸引消费者参加购物活动的一种促销方式。抽奖促销一般奖金额或赠品价值较高，对于消费者有一定的刺激性，同时可在消费者当中造成强烈的轰动效应，有利于提高企业的知名度。抽奖促销可分为购物抽奖和非购物抽奖两种形式。

（1）购物抽奖

这种形式以顾客购买促销商品为前提，然后参加抽奖活动。常见的兑奖形式有：即买即兑奖、定期兑奖、游戏兑奖等。

（2）非购物抽奖

这种抽奖形式不要求消费者必须购买促销商品，他们可以从报纸、杂志、广告上或门店得到抽奖券，填好后送到指定地点，由企业在预先公布的时间，随机抽出中奖者。这种形式可以提高广告宣传的效果。

6）有奖竞赛促销

有奖竞赛促销就是由企业举办某种竞赛活动，请消费者参与竞赛活动，并发挥自己的聪明才智，从参赛者中评选出优胜者，并给予奖品或奖金的促销活动。

有奖竞赛能使消费者产生较大的兴趣，促销投入的费用相对较低，能加强和消费者之间的联系。但有奖竞赛促销一般短期对商品的销售没有直接促进作用，但对企业的发展有深远的影响。

7）现场展示促销

商品现场展示促销是指企业为了加大商品的销售力度，在特定的时间内，针对目标顾客,以销售商品为目的所进行的商品展示销售活动。成功的展示促销能够扩大销售,提高促销效率,加深消费者对促销商品的印象。

23.1.7　选择促销媒体

门店促销活动因受促销预算、门店规模、商圈等因素的限制,因此,一般很少采用电视、报纸等大众媒体,而常常采用宣传单、POP 广告、海报、店内广播等媒体。然而情况亦并非都是如此,有些连锁企业为了扩大自己的知名度和声誉也会在电视和报纸上作宣传。如果选择这类大众宣传手段,商家在制订促销计划宣传方案时,应考虑采用哪种媒体,并考虑制作的数量、规格、方式、时间以及使用时机等。

23.1.8　制订促销预算

确定促销预算的总的原则是:因促销而为卖场增加的贡献应当大于促销费用的支出。制订促销预算的常用方法有如下 4 种:

1)营业额百分比法

根据年度营业目标的一定比例来确定促销预算,再按各月的营业目标分配至各月。优点是:简单、明确、易控制;缺点是:缺乏弹性,未考虑促销活动的实际需求,可能影响促销效果。

2)量入为出法

根据卖场的财力来确定促销预算。优点是:能确保企业的最低利润水平,不至于因促销费用开支过大而影响利润的最低水平;缺点是:由此确定的促销预算可能低于最优预算支出水平,也可能高于最优水平。

3)竞争对等法

企业按竞争对手的大致费用来决定自己的促销预算。也就是说,门店确定促销预算,是为了取得和竞争对手同等的发言权。优点是:能借助他人的预算经验并有助于维持本超市的市场份额;缺点是:情报未必确实且每家公司的情况不同。

4)目标任务法

根据促销目的和任务而确定促销活动,再据此确定一年所计划举办的促销活动和每一次促销活动所需要的经费。优点是:注重促销效果,使预算较能满足实际需求;缺点是:促销费用的确定仍带有主观性,且促销预算不易控制。

23.2 促销活动的实施

23.2.1 促销活动实施方案的撰写内容

一份完整的促销活动方案,需要包括以下内容:

1)活动目的

活动目的即对市场现状及活动目的的阐述。只有目的明确,才能使促销活动有的放矢。

2)活动对象

活动针对的是目标市场、活动控制范围、主要目标和次要目标的确定,这些选择的正确与否会直接影响到促销的最终效果。

3)活动主题

活动主题主要解决两个问题:①确定活动主题;②包装活动主题。选择什么样的促销形式和什么样的促销主题,要考虑活动的目标、竞争条件和环境及促销的费用预算和分配。在确定了促销主题之后,要尽可能艺术化地开展促销活动,淡化促销的商业目的,使活动更接近于消费者,这样才能打动消费者。如:有一些企业把一个简简单单的降价促销活动包装成维护消费者权益的爱心行动。

4)活动方式

这部分主要阐述活动开展的具体方式。有两个问题要重点考虑:

(1)确定伙伴

是否要选择政府部门或媒体作为合作伙伴?是门店(连锁企业)单独行动还是厂家联手?或是与多个厂家联合促销?

(2)确定刺激程度

促销要取得成功,必须要使促销活动具有刺激力,刺激程度越高,促销的反应越大,但促销刺激也存在边际效应。因此,必须根据促销实践进行分析和总结,并结合客观市场环境,确定适当的刺激程度和相应的费用投入。

5)活动时间和地点

促销活动的时间和地点选择得当会事半功倍,选择不当则会事倍功半。在时间上尽量让消费者有空闲参与,在地点上也要让消费者方便,而且要事前与城管、工商等部门沟通好。促销持续的时间效果,最好也要深入分析一下,持续时间过短会导致在这一时间内无法实现重复购买;持续时间过长,又会引起促销费用过高且市场形不成热度,并降低在顾客心目中的身价。

6) 广告配合方式

一个成功的促销活动,需要全方位的广告配合。选择什么样的广告创意及表现手法? 选择什么样的媒介炒作? 这些都影响受众抵达率和费用投入。

7) 前期准备

前期准备分三块,即人员安排、物资准备、试验方案。在人员安排方面要"人人有事做,事事有人管",既无空白点,也无交叉点。在物资准备方面,要事无巨细,罗列出来,然后按单清点,确保万无一失。另外,由于活动方案是在经验的基础上确定的,因此,有必要进行试验来判断促销工具的选择是否正确,刺激程度是否合适,现有途径是否理想。

8) 中期操作

中期操作主要体现为活动纪律和现场控制,同时,在实施方案过程中,应及时对促销范围、强度、额度和重点进行调整,保持对促销方案的控制。

9) 后期延续

后期延续主要是宣传问题。对本次活动采取何种方式、在哪些媒体进行后续宣传。

10) 费用预算

没有利益,促销就没有存在的意义。要对促销活动的费用投入和产出作出预算。

11) 意外防范

每次活动都有可能出现意外。因此,必须对各个可能出现的意外事件做必要的人力、物力、财力方面的准备。

12) 效果预估

预测这次活动会达到什么样的效果,以利于活动结束后和实际情况相比较,从刺激程度、促销时机、促销媒介等各方面总结经验和教训。

有说服力的、操作性强的促销活动方案,是促销实施的基础和成功的保证。

23.2.2 促销实施前的准备

促销活动的实施到位是确保促销活动效果的关键。促销开始前,相关部门要召开促销会议。针对促销活动的方案进行分解,商品部门采购哪些商品,促销部门进行哪些陈列、宣传,运营部门要执行哪些重点,管理部门要配合哪些后勤等。除此之外,在促销活动实施前,还应该特别注意以下事项:

1)人员方面

加强对促销人员的培训,是连锁门店促销的首要问题。如果促销人员业务素质不高,将给企业的促销带来不必要的浪费,而且普通促销人员和高效率的促销人员在促销结果上,也会有很大的不同。

为了有效地做好促销工作,门店服务人员必须保持良好的服务态度,并随时保持服装仪表的整洁,给顾客留下良好的印象;门店相关人员必须都了解促销活动的起止时间、促销商品及其他活动内容,以备顾客询问;各部门主管必须配合促销活动安排适当的出勤人数、班次、休假及用餐时间,以免影响购物高峰期间对顾客的服务。

2)商品方面

在商品管理方面要注意:要准确预测促销商品的销售量并提前进货,促销商品必须充足,以免缺货造成顾客抱怨,丧失促销机会;促销商品价格必须及时调整;新产品促销应配合试吃、示范等方式,以吸引顾客消费;商品陈列必须正确而且能吸引人,除了应该在促销活动中必须作的各种端架陈列和堆头陈列外,还要对陈列作一些调整,以配合促销达到最佳效果。

3)广告宣传方面

在宣传方面必须注意:确定广告宣传单均已发放完毕,以免滞留卖场逾期作废;广告海报、宣传横幅等应张贴于最佳位置。

4)卖场氛围布置

卖场氛围可以根据促销活动进行针对性的布置,同时辅之以各类商品的灯具、垫子、隔物板、模型等用品,以更好地衬托商品,刺激顾客的购买兴趣;也可以播放轻松愉快的背景音乐,使顾客感觉更舒适;必要的话,可以适当安排专人在卖场直接促销商品。

23.2.3 促销实施中的控制

促销中,活动现场各环节要安排清楚,有条不紊。具体体现在以下5个方面:

1)人员到位

促销第一天,销售人员、促销负责人员和执行人员要提早到场,再次确认准备工作到位,整理广告宣传品、陈列和标价。当天主管要全程跟进,了解准备不足和方案欠妥之处以调整改善,并对促销人员进行现场辅导。

2)补货

促销期越长,越容易出现断货现象。必须规定销售人员高频回访,检核库存,确保库存安全。

3)促销人员应明确促销目的和促销政策,掌握销售技巧

促销的目的不仅是销售产品,还包括增加消费者直接或间接参与人数、品牌形象宣传、与店方互动交流,以及了解本产品和竞争品的售卖信息、产品使用信息的反馈。销售技巧包括销售心态、销售话术(消费者异议回答话术、目标消费者交流等)。

4)管理

对促销活动的现场管理包括:礼仪、服装、工作纪律、检核方式、需填表单、薪资以及奖罚制度;主管要不定期地巡场,对现场工作人员是否按岗位职责积极认真工作作出检核打分,并通知当事人;主管每周召开促销工作人员周会,统计销售、评估业绩、宣读检核结果、了解存在问题,及时互动寻求改进。

5)告知

促销信息告知通常包括:店门外醒目的促销信息;货架上促销告知信息;堆头促销区的广告宣传品传达的促销信息;卖场内非本产品销售区域有告知促销信息并指明本产品销售位置的提示等。

在促销活动中,通过广泛告知,可以使消费者随时接触到门店的促销信息,提高购买兴趣,促成购买行动。此外,在促销实施的过程中,还应及时对促销范围、强度、额度等进行调整,确保促销活动顺利进行。

23.3 促销活动效果评估

促销评估的内容及方法主要分为业绩评估、促销效果评估、供应商配合状况评估、连锁企业公司自身运行状况评估 4 部分。

23.3.1 促销业绩评估

1）业绩评估的标准与方法

（1）促销活动检查表

即对促销前、促销中和促销后的各项工作进行检查。

①促销前：

a. 促销宣传单、海报、POP 是否发放和准备妥当。

b. 卖场所有人员是否均知道促销活动即将实施。

c. 促销商品是否已经订货或进货。

d. 促销商品是否已经通知电脑部门变价。

②促销中：

a. 促销商品是否齐全、数量是否足够。

b. 促销商品是否变价。

c. 促销商品陈列表现是否具有吸引力。

d. 促销商品是否张贴 POP 广告。

e. 促销商品品质是否良好。

f. 卖场所有人员是否都了解促销期限和做法。

g. 卖场气氛是否具有活性化。

h. 服务台人员是否定时广播促销做法。

③促销后：

a. 过期海报、POP、宣传单是否均已拆下。

b. 商品是否恢复原价。

c. 商品陈列是否调整恢复原状。

（2）前后比较法

前后比较法即选取开展促销活动之前、中间与进行促销时的销售量进行比较。一般会出现十分成功、得不偿失、适得其反等几种情况。

（3）消费者调查法

超级市场可以组织有关人员抽取合适的消费者样本进行调查,向其了解促销活动的效果。例如,调查有多少消费者记得超级市场的促销活动,他们对该活动有何评价,是否从中得到了利益,对他们今后的购物场所选择是否会有影响等。

（4）观察法

观察法主要是通过观察消费者对超级市场促销活动的反应,例如,消费者在限时折价活动中的踊跃程度,参加抽奖竞赛的人数等情况,对超级市场所进行的促销活动的效果作相应的了解。

2）查找和分析原因

查找和分析促销业绩好或不好的原因有利于在促销活动中,找出成败根源,吸取教训,进一步发挥本超级市场的特长。

（1）十分成功

主要表现为促销活动期间,消费者对超级市场形成了良好的印象,对超级市场的知名度和美誉度均有所提高,故在促销活动结束后,仍会使该超市的销售量有所增长。

（2）得不偿失

促销活动的开展,对超级市场的经营、营业额的提升没有任何帮助,而且浪费了促销费用,显然是得不偿失的。

（3）适得其反

促销活动过程中管理混乱、设计不当、某些事情处理不当,或是出现了一些意外情况等原因,损伤了超级市场自身的美誉度,结果导致促销活动结束后,超级市场的销售额不升反降。

23.3.2 促销效果评估

促销效果评估主要包括下面3个方面。

1）促销主题配合度

促销主题是否针对整个促销活动的内容;促销内容、方式、口号是否富有新意、吸引人,是否简单明确;促销主题是否抓住了顾客的需求和市场的卖点。

2）创意与目标销售额之间的差距

促销创意是否偏离预期目标销售额;创意虽然很好,然而是否符合促销活动的主题和整个内容;创意是否过于沉闷、正统、陈旧,缺乏创造力、想象力和吸引力。

3)促销商品选择正确与否

促销商品能否反映超级市场的经营特色;是否选择了消费者真正需要的商品;能否给消费者增添实际利益;能否帮助超级市场或供应商处理积压商品;促销商品的销售额与毛利额是否与预期目标相一致。

23.3.3　供应商的配合状况评估

主要评估供应商对超级市场促销活动的配合是否恰当、及时;能否主动参与,积极支持,并为超级市场分担部分促销费用和降价损失;在促销期间,当超市公司(一般是大卖场)请供应商直接将促销商品送到门店时,供应商能否及时供货,数量是否充足;在商品采购合同中,供应商,尤其是大供应商、大品牌商、主力商品供应商,是否作出促销承诺,而且切实落实促销期间供应商的义务及配合等相关事宜。

23.3.4　连锁企业自身运行状况评估

1)从总部到门店,各个环节的配合状况

(1)总部运行状况评估

超级市场自身系统中,总部促销计划的准确性和差异性;促销活动进行期间总部对各门店促销活动的协调、控制及配合程度;是否正确确定促销活动的次数,安排促销时间,选择促销活动的主题内容,选定、维护与落实促销活动的供应商和商品,组织与落实促销活动的进场时间。

(2)配送中心运行状况评估

配送中心是否有问题,送货是否及时;在由配送中心实行配送的过程中,是否注意预留库位,合理组织运力、分配各门店促销商品的数量等几项工作的正确实施情况如何。

(3)门店运行状况评估

门店对总部促销计划的执行程度,是否按照总部促销计划操作;促销商品在各门店中的陈列方式及数量是否符合各门店的实际情况。

2)促销人员评估

促销人员的具体评估项目有:促销活动是否连续;是否达到公司目标;是否有销售的干劲;是否在时间上具有弹性;能否与其他人一起良好地工作;是否愿意接受被安排的工作;文书工作是否干净、整齐;他们的准备和结束的时间是否符合规定;促销桌面是否整齐、干净;是否与顾客保持密切关系;是否让顾客感到受欢迎等。促销人员评估可以帮助其全面并迅速地提高自己的促销水平,并能在促销员之间起到相互带动促销的作用。

单元测试

一、填空题

1. 连锁门店进行促销策划主要包括以下步骤:制订促销目标、_____、把握促销时机、_____、确定促销主题、_____、进行促销预算。

2. 门店商品调研方式有:_____、抽样调研、_____、当面谈话4种。

3. 门店的促销目标就是_____知、劝说和提醒顾客,从而_____。

4. 促销主题的选择应把握两个字:一是"_____",二是"_____"。

5. 无论选择何种商品作为促销品都应具有两个基本要点:一是_____;二是_____。

6. 折扣促销的常用形式有利用商品包装标示折扣、_____、_____。

二、选择题

1. 在( )季进行促销,多选择火锅、熟食、补品等商品。
A. 寒季　　　　　B. 暖季　　　　　C. 旺季　　　　　D. 淡季

2. 促销效果评估主要包括( )方面。
A. 促销主题配合度　　　　　B. 创意与目标销售额之间的差距
C. 促销商品选择正确与否　　　D. 促销时机选择是否恰当

3. 制订促销预算的常用方法有( )
A. 营业额百分比法　　　　　B. 量入为出法
C. 竞争对等法　　　　　　　D. 目标任务法

4. 在促销活动现场控制中,( )是促销成功的关键。
A. 人员　　　　B. 管理　　　　C. 告知　　　　D. 销售技巧

三、判断题

1. 一般而言,由于发薪、购买习惯等因素,月初的购买力比月底弱;而周末、周日的购买力又比平日强。
　　　　　　　　　　　　　　　　　　　　　　　　　　　　　　　　( )

2.退款促销是指消费者提供了购买商品的证明后,就可退还其购买商品的全部或部分款额或得到代购券,以吸引顾客、促进销售。（　　）

3.促销检核评估的主要内容就是业绩评估和促销效果评估、供应商配合状况评估。（　　）

4.确定促销预算的总的原则是因促销而为卖场增加的贡献应当大于促销费用的支出。（　　）

四、案例分析

端午节促销方案

1.促销主题:忆一段历史佳话　尝一颗风味美粽。

2.促销目的:树立五四新星的人文形象,同时增进销售额的提高。

3.促销时间:6月16—22日。

4.促销对象:第一商圈内的居民。

5.促销商品:成品粽子及熟食、海鲜、江米、蜜枣等。

6.促销内容:

1)价格促销

对一些成品粽子及熟食进行特价活动(6月18—22日),具体品项由采购部决定(一楼促销栏及广播进行宣传)。

2)娱乐促销

可选两项中的其中1项。

①包粽子比赛。

游戏规则:3人/组;限时5 min,以包粽子多者为胜;胜者奖其所包粽子的全数;其余参加者各奖一个粽子。活动时间:6月21—22日。活动地点:一楼生鲜部的冻品区前。道具要求:桌子、喇叭、包粽子的材料(糯米、豆子、花生、肉、竹叶、蜜枣)。负责人:生鲜部负责,采购部配合。

②射击粽子比赛。

游戏规则:每人可获得5颗子弹;射中的标志为豆沙、肉粽等即获得该种粽子一个;活动时间:6月21—22日。活动地点:一楼生鲜部的海产区前。道具要求:气球、挡板、气枪、子弹。负责人:生鲜部负责,采购部配合。

3)免费品尝

引进供应商进行场内免费品尝(时间:6月21—22日)。具体由采购部负责。

4)新品促销

可考虑引进一批闽南肉粽,现场特色促销。具体由采购部负责。

5)卖场陈列与布置

①场内。一楼冻品区前,两个堆头的位置,堆头前布置成龙舟的头,两个堆头为龙舟的身;冻柜上方用粽子或气球挂成"五月五吃粽子"字样。

②场外。条幅宣传"忆一段历史佳话,尝一颗风味美粽"。

案例分析与讨论:

端午节促销方案有何特点? 促销策划主要包括哪些内容?

情景小结

本学习情景主要包括连锁门店促销与促销组合和连锁门店促销策划两项内容。首先介绍了门店商品促销类型、商品促销组合、门店卖场商品促销方式、门店促销的实质与控制;其次有针对性阐述了门店促销准备、过程控制、效果评估的内容与方法、促销策划步骤及促销策划方案撰写等内容。

实训项目 模拟一次商品销售过程

一、实训情境设计

在教室中,安排两名学生模拟,一名学生扮演销售人员,一名学生扮演顾客,就某一商品(教师自定),开展一次销售活动。

二、实训目的

1)学生能够运用本章所学知识,分析顾客心理活动。

2)学生能够顺利地将商品销售给顾客。

三、实训提示

1)课前安排学生的角色,可以给予一定的指导。

2)教师准备好销售的商品。学生表演完毕可由其他学生点评,教师总结。

四、实训评价(表 24.1)

表 24.1　商品销售过程实训评价

项　目	表现描述	得　分
基本能够正确运用本章理论知识		
基本能够正确完成全部销售过程		
语言表达得体		
动作表达得体		
商品销售成功		
合　计		

说明:据实训中具体销售过程表现分为:很好(25 分)、好(20 分)、一般(15 分)、差(10 分)、较差(5 分)。全部单项分值合计得出本实训总得分:优秀(90～100分)、良好(75～89 分)、合格(60～74 分)。低于 60 分为不合格,须重新训练。

案例　黄金周商家促销出新招:
一张礼券只认一个柜台

黄金周到来之际,记者发现商家促销又出新招,限定返券使用柜台——代金券抽奖"馅饼"变"陷阱"。

上午 9:30,记者在东直门东方银座购物广场,注意到很多消费者都在"四月购物有礼"的公告前驻足细读。今天是"四月购物有礼"的最后一天,为了不让手中的购物券变废纸,许多消费者赶搭最后一班兑券车。

商场内的"购物抽奖说明"明示:"凡当日在银座 mail 单笔现金购物满 68 元的顾客即可参加抽奖活动,抽奖礼品为价值从 30～100 元不等的礼券(一张小票只能抽奖一次)"。

记者在一楼总服务台看到,不时有消费者在总台凭小票抽奖,其中一名抽中

50 元礼券的消费者正在询问具体的礼券使用方式。根据服务台工作人员介绍,抽奖礼券包括 30 元、50 元、100 元 3 种,目前 30 元礼券已经全部被抽走,50 元礼券只能在 TATA 鞋店消费时使用,而 100 元礼券则只能在女装品牌 AZONA 消费满 400 元使用,"每次消费只能用一张"。

"礼券使用的限制太多了,"顾客陈小姐摇头表示,这样的抽奖没有太大诱惑力,"我总不能为了 50 元礼券又去买几百元的鞋子。"消协指出,商业智慧应建立在诚信、守法、遵守社会公德基础上。返券促销则把简单的事情复杂化,把价格模糊化,易使消费者陷入商家设计的购物怪圈,消费者对此也十分反感。

中消协提醒:返券促销会直接增加购物者消费成本。

商务局表示:现金券涉嫌违反相关规定。

(资料来源:法制晚报,2007-04-30.)

案例分析与讨论:

1. 试对代金券抽奖活动形式的利弊进行分析评价。
2. 该促销活动是否违反国家有关规定? 试说明理由。
3. 你认为一项成功的促销活动应具有哪些特征?

情景八　门店经营成效分析

学习单元 24 门店的经营目标

学习目标

理解经营目标的重要性;掌握反映连锁企业门店经营目标状态的评价指标内容;能对经营目标的实施成果作出客观评价。

学习内容

连锁门店经营目标及评价内容。

学习重点

连锁企业门店经营目标状态的评价指标内容。

教学方法和建议

- ●通过案例教学法实施教学;
- ●教师用现实中的成功案例,在讲解门店要完成的每一个经营目标后,逐一对该案例中的连锁门店是否完成该项经营目标,以及完成的效果进行分析评价;
- ●也可以给学生举出一个失败的案例,让学生进行对比分析,使其理解经营目标的重要性,并掌握其评价指标内容;
- ●教师提前准备好适用的案例。

学习任务

以学习小组为单位,选择 3~5 家你所熟悉的连锁企业门店了解其经营目标及评价内容;深刻理解门店实现经营目标的重要性;考核团队协调、沟通能力。

案例导入

家电新开门店如何在二三级市场构建售后服务营销平台？

目前中国家电市场的一个现状是,各厂家产品同质化、商家服务无差异化严重等,现在的家电经营商家为保持现有市场的既得利益,把售后服务作为取胜市场的重要法宝之一。

对于刚进入家电市场的新经营者或拟进入的未来经营者,除了要在开业初期考虑如何通过自己的优势和差异战略快速击败竞争对手,抢夺市场,提高商品的市场销售份额外,是否认真考虑过售后服务平台的构建呢?

我们就以一家位于二三级市场,经营规模在 1 500 ~ 3 000 m² ,初期资金投入在 500 万 ~ 1 000 万元的门店为例,把构建其售后服务营销平台的最难做的头 3 年的经营目标进行详述。

第一年的经营目标:全力支持家电商品销售,创造顾客增值服务;打造售后服务平台。

第二年的经营目标:全力支持家电商品销售,创造顾客增值服务;继续打造售后服务平台;吸收上游资源(维修技术、配件及厂家维修费)的进入并控制该资源。

第三年的经营目标:稳定售后服务平台基础,加大宣传力度,增加与上游的联系,建立多种形式的服务形式,如社区流动维修点和检修点、街道互助,以旧换新帮困,深入消费者较集中的场所现场检修等。

对于新开门店,一方面要追求销售利益最大化,一方面又要追求各种费用开支最少。又必须能保持门店长远稳定发展,因此作为家电的新进入的经营者和打算进入该行业的未来家电经营者,对家电经营关键环节——售后服务营销平台的构建,便是自己对家电经营全盘考虑的重点。

(资料来源:管理人才网)

问题思考:

试分析本案例中头 3 年的经营目标主要达到门店经营目标中的哪些评价指标?

24.1　门店的经营目标

连锁经营企业的经营目标是生存、获利和发展。连锁经营企业各个门店的各项经营活动都应当围绕着一定的经营目标来组织进行。对于连锁企业门店来说，反映其经营目标状态的评价指标主要有销售目标、产品组合与服务目标、经济效益目标及发展目标等。

24.1.1　销售目标

组织商品流通，扩大商品销售，是连锁企业门店最基本的经营任务和社会责任。各个门店在一定时期内所实现的商品销售量或销售额大小，一方面反映连锁企业的经营机制是否有效运行，其商业职能是否能充分发挥；另一方面也说明了门店求生存、求发展能力的大小，其经营前景将如何？显然，只有销售量大的门店才能取得较大的销售额，可以说，销售目标是门店最基本的经营目标。

24.1.2　产品组合与服务目标

商品交换的效率，在很大程度上依赖于商品的适销对路性。商品的适销对路性将直接影响到门店的商品量。连锁企业门店如能适时淘汰滞销品，经常调整产品组合结构，增加适销产品项目，提高产品组合深度和广度，就能增加消费者选择购买的商品范围。

周到良好的门店服务能够促进商品销售量的增长。例如：豪华美观的店堂装修以及热情、微笑的接待与服务，能够让消费者得到美的享受，从而忘却疲劳，乐意选购商品；消费者能够得到更多的好处和满足，必然愿意较多地光顾并购买商品。因此，门店提供服务项目的多少，服务质量水平的高低，都应严格按照连锁企业总部所作的目标性规定来操作，并定期考核。

24.1.3　经济效益目标

连锁企业要获得扩大经营规模的资本条件，主要应依赖于其各个门店不断地提高经济效益，增加利润。通常，可以用多项指标来反映门店的经济效益。资金利润率是其中的一项综合指标。提高经济效益意味着门店要增加商品销售额，相对降低经营成本，减少资金占有量，提高流动资金周转速度，从而提高资金利润率。

24.1.4　发展目标

企业的经营能否不断取得发展,一方面取决于企业管理体制和经营体制,另一方面也依赖于连锁企业各个门店的经营素质。门店的经营素质是指门店的员工素质、技术素质和经营管理素质三者的状态及由三者综合形成的经营能量。建立健全科学的管理体制和经营机制,不断提高门店的素质和经营能量,使其始终处于良性循环状态,是连锁企业经营管理的一项重要任务。

24.2　门店经营目标的评价内容

目标评价是在目标实施的基础上,对其成果作出客观评价的活动。通过对经营目标进行评价,全面分析评价目标制订过程中的得失,从而不断地对连锁企业各个门店的经营目标进行修改和改进,使其更符合连锁企业经营的需要。

24.2.1　门店经营目标的实现程度评价

这是目标成果评价的核心内容,包括数量、质量、时限等。评价经营目标的实现程度应注意:第一,要正确计算目标成果。在正常情况下,期初制订的目标值就是期末进行目标成果评价的标准。但是,由于受内外各种客观因素的影响,期初制订的目标值可能不一定符合门店的实际情况,这样,在评价目标成果时就需要重新确定目标成果的评价标准,以使目标成果的计算更准确合理。第二,评价用绝对数表示的目标值时,要与相对数结合起来,这样才能对目标成果作出比较正确的评价。第三,评价定性目标值时可以采用集体审定或群众评议等方法来进行。

24.2.2　门店内的协作情况评价

协作是保证整体目标实现的重要条件,评价门店内的协作情况具体包括:①目标分解时规定的协作项目执行情况;②承担目标部门或个人临时向其他部门或个人求援协作的情况;③主动帮助其他部门或个人的协作情况。

24.2.3　门店经营目标完成进度的均衡程度评价

均衡性是连锁企业门店按照预订的计划进度,组织目标实现的一种特性。只有保持良好的均衡性,才能避免目标实施的时紧时松、搞突击等现象发生。为了评价目标完成进度的均衡程度,连锁企业总部通常设立了目标进度均衡率指标。这个指标反映了目标实施进度与目标计划进度之间的偏离程度。

24.2.4　门店经营目标对策的有效性评价

有效性评价是连锁企业对各个门店和个人在实施目标过程中主动采取的对策措施进行评价。主要包括:①经营方面的对策是否符合连锁企业长期战略的要求;②门店业务管理方面的对策是否符合现代管理方向;③门店具体技术方面的对策是否符合技术进步的要求;④在门店劳动组织方面的对策是否科学合理;等等。

单元测试

一、单选题

1.门店的销售目标主要是为了(　　　)。

A.组织商品流通、扩大商品销售　　　B.向消费者提供适销对路的商品

C.提高经济效益,增加利润　　　D.使连锁企业始终处于良性循环状态

2.以下哪一项不属于门店的经营素质的内容:(　　　)。

A.员工素质　　　B.技术素质　　　C.经营管理素质　　　D.综合素质

3.门店经营目标的实现程度不包括(　　　)。

A.数量　　　B.质量　　　C.空间　　　D.时限

二、填空题

1.提高经济效益,_____是连锁企业门店经营活动的基本动力。

2._____是目标成果评价的核心内容,主要包括数量、质量、时限等。

3.对于连锁企业门店来说,反映其经营目标状态的评价指标主要有_____、_____、_____、_____。

4._____是保证整体目标实现的重要条件。

三、简答题

1.门店经营目标的重要作用及评价内容是什么?

2.门店经营目标对策的有效性内容是什么?

学习单元 25　门店经营绩效的评估指标

学习目标

掌握门店经营绩效的评估指标内容和计算方法;能根据门店的经营状况计算门店的经营绩效的评估指标;能对门店经营评估结果进行分析,并提出改进方案。

学习内容

经营绩效评估指标与绩效改善。

学习重点

门店经营绩效的评估指标内容和计算方法。

教学方法和建议

- 通过教师讲授、学生练习、案例教学等方法实施教学;
- 按照"讲解指标—示范例题—学生练习—评价指标—提出改进方案"逐步组织教学;
- 强调评估指标与现实生活的联系,教师应引导、鼓励学生独立思考,让学生通过做练习总结出门店经营绩效的评估指标的重要现实意义;
- 教学过程中体现以学生为主体,教师进行适当讲解,并进行引导、监督、评估。

学习任务

以学习小组为单位,利用网络查找的资料或你所熟知的某一连锁企业门店经营绩效资料,进行评估指标的计算。分析计算结果,并提出改进方案。

案例导入

提升门店业绩的销售数据考核分析

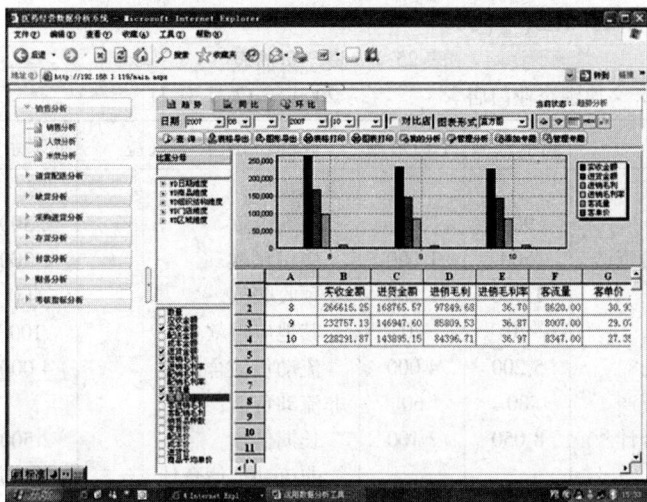

图 25.1　某门店某年 8,9,10 月部分销售数据变化趋势

（来源:何伟.瑞商网,2008-06-24.）

问题思考:
请对图 25.1 中该门店在 8,9,10 月销售情况的变化趋势进行相应分析。

经营绩效是指企业的经济性成果,可以用一定的数量来衡量。门店经营绩效的指标可以分为安全性、收益性、发展性和效率性 4 个方面。

25.1　安全性指标

安全性主要是通过财务结构来反映的,主要评估指标有:流动比率、速动比率、负债比率、固定比率、自有资本率等。

25.1.1　流动比率

流动比率是指流动资产与流动负债的比率,它表明每一元流动负债有多少流动资产作为偿还保证,反映连锁企业门店用可在短期内转变为现金的流动资产偿还到期流动负债的能力,即测量连锁企业门店的短期偿债能力。

其计算公式为:流动比率 = 流动资产 ÷ 流动负债 × 100%

一般情况下,流动比率越高,反映其短期偿债能力越强,债权人的利益越有保证;反之则弱。流动比率的参考标准一般在 100% ~ 200%。

例 25.1　根据表 25.1 的资料,该连锁企业门店 2009 年末流动比率如下(计算结果保留小数点后两位,下同)。

表 25.1　资产负债表①

编制单位:××连锁企业门店　　　　　　2009 年 12 月 31 日　　　　　　单位:万元

资　产	期末余额	年初余额	负债和所有者权益	期末余额	年初余额
流动资产:			流动负债:		
货币资金	900	800	短期借款	2 300	2 000
交易性金融资产	500	1 000	应付账款	1 200	1 000
应收账款	1 300	1 200	预收账款	400	300
预付账款	70	40	其他应付款	100	100
存货	5 200	4 000	流动负债合计	4 000	3 400
其他流动资产	80	60	非流动负债:		
流动资产合计	8 050	7 100	长期借款	2 500	2 000
非流动资产:			非流动负债合计	2 500	2 000
持有至到期投资	400	400	负债合计	6 500	5 400
固定资产	14 000	12 000	所有者权益:		
无形资产	550	500	实收资本(或股本)	12 000	12 000
非流动资产合计	14 950	12 900	盈余公积	1 600	1 600
			未分配利润	2 900	1 000
			所有者权益合计	16 500	14 600
资产总计	23 000	20 000	负债及所有者权益合计	23 000	20 000

(资料来源:《财务管理》,全国会计专业技术资格考试教材)

流动比率 = 流动资产 ÷ 流动负债 × 100% = 8 050 ÷ 4 000 × 100% = 201.25%

该连锁企业门店 2009 年年末的流动比率超过参考标准,反映该连锁企业门店具有较强的短期偿债能力。

25.1.2　速动比率

速动比率是指速动资产总额与流动负债总额之比,即用来偿还一定流动负债所具有的速动资产额。

其计算公式为:速动比率 = 速动资产 ÷ 流动负债 × 100%

---

①　资产负债表为简化格式,仅用于示例。

所谓速动资产,是指现金、有价证券、应收票据、应收账款、银行存款等立刻能在较短时间内变为现金的流动资产,不包括变现能力较长的存货及预付账款。由于剔除了存货等变现能力较弱且不稳定的资产,因此速动比率比流动比率能够更加准确、可靠地评价连锁企业的短期偿债能力。速动比率的参考标准一般在100%以上。

例25.2 根据表25.1的资料,同时假设该公司2008年度和2009年度的其他流动资产均为待摊费用,该连锁企业门店2009年末速动比率如下:

速动比率 = 速动资产 ÷ 流动负债 × 100%

$$= (900 + 500 + 1\ 300) \div 4\ 000 \times 100\%$$

$$= 67.5\%$$

分析表明,该连锁企业门店2009年年末的速动比率低于参考标准,可见,虽然该门店流动比率超过参考标准,但由于流动资产中存货所占比重过大,导致门店速动比率未达到参考标准,公司的实际短期偿债能力并不理想,需采取措施加以扭转。

25.1.3 负债比率

负债比率是指负债总额与资产总额之比,即每一元资产中所担负的债务数额。它表明企业资产总额中,债权人提供资金所占的比重,以及企业资产对债权人权益的保证程度。

其计算公式为:负债比率 = 负债总额 ÷ 资产总额 × 100%

一方面,该项指标反映了连锁企业在经营上的进取性,负债比率高说明企业的举债较多。一般来说,在经济情况较好,各个门店稳定发展的情况下,适当举债,有利于连锁企业的开拓经营,增加利润。但如果经济状况不佳,各个门店的经营不稳定,增加负债就会带来很大的风险。另一方面,负债比率也反映了债权人的风险程度,负债比率越高,说明连锁企业的偿债任务较重,债权人的风险也就越大。负债比率的参考标准一般在50%以下。

例25.3 根据表25.1的资料,该连锁企业门店2009年末的负债比率如下:

负债比率 = 负债总额 ÷ 资产总额 × 100% = 6 500 ÷ 23 000 × 100% = 28.26%

该连锁企业门店2009年年末的负债比率并不高,在参考标准范围之内,可见,该门店长期偿债能力较强,这样有助于增强债权人对公司出借资金的信心。

25.1.4 固定比率

固定比率是指固定资产与所有者权益的比率。

其计算公式为:固定比率 = 固定资产 ÷ 所有者权益 × 100%

该项指标反映的是自有资金占固定资产的比重。当比率小于100%时,说明连锁企业自有资金雄厚,全部固定资产由自有资金来保证还有余;当比率大于100%时,说明部分固定资产是由负债提供的,固定资产很难转化为现金,而负债必须以现金来偿还。因此比率越高,说明连锁企业的固定资产贡献不足,财政结构不合理。固定比率的参考标准是100%以下。

例25.4　根据表25.1的资料,该连锁企业门店2009年末的固定比率如下:

固定比率 = 固定资产 ÷ 所有者权益 × 100%

$\quad\quad\quad = 14\,000 ÷ 16\,500 × 100\%$

$\quad\quad\quad = 84.85\%$

该连锁企业门店2009年年末的固定比率在参考标准范围之内,可见,该连锁企业门店自有资金雄厚。

25.1.5　自有资本率

自有资本率是指所有者权益与全部资产的比率。它表示连锁企业自有资本占总资产的比例。

其计算公式为:自有资本率 = 所有者权益 ÷ 资产总额 × 100%

该项指标越高,表示连锁企业的举债数额越小,偿债能力越强,债权人的风险越小。自有资本率的参考标准是50%以上。

例25.5　根据表25.1的资料,该连锁企业门店2009年末的自有资本率如下:

自有资本率 = 所有者权益 ÷ 资产总额 × 100%

$\quad\quad\quad = 16\,500 ÷ 23\,000 × 100\%$

$\quad\quad\quad = 71.74\%$

该连锁企业门店2009年年末的自有资本率高于参考标准,可见,该连锁企业门店举债数额较小,债权人的风险较小。

25.2　收益性指标

收益性指标反映连锁企业的获利能力。评估的主要指标有:营业额达成率、毛利率、营业费用率、净利额达成率、净利率、总资产报酬率等。

25.2.1　营业额达成率

营业额达成率是指连锁企业各个门店的实际营业额与目标营业额的比率。

其计算公式为:营业额达成率 = 实际营业额 ÷ 目标营业额 × 100%

营业额达成率的比例越高,表示经营绩效越高;比率越低,表示经营绩效较低。一般来说,营业收入达成率的参考标准一般在 100% ~ 110%。如果高于 110% 或低于 100% 都值得反思;大于 110%,说明目标制订过低;小于 100%,说明没有完成计划。

例 25.6 表 25.2 中的连锁企业门店 2009 年计划完成营业额 20 000 万元,而截至 2009 年末实际完成 21 200 万元,则营业额达成率为:

营业额达成率 = 实际营业额 ÷ 目标营业额 × 100% = 21 200 ÷ 20 000 × 100% = 106%

该连锁企业门店 2009 年的营业额达成率在参考标准之内,可见,该连锁企业门店经营绩效较好。

表 25.2 利润表①

编制单位:××连锁企业门店　　　2009 年 12 月 31 日　　　单位:万元

项　目	本期金额	上期金额
一、营业收入	21 200	18 800
减:营业成本	12 400	10 900
营业税金及附加	1 200	1 080
营业费用	1 900	1 620
管理费用	1 000	800
财务费用	300	200
加:投资收益	300	300
二、营业利润	4 700	4 500
加:营业外收入	150	100
减:营业外支出	650	600
三、利润总额	4 200	4 000
减:所得税费用②	1 680	1 600
四、净利润	2 520	2 400

(资料来源:《财务管理》全国会计专业技术资格考试教材)

25.2.2　毛利率

毛利率是指毛利额与营业额的比率,反映的是连锁企业门店的基本获利能力。

---

① 资产负债表为简化格式,仅用于示例。

② 为简化,假设所得税税率为 40%。

其计算公式为:毛利率 = 毛利额÷营业额×100%

毛利率的比率越高,表示获利空间越大;比率越低,表示获利空间越小。

以超市为例,国外超市的毛利率可以达到16% ~18%,便利店可以达到30%以上。我国由于超市和便利店处于贴身竞争阶段和总部的商品管理水平有限,目前毛利率普遍较低。

此外,各类商品的毛利率也并不相同,一般来说,生鲜的毛利率较高,平均在20%以上;一般食品、糖果饼干的毛利率较低,平均不到18%;烟酒以及大米的毛利率最低,约为8%。

例25.7 根据表25.2的资料,该连锁企业门店2009年的毛利率为:

毛利率 = 毛利额÷营业额×100%

   = (营业额 – 营业成本)÷营业额×100%

   = (21 200 – 12 400)÷21 200×100%

   =41.51%

该连锁企业门店2009年的毛利率比较高,可见,该连锁企业门店获利空间非常大。

25.2.3 营业费用率

营业费用率是指连锁企业门店营业费用与营业收入的比率。

其计算公式为:营业费用率 = 营业费用÷营业收入×100%

与营运绩效最直接的就是营业费用,指维持运行所耗的资金及成本,一般包括租金、折旧费、人事费用、营运费用等。一个高营业额的店,如果费用也高,就会抵消它的利润。

中国连锁经营协会的资料显示,工资、房租、水电费是主要的费用开支,便利店的房租最高占到总费用的30%,占销售的4%,水电费平均占费用总额的20%,占销售的1.2%。总体上,人事费用、租金、水电费、折旧费、管理费是营业费用中占比重最高的费用。

营业费用率指标越低,说明营业过程中的费用支出越小,门店的管理越高效,获利水平越高。营业费用率的参考标准一般在14% ~16%以下。

例25.8 根据表25.2的资料,该连锁企业门店2009年的营业费用率如下:

营业费用率 = 营业费用÷营业收入×100% = 1 900÷21 200×100% = 8.96%

该连锁企业门店2009年的营业费用率低于参考标准,可见,该连锁企业门店在营业过程中的费用支出较少,门店的管理效率较高。

25.2.4 净利额达成率

净利额达成率是指连锁企业门店税前实际净利额与税前目标净利额的比率。

它反映的是门店的实际获利程度。

其计算公式为：净利额达成率＝税前实际净利额÷税前目标净利额×100%

净利额达成率越高，说明目标利润额完成得越好，其参考标准一般在100%以上。

例25.9 表25.2中的连锁企业门店2009年的税前目标净利额为4 000万元，则净利额达成率如下：

净利额达成率＝税前实际净利额÷税前目标净利额×100%

　　　　　　＝4 200÷4 000×100%

　　　　　　＝105%

该连锁企业门店2009年的净利额达成率高于参考标准，可见，该连锁企业门店的税前净利额完成了目标任务。

25.2.5　净利率

净利率是指连锁企业门店税前实际净利润与营业额的比率。它反映的是门店的实际获利能力。

其计算公式为：净利率＝税前实际净利润÷营业额×100%

净利率的参考标准一般在2%以上。

例25.10　根据表25.2的资料，该连锁企业门店2009年的净利率如下：

净利率＝税前实际净利÷营业额×100%＝4 200÷21 200×100%＝19.81%

该连锁企业门店2009年的净利率高于参考标准，可见，该连锁企业门店的实际获利能力比较好。

25.2.6　总资产报酬率

总资产报酬率是指税后净利润与总资产的比率。它反映的是总资产的获利能力。

其计算公式为：总资产报酬率＝税后净利润÷总资产×100%

总资产报酬率全面反映了企业全部资产的获利水平，企业所有者和债权人对该指标都非常关心。一般情况下，该指标越高，表明企业的资产利用效益越好，整个企业获利能力越强，经营管理水平越高。参考标准一般在20%以上。

例25.11　根据表25.1、表25.2的资料，该连锁企业门店2009年的总资产报酬率如下：

总资产报酬率＝税后净利润÷总资产×100%＝2 520÷23 000×100%＝10.96%

该连锁企业门店2009年的总资产报酬率低于参考标准，可见，该连锁企业门店整体的获利能力一般。

25.3　发展性指标

发展性指标主要是指连锁企业门店的成长速度。其评估的主要指标有:营业额增长率、开店速度、营业利润增长率、卖场面积增长率等。

25.3.1　营业额增长率

营业额增长率是指门店的本期营业额同上期相比的变化情况。它反映的是门店的营业发展水平。

其计算公式为:营业额增长率 = (本期营业额 − 上期营业额) ÷ 上期营业额 × 100%

或 = (本期营业额 ÷ 上期营业额 − 1) × 100%

营业额增长率越高,表示成长性较好;比率越低,表示成长性较差。一般来说,营业额增长率应高于经济增长率,理想的参考标准是高于经济增长率两倍以上。

例 25.12　根据表 25.2 的资料,该连锁企业门店 2009 年的营业额增长率如下(假定经济增长率为 8%):

营业额增长率 = (本期营业额 ÷ 上期营业额 − 1) × 100%

= (21 200 ÷ 18 800 − 1) × 100%

= 12.77%

该连锁企业门店 2009 年的营业额增长率高于经济增长率,可见,该连锁企业门店成长性较好。

25.3.2　开店速度

开店速度是指连锁企业本期门店数与上期门店数相比的增长情况。它反映的是连锁企业连锁化经营的发展速度。

其计算公式为:开店速度 = (本期门店数 − 上期门店数) ÷ 上期门店数 × 100%

或 = (本期门店数 ÷ 上期门店数 − 1) × 100%

开店速度取决于发展战略与发展目标、开店的营运标准是否健全、有没有专业队伍以及资金条件,否则连锁化经营快速发展的风险是很大的。例如:超级市场在一般情况下,其连锁经营应在 3 年内达到基本规模。每月开业一家门店为快速开店,每 2～3 个月开业一家门店为一般开店速度。所以,在确定开店速度时,一定要注意与本企业连锁化经营的制度建立、人才培养、后勤支援能力等相适应。

例 25.13　表 25.2 中的连锁企业门店 2008 年末拥有的门店仅为 280 家,而 2009 年末拥有门店数达 450 家,则开店速度为:

开店速度 = (本期门店数 ÷ 上期门店数 − 1) × 100%

$$= (450 \div 280 - 1) \times 100\%$$
$$= 60.71\%$$

该连锁企业门店 2009 年的平均每个月开店 14 家,开店的速度比较快。

25.3.3　营业利润增长率

营业利润增长率是指门店本期营业利润与上期营业利润相比的变化情况。它反映的是连锁企业门店获利能力的变化水平。

其计算公式为:营业利润增长率 =(本期营业利润 ÷ 上期营业利润 - 1)×100%

营业利润增长率越高,表示利润成长性越好;比率越低,表示利润成长性越差。营业利润增长率至少应大于零,最好高于营业额增长率,因为这表示门店本期的获利水平比上期好。

例 25.14　根据表 25.2 资料,该连锁企业门店 2009 年的营业利润增长率如下:

$$营业利润增长率 = (本期营业利润 \div 上期营业利润 - 1) \times 100\%$$
$$= (4\,700 \div 4\,500 - 1) \times 100\%$$
$$= 4.44\%$$

该连锁企业门店 2009 年的营业利润增长率大于零,虽然低于营业额增长率(12.77%,见例 25.12),但是本期的获利水平还是要比上期好。

25.3.4　卖场面积增长率

卖场面积增长率是指连锁企业本期门店的卖场面积与上期卖场面积相比的变化情况。

其计算公式为:卖场面积增长率 =(本期卖场面积 ÷ 上期卖场面积 - 1)×100%

新店铺的开拓或门店卖场面积的扩大都会使得连锁企业门店的总卖场面积增加,从而扩大卖场面积增长率。一般来说,卖场面积增长率至少应大于零,最好低于营业额增长率,这表明营业额的增加高于卖场面积的增加,这样单位面积营业额才会增加。

例 25.15　表 25.2 中的连锁企业门店 2008 年末卖场面积为 65 万 m^2,2009 年末卖场面积为 84 万 m^2,则卖场面积增长率如下:

$$卖场面积增长率 = (本期卖场面积 \div 上期卖场面积 - 1) \times 100\%$$
$$= (840 \div 650 - 1) \times 100\%$$
$$= 29.23\%$$

该连锁企业门店 2009 年的卖场面积增长率大于零,但是却低于营业额增长率(12.77%,例 25.12),可见,营业额的增加要低于卖场面积的增加,单位面积的营业额不升反减。

25.4 经营效率性指标

经营效率性指标主要指连锁企业门店的生产力水平。评估的主要指标有:来客数、客单价、盈亏平衡点、经营安全率、商品周转率、交叉比率、每平方米销售额、人均劳效、劳动分配率、总资产周转率、固定资产周转率等。

25.4.1 来客数

来客数是指某段时间内进入门店购物的顾客人数。

来客数越高,表示客源越广;来客数越低,表示客源越窄。

25.4.2 客单价

客单价是指门店的每日平均销售额与每日平均来客数的比值。

其计算公式为:客单价 = 每日平均销售额 ÷ 每日平均来客数

客单价越高,表示顾客一次平均消费额越高,客单价越低,表示顾客一次平均消费额越低。由于销售额等于来客数与客单价的乘积,因此,来客数与客单价的高低会直接影响到门店的营业额。据统计,综合门店每天的交易笔数基本上是每平方米1个有效来客数,客单价在60元以上;超市每天的交易笔数基本上是每平方米2 000多个有效来客数,客单价在50元以下;便利店每天的交易笔数基本上是每平方米800多个有效来客数,客单价在14~15元。

例25.16 根据表25.2的资料,该连锁企业门店2009年每日平均来客数为8 500人,则客单价如下:

客单价 = 每日平均销售额 ÷ 每日平均来客数
= (212 000 000 ÷ 365) ÷ 8 500
= 68.33 元/人

该连锁企业门店2009年平均每位顾客来店消费68.33元。

25.4.3 盈亏平衡点

盈亏平衡点是指连锁企业门店的营业额为多少时,其盈亏才能达到平衡。

其计算公式为:盈亏平衡点时的营业额 = 门店总费用 ÷ 毛利率

盈亏平衡点是用来确定需要完成多少营业额,收益和成本才能达到平衡。在这一点上,门店的收益与支出相抵,既不赢利,也不亏损。由上面的公式可以看出,毛利率越高,营业费用越低,则盈亏平衡点越低。一般情况下,盈亏平衡点越低,表示该门店赢利就越高。

例 25. 17 根据表 25. 2 的资料,该连锁企业门店的毛利率为 41. 51%(例 25. 7),则盈亏平衡点时的营业额如下:

$$盈亏平衡点时的营业额 = 门店总费用 \div 毛利率$$
$$= (营业费用 + 管理费用 + 财务费用) \div 毛利率$$
$$= (1\ 900 + 1\ 000 + 300) \div 41.51\%$$
$$= 7\ 708.99\ 万元$$

该连锁企业门店 2009 年盈亏平衡点时的营业额为 7 708. 99 万元,即只要营业额达到 7 708. 99 万元以后,企业就开始盈利,本年度该门店实际营业额为 21 200 万元,可见,该门店赢利较高。

25.4.4 经营安全率

经营安全率是指连锁企业门店的实际销售额减盈亏平衡点销售额的差与实际销售额的比率。它反映的是各门店的经营安全程度。

其计算公式为:经营安全率 = (实际销售额 - 盈亏平衡点销售额) ÷ 实际销售额 ×100%

经营安全率数值越大,反映该门店的经营状况越好,一般来说,经营安全率在 30% 以上为良好;25% ~ 35% 为较好;15% ~ 25% 为不太好;10% ~ 15% 为不好,应保持警惕;10% 以下则为危险。

例 25. 18 根据表 25. 2 的资料,该连锁企业门店 2009 年盈亏平衡点时的营业额为 7 708. 99 万元(例 25. 17),则经营安全率如下:

$$经营安全率 = (实际销售额 - 盈亏平衡点销售额) \div 实际销售额 \times 100\%$$
$$= (21\ 200 - 7\ 708.99) \div 21\ 200 \times 100\%$$
$$= 63.64\%$$

该连锁企业门店 2009 年的经营安全率高于 30%,可见,经营安全率为良好。

25.4.5 商品周转率

商品周转率是指连锁企业门店的销售额与平均存货之比。

其计算公式为:商品周转率 = 销售额 ÷ 平均库存

商品周转率反映的是商品的流动速度。商品周转率越高,表明商品的流动速度越快,销售情况越好。该项指标的参考标准为 30 次/年以上。

每一类商品周转率并不相同,一般来说农产品的周转率最高,其次是水产、畜产和日配品,日用百货的周转率最低。

例 25. 19 根据表 25. 2 的资料,该连锁企业门店 2009 年的商品周转率如下:

商品周转率 = 销售额 ÷ 平均库存 = 销售额 ÷ [(期初库存 + 期末库存)/2]

$$= 21\,200 \div [(5\,200 + 4\,000)/2]$$

$$= 4.61$$

该连锁企业门店 2009 年的商品周转率低于参考标准,可见,商品的流动速度较慢。

25.4.6 交叉比率

交叉比率是指毛利率与商品周转率的乘积。它反映的是连锁企业门店在一定时间内的获利水平。

其计算公式为:交叉比率 = 毛利率 × 商品周转率

商品除了要有合理的毛利率外,还要有较高的周转率。可见,交叉比率融合了毛利率和商品周转率,可以更精确地对商品进行分析,从而更翔实地反映商品的实质绩效。这是一个衡量总体赢利能力的综合性指标,其经济意义是每投入一元的流动资金,在一定时期内可以创造多少元的毛利。因此,该项指标越高,说明门店的经营成果越好,获利能力越强。

例 25.20 根据例 25.7 和例 25.19 可知,该连锁企业门店的毛利率和商品周转率分别为:41.51%,34.19,则交叉比率如下:

交叉比率 = 毛利率 × 商品周转率 = 41.51% × 34.19 = 14.19%

该连锁企业门店 2009 年毛利率和商品周转率都高于参考标准,其综合得到的交叉比率为 14.19%,可见,该连锁企业门店获利能力较强。

25.4.7 每平方米销售额

每平方米销售额是指连锁企业各个门店的销售额与卖场面积的比率。它反映的是卖场的有效利用程度。

其计算公式为:每平方米销售额 = 销售额 ÷ 卖场面积

不同类型的商品所占的面积、销售单价、周转率不同,其每平方米销售额也不同。例如:一般来说,烟酒、畜产品、水产品的周转率较高,单价高,所占面积小,因此每平方米销售额也高;而一般食品的每平方米销售额则较低。

例 25.21 根据表 25.2 的资料,该连锁企业门店 2009 年末卖场面积为 84 万 m^2(见例 25.19),则每平方米销售额如下:

每平方米销售额 = 销售额 ÷ 卖场面积 = 21 200 ÷ 84 = 252.38 元/m^2

该连锁企业门店 2009 年的卖场面积每平方米所创造的销售额为 252.38 元。

25.4.8 人均劳效

人均劳效也称为人员绩效,是连锁企业门店的销售额与员工人数的比值。它是一个人力生产力指标,反映门店的劳动效率。

其计算公式为:人均劳效 = 销售额 ÷ 员工人数

由上面的公式可以看出,如果门店的人员越少,销售额越高,则人均劳效也越高,即员工的绩效越高,劳动效率也就越高。

例25.22 根据表25.2的资料,该连锁企业门店2009年末拥有员工460人,则人均劳效如下:

人均劳效 = 销售额 ÷ 员工人数 = 21 200 ÷ 460 = 46.09 万元/人

该连锁企业门店2009年的人均劳效为每个门店员工对应46.09万元。

25.4.9 劳动分配率

劳动分配率是指员工的人工费用与毛利额的比率。它反映的是人工费用对盈利的贡献程度。

其计算公式:劳动分配率 = 人工费用 ÷ 毛利额 × 100%

公式中的人工费用包括员工的工资、奖金、加班费、劳保费及伙食津贴等。该项指标越低,表明员工创造的毛利越高,人工费用对盈利的贡献程度越高,表明员工的劳动效率越高。劳动分配率的参考标准是在50%以下。

例25.23 根据表25.2的资料,该连锁企业门店2009年的人工费用为3 260万元,毛利额为8 800万元(见例题25.7),则劳动分配率如下:

劳动分配率 = 人工费用 ÷ 毛利额 × 100% = 3 260 ÷ 8 800 × 100% = 37.05%

该连锁企业门店2009年的劳动分配率低于参考标准,可见,员工创造的毛利越高,员工的劳动效率越高。

25.4.10 总资产周转率

总资产周转率是指连锁企业的年销售额与总资产的比值。它反映的是连锁企业的总资产利用程度。

其计算公式为:总资产周转率 = 年销售额 ÷ 总资产

该项指标越高,说明总资产的利用程度越好。一般情况下,总资产周转率的参考标准是在2次/年以上。

例25.24 根据表25.1、表25.2的资料,该连锁企业门店2009年的总资产周转率如下:

总资产周转率 = 年销售额 ÷ 总资产 = 21 200 ÷ 23 000 = 0.92 次

该连锁企业门店2009年的固定资产周转率仅为0.92次,低于参考标准,说明总资产的利用程度不高。

25.4.11　固定资产周转率

固定资产周转率是指连锁企业的年销售额与固定资产的比值。它反映的是连锁企业固定资产利用的效果。

其计算公式为：固定资产周转率＝年销售额÷固定资产

该项指标越高,表明固定资产的使用效果越好。一般来说,固定资产周转率的参考标准是在 4 次/年以上。

例 25.25　根据表 25.1、表 25.2 的资料,该连锁企业门店 2009 年的固定资产周转率如下：

固定资产周转率＝年销售额÷固定资产＝21 200÷14 000＝1.51 次

该连锁企业门店 2009 年的固定资产周转率仅为 1.51 次,低于参考标准,说明固定资产的使用效果不佳。

知识链接

两个连锁药店的利润为何有天壤之别?

江苏药店联盟现在有 40 多家大型连锁药店结盟,总计有 2 000 多个单店。联盟特别注重对各连锁药店经营数据的分析,从中找出真正的经营问题,以便采取针对性的改进措施,提高各联盟药店的经营绩效。

2006 年,康泰连锁和同济连锁部分经营数据如表 25.3 所示。

表 25.3　2006 年康泰连锁和同济连锁的部分经营数据

名称	销售收入/万元	毛利收入/万元	毛利率/%	经营成本/万元	人均收入/万元	税前利润/万元	利润率/%
康泰	6 000	1 600	28	1 040	1.8	560	9.3
同济	2 800	588	21	570	1.2	18	0.64

为什么会出现这么巨大的利润差别? 对康泰连锁和同济连锁进行深层次的数据对照和经营分析,如表 25.4 所示。

表 25.4　两个连锁药店利润差别巨大的原因

名称	经营品种/个	自营品种/个	自营品种销售比例/%	品牌品种/个	品牌品种销售比例/%	普通品种销售比例/%
康泰	6 000 多	350 多	27	600 多	35	38
同济	4 500 多	450 多	21	500 多	46	33

3 个问题：

①在双方主要门店的经营面积差不多的情况下，为什么康泰的经营品种多1 500 个？

②自营品种是所有药店利润的真正来源，为什么同济的自营品种比康泰多200 个，但是，销售比例反而比后者少 6 个百分点？

③为什么同济的品牌品种比康泰少了 100 个，但是，销售比例反而比后者多 11 个百分点，而品牌品种是在亏损的基础上销售的？

带着这 3 个问题，先去康泰连锁进行调研，然后再到同济连锁调研，发现后者在经营管理方面与前者存在如下的差距：

1. 经营品种数量的差距

消费者总希望在一个药店配齐一张方子或一次购全所需的所有药品，尤其是在医院处方可以到药店外配之后，医保目录用药和常规用药的品种齐与不齐就成为药店市场竞争的一个重要方面。

2005 年，康泰连锁的经营品种也是 5 000 多个，为什么会增加 1 000 个呢？答案是店员关心顾客的需求，公司总部又从实际的经营情况出发，给予连锁公司一定的采购权，连锁公司就扩大采购渠道，逐步增加自己的经营品种。同济的店员也关心顾客的需求，也向连锁公司提出增加品种的要求，但是，连锁公司必须 100% 从总部采购药品，自己没有采购权。久而久之，同济连锁的所有相关人员不再提出增加经营品种的问题。

解决方法 1：给予同济连锁公司 30% 的采购权，采购品种主要是公司总部缺乏的品种和总部提供的品种价格比其他渠道高 2% 的品种。这一措施实施之后，同济连锁的月销售额与 2004 年同期相比，增加了 5~6 个百分点。

2. 营业时间的差距

求医问药没有时间的限制，所以，药店应当一年 365 天、一天 24 h 均有人在岗营业，随时为病人配药。康泰连锁主要门店每天的营业时间都在 16 个小时，而且24 h 有人值班，这样，它方便了顾客求医买药，获得了顾客的信赖，提高了药店的销售额。同济连锁主要门店的营业时间都在 13 个小时，晚上无人值班，经营业绩当然不如康泰连锁。

解决方法 2：主要门店的营业时间调整为 15 个小时，并且安排人员 24 h 值班，方便顾客求医买药。参照家乐福的弹性工作方法，即每天生意特别忙的时段，安排充足的人员上班，生意空闲的时段，安排人员休息。

3. 知识能力的差距

药品之所以被称为特殊商品的另一原因是它必须在医师指导下使用，尤其是处方药,无医师的处方便不能销售。

早在 2004 年,康泰连锁的领导人就注意到自己的公司与国内先进连锁公司的差距,通过深入的调研,制订切实的措施来改进自身的不足。一是加强药品以及相关医学知识的培训、考试和奖惩制度;二是开设门诊部或设立坐堂医生,处理一般的普通小病和常见病;三是把药师真正配备到位,解决处方药的配药问题。而同济连锁的领导人存在错误的经营思路,为了降低经营成本,没有在这几个重要方面投入必要的资源和精力,培训喜欢走形式,几年后,两个连锁公司员工的知识水平相差甚远,而自营品种的销售就是需要专业知识,所以,两个连锁药店的自营品种销售比例相差 6 个百分点,同济连锁的经营利润与康泰连锁存在天壤之别也就顺理成章了。

解决方法 3:一定要抛弃做表面文章的工作态度,根据自身的市场环境,加强相关知识的培训、学习和考核,有条件的就开设门诊部或设立坐堂医生。

4. 激励措施的差距

调研表明,这是两家连锁公司最大的差距。前面 3 个解决方法都是建立在正确的人员激励的基础上的,否则,任何有效的措施都得不到有效的执行。?

解决方法 4:制定详细的激励政策和措施,一定要抛弃均贫富的思想,按劳取酬。给领导干部也制订详细的考核体系,按照游戏规则,该奖就奖,该罚就罚,绝不含糊。

同济连锁引进这套体系后,目前,经营业绩在逐月上升,各项经营指标也在逐月改善。我们相信,只要大家联合起来,根据各联盟会员的实际情况,借鉴其他会员的成功经验和失败的教训,因地制宜地制订自己的经营方针、竞争战略和激励体系,江苏药店联盟一定能走上可持续发展的健康之路。

(来源:钱自胜. 全球品牌网.)

25.5 连锁企业门店经营绩效的改善

绩效评估之后,对未达到的目标或标准必须进行分析,找出原因,并研究出改善对策。下面对安全、收益、销售以及效率改善分别加以说明。

25.5.1 安全性改善

安全性改善主要涉及以下几个方面:

①避免不当的库存金额,降低资金积压。要做好库存管理,适当订购,并做好商品 ABC 分级管理,淘汰滞销品。

②延长货款的付款周期,但不能影响商品的进货价格以及品质。

③避免不必要或不适当的设备投资。

④妥善规划资金的来源与运用。

⑤适当的银行保证额度及余额。

25.5.2　收益性改善

企业收益的关系如下:

$$毛利额 = 营业额 - 进货成本 - 损耗$$

$$营业利润 = 毛利额 - 销售费用 - 一般管理费用$$

$$净利润 = 营业利润 + 营业外收入 - 营业外支出$$

由上列关系式可知,收益改善对策主要涉及以下几个方面:

1)降低进货成本,提升营业额

通过集中采购,与供应厂商议价,降低商品进价;减少中间环节;开发有特色、附加价值高的产品;保持合理的商品结构。

2)减少损耗

防止各项不当因素所引起的损耗,如商品流程不当,包括采购、定价、进货验收、卖场展示、变价作业、退货作业、收银作业、仓储管理、商品结构等流程的不当。

3)降低销售费用及一般管理费用

尤其是人事费、折旧费、租金及电力费用。提高人员效率,降低人事费;进行适当规模的投资,降低折旧费;导入专柜,分担部分租金;节省电力费用,装饰节电设备,不开不必要的灯;降低其他费用,有效运用广告促销费用,严格控制费用预算。

4)增加营业外收入

如:收取租金、新品上架费、看板广告费、年度折扣、广告赞助费、利息收入。

5)减少营业外支出

营业外支出主要是指利息支出,较少发生的是财产交易损失和投资损失。通过采取自有资金、谨慎作好投资评估、减少投资损失等方式来减少营业外支出。

25.5.3　销售改善

企业销售的关系式如下:

营业额 = 来客数 × 客单价

　　　 =（通行客数 × 顾客入店比率 × 顾客交易比率）×（平均购买商品点数 × 每点平均单价）

　　　 = 立地力 × 商品力 × 贩卖力

由上列关系式可知,销售改善对策主要涉及以下几个方面:

1)强化立地力,寻找优良立地,减少开店失败率

强化立地力主要包括以下因素:

①住户条件:户数、人口数、发展潜力、收入水平、消费能力等。

②交通条件:道路设施、人口流量、交通网、交通线、停车方便性、交通安全性。

③竞争条件:相辅行业或竞争行业的多少及其竞争力。

2)商品力的提升

商品力的提升主要包括商品结构、品种齐全度、品质鲜度、商品特色及差异化、价格的竞争力等因素。

3)贩卖力的强化

（1）卖场展示

卖场展示即陈列具有美感、突出量感和给消费者带来价值感的特点与优势。

（2）采购进货阶段

依据存货数量及销售情况,谨慎决定订购量。进货验收及入库作业均要准确点验查收;进货点验查出的不合格品、不良品或保存期已逾期的商品,应作好记录,以建立厂商考核资料;超过验收时间的进货商品,除非属于紧急采购或顾客预订外,尽量不予接受。

（3）销售阶段

随时检查商品销售动态,准备添货、补货,以免发生断货、缺货情形;对于畅销品及毛利率贡献较高的商品,适时调整陈列位置;补货时应注意商品保存日期,将快到期的商品陈列在货架前面,防止因服务人员疏忽形成逾期品,影响商品的周转;随时检查货架上有无逾期品或不良品,随时发现随时剔除,并按商品退换货规定处理;定期清查滞销商品,并进行退换工作,以便随时补充新商品,提高销售利润;供试吃用的商品,应请供应主在试吃品上标记“样品”,以避免与进货商品混淆;超市中生鲜食品,应随时注意检查陈列展示柜的温度是否正常,并要求冷冻（藏）展示柜全日运转,以维持生鲜食品的品质。

（4）仓储阶段

严禁过多囤积存货；仓库货架要标示编号及产品名称，存货应陈放整齐；不可使用太高的货架陈列商品，以免取用不便而造成商品堆积；出仓库时采用先进先出的原则；在仓库里陈放商品时，要将小箱子放置在大箱子前面。逾期品、不良品、退货品均应开设专区陈放处置，以免散失而造成存货损失。回收的有账面记录的空瓶、空箱，均应视同存货商品妥善保管；仓储场所应做好通风、防潮、防火、防虫鼠等工作，以减少破坏损失。

（5）促销活动

促销活动即促销商品有吸引力、价格有吸引力、活动内容有吸引力。

（6）信息告知

信息告知的方式有传单、店内广告、BGM、广播、报纸、电台、电视台、电影院、宣传车、车厢广告等。

（7）顾客服务

顾客服务包括：即服务功能多样化；服务礼貌及用语；提货、送货服务；收银服务正确、迅速。

25.5.4 效率性改善

1）降低损益平衡点（BEP）

要降低 BEP，需降低固定费用及变动费用率，并提高毛利率。

①降低固定费用。人事费、房租、折旧、电费等占固定费用的绝大部分，是改善效率的首要因素。

②降低变动费用。有效运用广告费，妥善控制包装费、消耗品费。

③提高毛利率。降低商品进货价格，选择高利润率的商品加强推销，加强变价及损耗的管理控制，创造商品特色及差异化，以提高附加价值。

2）提高商品效率

提高商品效率，主要指提高商品周转率及交叉比率。要提高商品效率，就必须提高销售额、毛利率及减少存货。但减少存货并非指一味地降低库存量，否则易发生缺货、断货的情形。此外必须在营运的进、销、存流程中，做好商品的存货管理。

3）提高人员效率

有效运用人力资源并合理控制人数，以提高人员效率。换言之，即重视人的质和量。

在质的方面,必须规定各部门、各层级人员的资格条件,慎重选用人才,有计划地培育人才。同时制订奖惩办法,创造良好的工作环境,让员工的潜能充分发挥。

在量的方面,应制订各部门人员标准编制,控制员工人数,简化事务流程,使用省力化、省人化的设备,妥善运用兼职人员,训练并培养员工的第二专长、第三专长,使不同部门的人员可相互支援。

4)提高场地运用效率

开店之前,应作好销售预测及店铺规划。

单元测试

一、单选题

1.下列指标中,(　　)不属于安全性指标的内容。

A.流动比率　　　　B.负债比率　　　　C.经营安全率　　　　D.固定比率

2.下列选项中不属于发展性指标的是(　　)。

A.开店速度　　　B.营业额增长率　　C.卖场面积增长率　　D.劳动分配率

3.下列选项中不属于经营效率性指标的是(　　)。

A.客单价　　　　B.总资产报酬率　　C.商品周转率　　　　D.总资产周转率

二、填空题

1.毛利率是指_____与_____的比率。反映的是连锁企业门店的基本获利能力。

2._____是一个人力生产力指标,反映门店的劳动效率。

3._____反映的是卖场的有效利用程度。开店速度反映的是连锁企业_____的发展速度。

4.营业利润增长率反映的是连锁企业门店_____的变化水平。

5.交叉比率融合了_____和_____,可以更精确地对商品进行分析,从而更翔实地反映商品的实质绩效。

三、简答题

1.门店如何进行自我诊断评估?

2.门店应从哪些方面改善经营绩效?

四、计算题

表25.5和表25.6是ABC连锁企业门店2009年的资产负债表、利润表及相关的一些门店数据。

2009年ABC连锁企业门店计划完成销售额14 200万元,计划税前净利额达到4 000万元;门店数计划从2008年的80家增加到90家;门店的卖场面积从2008年的32万m²增加到40万m²;2009年门店的每日平均来客数为7 150人,2009年平均拥有员工368人,所发生的人工费用为2 800万元。

表25.5 资产负债表

编制单位:ABC连锁企业门店　　　　　　2009年12月31日　　　　　　单位:万元

资　产	期末余额	年初余额	负债和所有者权益	期末余额	年初余额
流动资产:			流动负债:		
现金	880	1 550	短期借款	200	150
短期投资	132	60	应付账款	600	400
应收账款	1 080	1 200	应付工资及福利费	180	300
预付账款	200	250	支付股利	500	800
存货	808	880	一年内到期的长期负债	120	150
流动资产合计	3 100	3 940	流动负债合计	1 600	1 800
长期投资:			长期负债:		
长期投资	300	500	应付债券	100	200
固定资产			长期借款	200	300
固定资产原值	2 500	2 800	负债合计	1 900	2 300
减:累计折旧	750	880	所有者权益:		
固定资产净值	1 750	1 920	实收资本(或股本)	1 500	1 800
无形及其他资产			资本公积	500	700
无形资产	50	40	盈余公积	800	1 000
			未分配利润	500	600
			所有者权益合计	3 300	4 100
资产总计	5 200	6 400	负债及所有者权益合计	5 200	6 400

表 25.6　利润表

编制单位:ABC 连锁企业门店　　　　　2009 年 12 月 31 日　　　　　单位:万元

项　目	本期金额	上期金额
一、产品销售收入	15 000	11 500
减:产品销售成本	8 500	6 900
产品销售税金及附加	750	575
销售费用	500	450
管理费用	840	750
财务费用	60	50
二、营业利润	4 310	2 740
加:投资收益	70	50
营业外收入	50	60
减:营业外支出	30	50
三、税前利润总额	4 400	2 800
减:所得税费用(50%)	2 200	1 400
四、净利润	2 200	1 400

(资料来源:上海电机学院.财务管理精品课程)

要求:请分别计算 ABC 连锁企业门店的安全性指标、收益性指标、发展性指标及经营效率性指标,并进行评价。

情景小结

　　企业经营目标,是在一定时期企业生产经营活动预期要达到的成果,是企业生产经营活动目的性的反映与体现。连锁企业门店的经营目标是指各个门店在一定时期内预期可达到并要求保证达到的成果。门店的经营绩效的评估就是将一定时期门店的经营绩效与上期、同行、预订标准进行比较。门店经营绩效的分析指标主要有:以收益力分析获利能力;以安全性分析财务状态是否良好及偿债能力的强弱;以效益率指标分析资本及人力的效率;以发展性指标分析企业的发展性。

实训项目

1. 以 3 ~ 5 人为一个小组,选择两个不同的连锁超市、便利店或者专卖店就以下内容进行对比分析。

(1)进店人数。在周末某一时段,以 10 min 为限,同时对两个门店的进店人数进行记录。

(2)顾客购买商品情况。在记录进店人数的同时,对出店的顾客是否购买了商品进行记录,以便了解顾客购买情况。

(3)实地调查。实地调查两个门店的地理位置、交通状况、人口分布等外部环境,并进行对比分析;两个门店的卖场大小、促销活动、商品种类、服务质量等内部环境,并进行对比分析。

2. 以 3 ~ 5 人为一小组,到所在城市的超市、便利店或专卖店去调查相关的经营数据,并运用所学的绩效评估的方法来衡量和评价你所调查门店的经营绩效状况,并针对存在的问题提出改进门店经营绩效的举措。

案例　如何提高超市的营业额

可从下列 4 个因素着手,即:①其他条件不变的前提下提高销售个数;②其他条件不变的前提下提高销售价格;③其他条件不变的前提下减少进货成本;④其他条件不变的前提下减少营运费用。

为方便讨论,根据超市行业的特点,以下列的假定计算基数为例,分析 RPMA 的 4 个因素对提高净利的效果。

假定计算基数:以平均毛利率 15%,净利占营业额的 2% 算;

销售单位(个数):100 000;

平均销售单价价格:1 000 美元;

销售金额:1 000 000 美元;

销售成本:1 000 000 × 85% = 850 000 美元;

营运费用:1 000 000 × 13% = 130 000 美元;

净　　利:1 000 000 × 2% = 20 000 美元。

下面讨论 ABCD 4 个因子对净利增加的影响,并进一步探讨如何利用 4 个因子提高净利水平。

(1)销售单位(个数)

在其他条件不变的前提下提高商品的销售单位个数 5%,净利可以增加 37.5%,即每增加 1% 的销售单位,净利可比原来增加 7.5%。

(2)销售价格

在其他条件不变的前提下,提高商品的销售价格 5%,净利可以增加 250%,即每增加 1% 的平均销售价格,毛利可比原来增加约 6.7%,而净利则可增加 50%。这个因子从提高净利来看是最有效的,但一般认为,若提高售价,必然会降低销量或增加费用。无论如何困难,50 比 1 的增加比例是非常值得去努力探索的。

(3)商品的销售成本

在其他条件不变的前提下,降低商品的销售成本 5%,净利可以增加 212.5%,即每降低 1% 的销售成本,净利可比原来增加 42.5%。这个因子对提高净利具有与提高销售价格相近的效果,主要是如何减少进货的成本和提高物流控制的科学和效率。

(4)营运费用

在其他条件不变的前提下,降低商品的营运费 5%,净利可以增加 32.5%,即每降低 1% 的营运费用,净利可比原来增加 6.5%。这个因子看来对提高净利效果较少,但这种效果却是可以追求的。

(资料来源:超市 168)

案例分析与讨论:

1. 本案例中,主要使用了哪个门店经营绩效中的指标,都是哪些? 请分别指出。

2. 试分析如何提高销售单位(个数)、销售价格,以及如何降低商品的销售成本和营运费用。

［1］李小勇.100 个成功的店铺经营［M］.北京:机械工业出版社,2005.

［2］曹静. 连锁店开发与设计［M］.北京:高等教育出版社,2008.

［3］王吉方.连锁企业门店开发与设计［M］.北京:科学出版社,2008.

［4］胡启亮.连锁企业门店运营与管理［M］.北京:科学出版社,2008.

［5］张晔清.连锁企业门店营运与管理［M］.上海:立信会计出版社,2006.

［6］范征,石兆.连锁企业门店营运管理［M］.北京:电子工业出版社,2007.

［7］郑昕,盛梅.连锁门店运营管理［M］.北京:电子工业出版社,2008.

［8］胡学庆.连锁企业营运管理［M］.北京:高等教育出版社,2008.

［9］方名山.连锁经营原理［M］.北京:高等教育出版社,2008.

［10］李福学,管惟琦.市场营销策划实务［M］.大连:大连理工大学出版社,2007.

［11］曹泽洲. 连锁企业门店运营与管理［M］.北京:北京交通大学出版社,2008.

［12］麦肯思特营销顾问公司. 门店销售:技巧与策略［J］.北京:经济科学出版社,2008.

［13］闻学. 超市经营基础［M］.北京:中国科学技术大学出版社,2009.

［14］张明明. 连锁企业门店营运与管理［M］.北京:电子工业出版社,2009.

［15］崔太康,张广秀. 连锁企业门店营运与管理［M］.北京:北京大学出版社,2009.

［16］甲田佑三. 卖场设计 151 诀窍［M］.于广涛,译. 北京:科学出版社,2009.

［17］李志波,党觉性. 连锁企业门店营运与管理［M］.北京:北京交通大学出版社,2010.

［18］陆影. 连锁企业门店营运与管理实务［M］.大连:东北财经大学出版社,2009.

［19］尚丰,张秀云.金牌店长提升教程［M］.北京:京华出版社,2006.

[20] 赵涛. 商场经营管理[M]. 北京:北京工业大学出版社,2005.

[21] 程莉,郑越. 品类管理实战[M]. 北京:电子工业出版社,2006.

[22] 余文声. 卖场管理[M]. 广州:广东经济出版社,2006.

[23] 葛春风. 连锁企业门店开发与营运管理[M]. 北京:中国财政经济出版社,2008.

[24] 陈险峰. 收银实务[M]. 北京:中国财政经济出版社,2006.

[25] 赵凡禹. 沃尔玛零售业[M]. 北京:北京工业大学出版社,2006.

[26] 龚震波. 零售终端实战培训手册[M]. 北京:中国经济出版社,2009.

[27] 奚华. 商场超市金牌主管经营与管理[M]. 北京:中国商业出版社,2008.

[28] 白继洲. 卖场管理实务[M]. 广州:广东经济出版社,2005.

[29] 窦志铭. 连锁店经营管理实务[M]. 北京:中国财政经济出版社,2005.

[30] 吴定兵. 超市经理案头手册[M]. 深圳:海天出版社,2007.

[31] 胡占有. 现代商场超市管理工具箱[M]. 北京:机械工业出版社,2007.

[32] 付艳. 收银员从业规范[M]. 北京:中国经济出版社,2005.

[33] 侯章良. 超市管理实务手册[M]. 北京:人民邮电出版社,2005.

[34] 奚华. 连锁店专卖店金牌主管经营与管理[M]. 北京:中国商业出版社,2008.

[35] 宿春礼. 成功店长训练[M]. 北京:经济管理出版社,2006.

[36]《零售业经营管理与培训》系列丛书编委会. 零售业[M]. 北京:中国时代经济出版社,2006.

教师信息反馈表

为了更好地为教师服务,提高教学质量,我社将为您的教学提供电子和网络支持。请您填好以下表格并经系主任签字盖章后寄回,我社将免费向您提供相关的电子教案、网络交流平台或网络化课程资源。

书名:		版次	
书号:			
所需要的教学资料:			
您的姓名:			
您所在的校(院)、系:	校(院)		系
您所讲授的课程名称:			
学生人数:	＿＿人　＿＿年级	学时:	
您的联系地址:			
邮政编码:	联系电话		(家)
			(手机)
E-mail:(必填)			
您对本书的建议:		系主任签字 盖章	

请寄:重庆市沙坪坝正街 174 号重庆大学(A 区)重庆大学出版社教材推广部

邮编:400030
电话:023-65112084　023-65112085
传真:023-65103686
网址:http://www.cqup.com.cn
E-mail:fxk@cqup.com.cn

请按此裁下寄回我社或在网上下载此表格填好后 **E-mail** 发回